UNIVERSITY OF NORTH CAROLINA
STUDIES IN THE ROMANCE LANGUAGES AND LITERATURES
Number 53

JEHAN DE LANSON
CHANSON DE GESTE OF THE 13th CENTURY

JEHAN DE LANSON
CHANSON DE GESTE OF THE 13th CENTURY

EDITED AFTER THE MANUSCRIPTS OF
PARIS AND BERN WITH INTRODUCTION,
NOTES, TABLE OF PROPER NAMES, AND
GLOSSARY BY

JOHN VERNON MYERS

CHAPEL HILL
THE UNIVERSITY OF NORTH CAROLINA PRESS

CONTENTS

Page

FRONTISPIECE — a view of Lanciano, Italy, in 1703, taken from *Il Regno di Napoli in prospettiva* by Gio. Battista Pacichelli

INTRODUCTION

I.	Classification, Historical Basis, Author, and Date	XI
II.	Popularity and Literary Value	XIII
III.	The Sources of *Jehan de Lanson*	XIV
IV.	Who was Basin?	XVI
V.	Where is Gennes?	XVI
VI.	Where is Lanson?	XVIII
VII.	Description of Manuscripts	XXVI
VIII.	Classification of Manuscripts	XXX
IX.	Language of the Manuscripts	XXXIV
X.	Versification and Table of Rimes	XXXVI
XI.	Analysis of the Poem	XXXVIII
XII.	How the Text was Prepared	XLIII

TEXT 1

VARIANTS 192

NOTES 204

TABLE OF PROPER NAMES 211

GLOSSARY 221

LIST OF WORKS CITED 230

ACKNOWLEDGEMENTS

I wish to express my sincere appreciation and gratitude to Dr. Urban Tigner Holmes, Jr., at whose suggestion this work was undertaken and with whose generous aid it has been brought to completion; to Drs. R. W. Linker and B. L. Ullman for their help in matters of paleography; and to Dr. Corrado Marciani of Lanciano, Italy, and to the mayor of Lanciano, Attorney Antonio di Jenno, for their patient responses to all my detailed questions about their beautiful and interesting city and for the invaluable materials, including the frontispiece to this work, which they so kindly sent me.

INTRODUCTION

I. CLASSIFICATION, HISTORICAL BASIS, AUTHOR, AND DATE

Jehan de Lanson is a 13th century epic in the *geste du roi*. Although several predecessors have spoken of Jehan as a rebel vassal,[1] it should be pointed out that nowhere in the poem is it stated that he had ever held his land from Charles. Even assuming that Jehan were a rebel vassal, the story is told from the viewpoint of Charles and with full sympathy for his cause—a trait uncharacteristic of the typical epic in the cycle of the rebellious vassals. Neither is any attempt made to link Jehan by kinship to any of the heroes of that cycle.

The only certain historical basis for the poem is the common knowledge of the expeditions of Charlemagne and of his sons into Italy.[2] It is, however, interesting to speculate on a possible connection between this poem and the local legend, reported by Dr. Corrado Marciani of Lanciano, that it was Pepin, the young son of Charlemagne crowned king of Italy in 787, who in the following year gave to that city its coat-of-arms—a gold lance pointed toward the rising sun in a blue field, on a Samnitic shield bearing a royal crown.[3]

---

[1] Inter al., Léon Gautier, *Les épopées françaises*, 2nd ed. (Paris, 1882), III, 261, Joseph Couraye du Parc, "Recherches sur la Chanson de 'Jehan de Lanson'", *Mélanges Julien Havet* (Paris, 1895), p. 325, and Joseph Bédier, *Les légendes épiques*, 2nd ed., II (Paris, 1917), 288.

[2] Cf. Gautier, III, 259.

[3] The coat-of-arms on the frontispiece shows the additions made by the Angevins of two gold fleur-de-lis and by Ferdinand I of Aragon of a silver band, three gold stars, and the symbol of the three hills.

Although the catalogue of the Bibliothèque nationale (p. 425) inexplicably attributes this epic to the pen of "Bertolais de Laon" —the alleged author of *Raoul de Cambrai* whose very existence is disputed [4]— nothing, in reality, is known concerning the authorship of *Jehan de Lanson*.

The oldest author to mention *Jehan de Lanson* was Philippe Mousket. [5] In his *Chronique rimée*, vv. 4656-63, he states that:

> Puis conquist Karles à tençon
> Le duc Jehan qui tint Lanson;
> Et de l'une mer jusqu'à l'autre,
> Conquist Karles, lance sor fautre,
> Si k'il n'i ot nule grévance,
> Puis revint séjorner en France,
> Et fist ses malades garir,
> Com cil ki tout savoit mérir. [6]

Since Mousket brought his 31,286 line chronicle to a close in 1243 and from all indications made no changes after that date, [7] and allowing one year for the composition of each 6000 verses, [8] we obtain a *terminus ad quem* for *Jehan de Lanson* of 1239. Perhaps a few years —about five, for example— should be allowed for the epic to be circulated long enough to have reached the attention of Mousket, an inhabitant of Tournai. This would take the date back to 1234.

It is a more difficult matter to obtain a *terminus a quo*. If it is true, as Dr. U. T. Holmes, Jr. has suggested, that the imprisonment of Jehan reflects the fate of the rebellious count of Flanders after the battle of Bouvines, then the year may be 1214. This date coincides closely with that of the first document —signed,

---

[4] See Joseph Bédier, op. cit., pp. 370-375, and Ferdinand Lot in *Romania*, LII, 75-133.

[5] Cf. G. Paris, *Histoire poétique de Charlemagne* (Paris, 1905), p. 322.

[6] *Chronique rimée de Philippe Mouskes*, ed. Reiffenberg, I (Bruxelles, 1936), 187.

[7] *HLF*, XXI, 699.

[8] "Gaimar employed on it March and April, And all the twelve months, Before he had translated about the kings." Geffrei Gaimar, *Lestorie des Engles*, trans. Hardy and Martin, Rolls Series, II (London, 1889), 203, vv. 6438-40; cited by U. T. Holmes, Jr., *Daily Living in the Twelfth Century* (Madison, Wisc., 1952), p. 72.

according to Doctor Marciani, in the year 1212— dealing with the establishment of the annual fairs at Lanciano.

These considerations are not very conclusive, and perhaps it should merely be stated that *Jehan de Lanson* was composed sometime in the first third of the thirteenth century.

II. POPULARITY AND LITERARY VALUE

The poem appears not to have been known outside the French-speaking area of Europe. [9] None of the other epics —to judge by Langlois' *Table des noms propres*— ever mentioned it. However, this seems to be less an indication of its lack of popularity in France, itself, than a result of its late composition. A certain amount of popularity is attested by the fact that it appears in 13th, 14th, and 15th century versions. Offsetting this is the fact that it was never converted into the form of the prose romance—the only prose versions in existence being cast in the dry mould of the chronicle.

The critics have been very kind to the poem. According to Paulin Paris:

> "...cette oeuvre n'est pourtant pas dépourvue de mérite. Elle soutient l'attention des auditeurs par le nombre, sinon par la variété des incidents. Il y a des éclairs de gaieté... Enfin, dans l'ensemble de la composition, la règle de l'unité d'action est mieux observée que dans la belle chanson de Roncevaux elle-même. Tout marche vers le dénoûment, qui est la prise du château de Lanson; et les épisodes, quelque nombreux qu'ils soient, vont tous à ce but..." [10]

While preferring the "beau désordre de notre *Roland* à l'ordre ennuyeux et médiocre de *Jehan de Lanson*", [11] Gautier nevertheless expressed his appreciation of the humor —so rare in the *chansons de geste*— that is scattered throughout our poem. [12]

---

[9] Cf. Gautier, III, 259.
[10] *HLF*, XXII, 582.
[11] Gautier, III, 259.
[12] Gautier, III, 257-260.

In addition to the qualities praised above, it should be pointed out that the author's great restraint and sense of realism —much more pronounced than in even some of the older epics— manifests itself in a reasonable length and in the absence of divine intervention, supernatural beings, giants, magic balms, etc. Magic? —yes, but even here Basin's powers are sharply limited; he can neither make himself invisible nor call up devils. Indeed, it might be suspected that it is this very quality of sobriety— which makes *Jehan de Lanson* one of the most readable of the epics to a modern— that accounts for its relative lack of popularity in the Middle Ages.

III. The sources of *Jehan de Lanson*

The determination of the immediate sources of *Jehan de Lanson* is a task almost impossible of solution. As for the direct references to *Fierabras* and to *Aspremont* (see *Notes* 547, 554-55, 575-78, 579, 580-82), they could well have been added by the author of *C*, the fifteenth century version.[13] There are, however, enough parallels between *Jehan de Lanson* and *Fierabras* to assert that the latter epic was one of the principal sources of our poem (see *Notes* 67, 114-215, 401-36, 550-52, 604-17, and 633-817).

In 1895, Joseph Couraye du Parc attempted to prove that *Jehan de Lanson* was a direct imitation of *Renaud de Montauban* and of *Maugis d'Aigremont*, and that, specifically, Basin was modeled on Maugis even to the detail of the name of his teacher in magic at Toledo—Baudris.[14] In his review of Couraye du Parc's article, G. Paris said:

> "Le fait ... que la chanson d'*Auberi le Bourguignon* fait du duc Basin de Genève un *fort larron* montre que ce n'est pas l'auteur de *Jean de Lanson* qui a eu l'idée d'i-

---

[13] As pointed out in the case of *Fierabras* by G. Paris in *Romania*, XXIV (1895), 318.

[14] Joseph Couraye du Parc, "Recherches sur la chanson de 'Jehan de Lanson'", *Mélanges Julien Havet* (Paris, 1895), pp. 325-354; see also our *Notes* 1-124, 1809-86, 1976-77, 2009-12, 2429-31, 2580-2714, 3145, and 6164-6205.

dentifier le larron Basin avec un homonyme qui aurait été l'un des pairs et duc de Genève, mais nullement voleur, et ce fait, joint au témoignage de Philippe Mousket, rend bien vraisemblable, comme je l'ai dit, qu'il a existé un poème où le Basin dont Charlemagne se fait une nuit le compagnon de vol était présenté comme un baron du roi, injustement banni par lui et rentrant en grâce après l'aventure du vol commis en commun. C'est, à mon avis, ce poème que l'auteur de *Jean de Lanson* a continué. Là aussi devait se trouver l'histoire de l'éducation de Basin à Tolède par le sorcier Baudri, dont l'auteur de *Maugis d'Aigremont*, certainement postérieur à *Jean de Lanson* a repris le nom pour en faire celui du maître de Maugis... Dès lors, il est fort possible que plusieurs des épisodes où Basin, dans *Jean de Lanson*, se comporte comme Maugis dans *Renaud* soient des variantes parallèles plutôt que des imitations. Ce type du voleur sorcier, comme le remarque M. C. du P., est très ancien dans l'épopée française, et il est bien difficile de dire si les scènes, toujours assez semblables entre elles, où il figure dans les poèmes qui nous sont parvenus sont imitées les unes des autres ou remontent à des sources plus anciennes." [15]

Developing this same theme in his *Légendes épiques,* Joseph Bédier asked:

"Est-ce *Jean de Lanson* qui est imité de *Renaud,* ou si c'est l'inverse? Le roman de *Renaud* exploite la *Chevalerie Ogier,* mais, chose singulière et pourtant assurée, la réciproque est vraie. En la plupart de ces cas, de quel côté est le modèle? de quel côté l'imitation? On ne sait: la chronologie de ces romans reste incertaine, et —c'est ici le grand fait littéraire qu'il faut savoir accepter et comprendre— à jamais elle restera incertaine, parce que, sortis d'un même mouvement des imaginations, représentant les mêmes goûts et les mêmes modes, ces romans, à vingt ans, à quarante ans près, sont contemporains." [16]

---

[15] G. Paris in *Romania,* XXIV (1895), 317-318.
[16] Joseph Bédier, *Les légendes épiques,* 2nd ed., IV (Paris, 1921), 217.

IV. Who was basin?

An extensive literature has been developed on this subject which has been summarized by G. Paris in his *Histoire poétique*, pp. 315-22. It may be remembered that in origin Basin is the exile who went robbing with Charlemagne by night and helped him to uncover a plot against his life—a story which was probably contained in the two lost MSS entitled "le Rommant Basin" which lay in the library of the dukes of Burgundy, which passed in varying forms into the Old Icelandic *Karlamagnùs saga* and its Danish resumé, the *Krönike om K. Karl Magnus*, into the Dutch *Caerl ende Elegast* and its German translation in the *Karl Meinet*, and which has left scattered traces of its existence in Albéric des Trois Fontaines, Philippe Mousket, *Aubri, Renaud, Wistasse le Moine*, [17] *Jehan de Lanson*, and *Le restor du paon*. [18]

Here, the problem is limited to one small point—from where did Basin get his appellation of "de Gennes" and of "de Genevois"? Neither in the *Karlamagnùs saga*, the *Caerl ende Elegast*, nor the *Karl Meinet* does either term appear. Among the epics other than *Jehan de Lanson* he is called "le Borgoingnon", "de Lengres", "de Langles", "de Longres", and "l'Englois". Only in *Fierabras* is he called "de Genevois" (vv. 70, 80), but even here not "de Gennes".

It can only be concluded from this (in agreement with Couraye du Parc, p. 331) that the author of *Jehan de Lanson* picked up the term "de Genevois" from *Fierabras* and added "de Gennes" on his own initiative. The more important question remains, however, of just where in the mind of the author was the location of Basin's private domain.

V. Where is gennes?

In spite of the confusion of forms (Jenenes, Genevre, Geneve sour mere, etc.) that appear in the *Geste* and in the *Myreur*, it

---

[17] For passage in *Wistasse le Moine*, see Note 2009-12.
[18] For passage in *Le restor du paon*, see Romania, XXIX, 425-426.

INTRODUCTION

is clear that to Jean d'Outremeuse, Basin was duke of Genoa, Italy. It is apparent, also, that at least some of the students of the French epic agree with him (Gautier and P. Paris, "Gênes", but G. Paris, "Gennes" *and* "Genève"). All the MSS carrying the oldest version of the poem, however, point to another identification which was first suggested by Dr. U. T. Holmes, Jr.

In *C* (158v) it is stated that after escaping from the castle of the robber Servein, "Tant chevaucha Bassin et tant vot esploitier Qu'il vint en douche France le bon païs planier... Tant chevauche le duc... Qu'il vint tout droit a Jennez qu'i[l] ot a justichier. La trova Erquenbaut le seigneur de Pesier Qui le fanme a Bassin vot avoir a moullier". (Even here there may be a touch of confusion with Genoa, if Pesier is identified with Pesaro, Italy.)

Upon leaving Jennez, (C159v) "Entresi qu'a Paris le duc ne s'alenty... Tant passa mons et vaulz que il vint a Estampe; A Paris est venu, la cyté noble et france."

In *B* (1r-1v), the usurper of Basin's fief is called Herchanbaut de Pavie, and Basin's two sons have fled to Simon de Puille, a friend and relative of their mother. These statements would admittedly seem more reasonable if the fief in question were Genoa, Italy, rather than a place in France.

However, when the duke departs next morning, (*B*2v) "Desor s'en va Basins sans nule demorence Et a passee Luque, Lonbardie et Plaicence. Tant a erré li dus par mi la terre est[r]ai[n]ge Que il a passé Tors et Orliens et Estanpes. A Paris est venus li dus par .i. diemange." Would this not be a strange route, indeed, for Basin to take were he proceeding directly on his urgent mission from Genoa to Paris?

In *A* (vv. 3103-07), after escaping from Servein, "Va s'an li dus Basins armez sor son destrier; De ci qu'an doce France ne se volra targier. Par mi le Genevois se prant a adrescier, Et vint tot droit a Gannes qu'il ot a jostisier. La trova Erchanbaut, le segnor de Poitier".

Furthermore, *A* (vv. 3117-18) draws a picture of a small town, not of the city of Genoa with its bustling port: "Archanbaut ancontra an mi le borc plenier Qui sa fame an menoit esposer au moutier".

A possible reconstruction of the incident as it took place in the original version could be as follows:

On the way from Italy to Paris, Basin makes a detour to see how his family is getting along in the little town of Gennes on the left bank of the Loire about 13 kilometers downstream from Saumur. Here he finds that the lord of Poitiers, which is only 100 kilometers from Gennes, is attempting to expand his holdings by seizing the fief of the absent peer. Probably assuming that Basin has long since been killed at Lanson, he hopes to secure undisputed possession of the property by exiling Basin's sons and marrying his widow. After beheading Erchanbaut, Basin spends one night with his wife and next day proceeds on to Paris by the perfectly normal route indicated by the author of *B*, "Tors et Orliens et Estampes".

There remain two questions to be answered. First, is the little town of Gennes (Maine-et-Loire) old enough? The *Grande Encyclopédie*, XVIII, assures that it is. Gennes is the site of the Dolmen of the Madeleine, of a Roman theatre, aqueduct, and baths, of two churches built partially from material from a Roman temple, and of the ruins of two castles—the Château de Maillé-Brezé and the Château d'Avort.

Second, how did the confusion of Gennes and of Genoa come about? This was simply the result of two factors—the insignificance of Gennes compared to Genoa, and the fact that Basin's frequent trips between Lanson and Paris took him hard by the more widely known of the two localities.

VI. WERE IS LANSON?

Concerning the location of Lanson, Paulin Paris suggested Lanciano, Italy, but made no effort to substantiate this identification.[19] Léon Gautier refused to accept this.[20] Couraye du Parc, influenced by his belief that *Jehan de Lanson* drew heavily on *Renaud de Montauban*, suggested that the author of the poem got the name of his city from the "Balançon" so often mentioned in *Renaud*.[21] Joseph Bédier thought of Lanson as a fabulous city:

---

[19] *HLF*, XXII, 569.
[20] *Les épopées françaises*, 2nd ed., III (Paris, 1880), 259.
[21] Couraye du Parc, p. 351.

"Où est Lanson? Quelque part en Calabre. Le poète n'en dit pas davantage. Probablement lui-même n'en savait pas davantage". [22] (As a matter of fact, the poet *never* says that Lanson is in Calabria.)

It is Louis Michel in his excellent work on the epics as they appear in *Ly myreur des histors* and in *La geste de Liége* who has made the only serious effort to locate Lanson. [23] From the internal evidence of *La gieste Johan de Lanchon*, he has deduced correctly that, for Jean d'Outremeuse, Lanchon was located in the Midi near Marseille, and has identified it with the little town of Lançon in the department of Bouches-du-Rhône, about 58 kilometers north-west of Marseille. [24] This identification is extremely doubtful, for not only does Lançon not at all fit the description of Lanson in the poem —virtually the same as the one in the *Geste*— but, as will be pointed out, it was quite unnecessary for Jean d'Outremeuse to have known of the existence of a Lançon in the Midi for him deliberately to have shifted the locale of the poem from Italy to France.

Be that as it may, Michel goes on to say:

> "Nous pensons que, dans la version primitive de la légende, Lanson était situé non pas en Calabre mais dans le Midi de la France. On ne s'expliquerait pas comment le transfert géographique aurait pu s'opérer de la Calabre vers la région des Bouches-du-Rhône. D'ailleurs, on a cherché vainement à localiser Lanson en Italie. Par contre, on peut comprendre très bien comment le changement inverse a dû se produire. Jean de Lanson, nous apprend la version conservée par Jean d'Outremeuse *et que nous supposons, pour ce qui est de la localisation, représenter l'état ancien de la légende*, devient très puissant et est de taille à résister à Charlemagne après avoir hérité les domaines de son oncle dans l'Italie méridionale. C'est ce qui peut expliquer que, *dans des remaniements de la légende primitive,* l'on ait vu en lui, surtout d'abord,

---

[22] Bédier, *Les légendes épiques*, 2nd ed., II (Paris, 1917), 288.
[23] Louis Michel, *Les légendes épiques Carolingiennes dans l'oeuvre de Jean d'Outremeuse* (Liège, 1935), pp. 360-370.
[24] Michel, p. 361.

uniquement ensuite, un prince de Calabre et que l'on ait placé Lanson dans ce pays [emphasis Michel's]." [25]

In addition to the facts that *all* the MSS carrying the oldest version of the poem place Lanson in Italy, and that until now *no one* has seriously tried to locate Lanson in that country, it may be pointed out that the author —Jean d'Outremeuse— who had such little respect for the *"légende primitive"* that he converted the beloved old Charlemagne into a monster who accepted money from Ganelon and deliberately sent the peers off to Lanchon to be murdered [26] —plainly was perfectly capable of changing *any* element of the poem that might suit his dark purposes.

The truth of the matter, probably, is that it was Jean d'Outremeuse —with or without the knowledge of a Lançon in the Midi— who shifted the scene of *Jehan de Lanson* from Italy to France, and not the other way around.

Indeed, Jean d'Outremeuse is caught in the act of shifting the scene of *another* epic from Italy to France. In *P* (435v-436r), *Aspremont* is summarized in the following words:

> "A ce coup que Charlez se conplaindoit a ses barons, vint la ung messaigier quy luy dist qu'il mande ses hommes, 'car le roy d'Affricque, Agolans, estoit passeit dessa et est a Lyon a cent milz hommes; pour Brandis son frere qui s'est convertis, vous manasse et vostre pays.' Le roy l'entent sy fut tout embahis, sy at mandeit ses gens partout. Et aussy il mandat Ogier et luy escript comment le roy Agolant de Carthage, le frere Brandis, venoit prendre vengence de son frere qui s'estoit convertis a nostre loy et de tous ceulx qui l'avoient a ce constrains. Quant Ogier l'entendit, sy vint et s'en alerent vers Agolant ... Car vous devez savoir que Agolant vint en Aspremont l'an dessusdi le .xiii. jour de mars—c'estoit en la fin de l'an—et fut desconfit; sy tuat Agolant Cruaulz de Bealande, le filz Garin de Monglaine ... Charlez le roy fut et revint en France ..."

---

[25] Michel, p. 368.
[26] See *Variants of L*, 14162-254, 15823-897.

The statement that Charles returned to France after the battle can be explained as being either a vestige of the original or a reflection of the fact that Lyon is at the upper limit of the area of the *langue d'oc*. But is it not clear that Jean d'Outremeuse has located the scene of the battle of *Aspremont* near Lyon? To believe otherwise would require assuming that the Saracen army of 100,000 men retreated peaceably from Lyon down to Italy simply in order that the battle might take place at the traditional site.

Furthermore, it is likely that Jean d'Outremeuse had a definite motive in making these shifts of locale. In order to reveal what this was, it is advisable to review briefly a portion of his distorted version of *La chevalerie Ogier* which he mixed with elements from the *Enfances*—the epics which gave him the inspiration for his master plan and its starting point, namely, the gift by Charles to Ogier of Hainaut and Brabant.[27]

Ogier and his followers invade Asia, visit the Terrestrial Paradise, equal the exploits of Alexander by conquering fifteen vast kingdoms, and install Prester John. Brandis (the "Brehus" of the *Chevalerie*) takes advantage of the absence of Ogier to invade France as far as Orleans where he ignominiously defeats Charles and his leading peers, and imprisons them in his tent. Immediately, God sends a message to Ogier by the Archangel Michael to return to Europe and defend the Faith. During the return trip, he secures by force of arms freedom of worship for Gloriande, an individual Christian isolated in pagan territory.[28] Arriving in France, he defeats Brandis in single-combat, converts him, and rescues the emperor and his peers.[29]

Thus it is Ogier, not Charlemagne, who is appointed by God to defend the Faith in Europe, to convert the pagans of Asia, and to secure the integrity of France. Jean d'Outremeuse then proceeds to drive his point home in the *Aspremont* by having the Saracens penetrate into France as far as Lyon and having the terror-stricken, ineffectual old emperor rely once more on Ogier for the salvation of France and Christendom.

---

[27] *HLF*, XXII, 658.
[28] P 421r-422v and *Ly myreur*, III, 71-73.
[29] *La geste de Liége*, vv. 14652-693, *Ly myreur*, III, 68-71, 73-77.

Is it not clear by now that the master plan of this fanatically patriotic Liegeois was nothing less grandiose and audacious than the rewriting of history as presented in the chronicles and epics —all the while proclaiming that the jongleurs "pour leur argent gaingnier metent le chaut pour froit (*Geste,* v. 19962)" and that he alone was telling the truth— to take the historic role of defender of Christendom, Europe, and France, itself, away from the famed Charlemagne supported by his highly-touted peers and French troops, and to give it to Ogier and his followers, the Liegeois and the Hesbignons?

In order to elevate Ogier, Jean d'Outremeuse was forced to abase Charlemagne. In the *Chevalerie* and in the *Aspremont,* the king is seen as only an ineffectual leader. In *Johan de Lanchon* the denigration of Charles reaches its ultimate development. Here he becomes a suborned old monster who accepts a bribe from the traitors, who tries to have his peers murdered by Johan, and who, although virtually forced by Ogier and the peers into preserving France from dismemberment by the traitors, reveals the depth of his depravity by refusing to punish Johan.

Lest one has not yet fully grasped the extent to which Jean d'Outremeuse was willing to go in his desire to transform Ogier into the greatest hero the world has ever known at the expense of the traitorous old Charlemagne in whose veins flowed the blood of Judas Iscariot through his descent from Alpaïde and the Huns, this refutation of Michel's theory may be closed by quoting a revealing passage from *La geste de Liége,* vv. 14793-801:

> "Car vous saveis *de monde est Ogier le milhour,*
> "De linage et proeche, loiialteit et savour,
> "Si n'at à vo linage certes nulle douchour."
> Dist Johan de Lanchon: "De luy aveis paour?"
> "Non ay, che dist Charlon, mains par sa grant valour
> At tant Franche rescos de la gens paiinour,
> Que ma gens *com I Dieu son corps ades aour* [emphasis ours]."

The historians long ago learned their lesson concerning the reliability of Jean d'Outremeuse, namely, that his witness to the content of the epics he drew upon is not at all to be accorded the confidence given that of chroniclers such as Philippe Mousket and

INTRODUCTION

Albéric des Trois Fontaines. Compare, for example, the valuable allusion to the lost *Basin* made by Mousket [30] with the extravagant story of the assault by Charles on the palace of Basin at Genoa described by Jean d'Outremeuse. [31] This latter story would not cause one to suppose that *Basin* contained a development to the point of a full-scale battle of the ancient hostility between Charles and Basin—a hostility based *not* on Basin's being a rebellious vassal, but on his having been unjustly exiled by the king and forced to make his living by robbery. [31]

It may be believed that Lanson is none other than the Lanciano first suggested by Paulin Paris a hundred years ago. Lanciano, the ancient capital of the Frentani, *Anxanum*, is located on a plateau of yellow limestone at an altitude of 283 meters, five miles from the Adriatic, in the modern province of Chieti. It was a station on the Trajan Way which, according to the *Tabula Peutingeriana*, connected North Italy to South Italy by the route Piacenza-Ancona-Ortona-Lanciano-Istonio-Brindisi. The sea —according to Dr. Corrado Marciani of Lanciano— is clearly visible from the city.

As for the three rivers, the bridge, and the great commercial activity described in *Jehan de Lanson*, the following is quoted from the *Enciclopedia Italiana* (XX, art. *Lanciano*):

> "... limitato [speaking of the plateau] a est dal Fosso Spirito Santo, affluente del Foldrino, a ovest dal piccolo Fosso di S. Apollonia ... Un terza fosso, detto Malsano, incide il pianoro, [32] per modo che esso risulta diviso in tre elevazioni, due delle quali sono riunite da un ponte a 4 grandi archi, detto Ponte Diocleziano, risalente al sec. III; su esso fu costruita nel sec. XV la cattedrale, detta perciò di S. Maria del Ponte ... Le fiere annue (in

---

[30] "Et Bazins li fist maint anui, Qui l'emmena embler od lui." (*Chronique*, vv. 8442-43, cited by Paris, *Hist. Poét.*, p. 318).

[31] See *Note 2987*.

[32] A map of the city in 1800, sent by Dr. Marciani, shows yet a fourth stream, the Fosso della Pietrosa, which can also be seen in the frontispiece flowing under the Roman bridge. Skirting the east and north walls, it joins with the Malsano (or Malvò on the map of 1800), which flows parallel to it through the center of the city, at a point north-west of the town and then flows into the Foldrino (or Feltrino) which joins the sea at San Vito Chietino (*Gaudo*).

giugno ed in settembre) furono per tutto il Medioevo e nell'età moderna tra le più celebri dell'Italia centrale; vi acorrevano mercanti, non solo da ogni parte della penisola, ma dalla Francia, dall'Europa centrale et soprattutto dall'opposta sponda balcanica. Almeno sin dal sec. XII vi era in Lanciano un'attiva colonia di Ebrei che esercitavano anche il commercio marittimo, esportando derrate et prodotti industriali, specie nel Levante." [33]

An attempt may be made to reconstruct the adventures of the peers at Lanson as they were conceived by the imagination of the author operating on the real features of the topography of Lanciano:

Since the peers were on an urgent mission and had no reason to go by way of Rome, they probably followed the route of the old Trajan Way down the East coast to Lanciano. Approaching the city from the east, they admire the bridge, the walls, and the towers (see frontispiece and v. 300 ff). They are now crossing the Prato della Fiera which Dr. Marciani, judging from the itinerary of Antoninus Pius, believes to have been the point at which the Trajan Way came closest to the city. Since Charles had said, speaking of Jehan, "A ce premier esté l'yray vir a Lanson (v. 53)", the June fair has not yet opened, and the area is being used as a recreation grounds; the peers are amused at the sight of a hundred young people playing about a tree (v. 374 ff).

When they reach the entrance to the Ponte Diocleziano (see frontispiece), the color of which the author has deepened from light yellow, the color of the local stone, to "vermelle" (v. 314), they are asked to pay the entry fee (v. 411 ff). Becoming involved in a struggle, Roland says, "Veez deseure ce pont une moult rice tour" (v. 586; Dr. Marciani informs that prior to the construction of the chapel in the 15th century which was later amplified into the cathedral, there were *two* guard towers at the outer end of the Ponte Diocleziano). They then fight their way into one of the towers, and the author speaks of the river underneath the bridge

---

[33] Cf. v. 315 ff of our text. A book on the fairs of Lanciano by Dr. Corrado Marciani is to be published by the Ecole Pratique des Hautes-Etudes, Paris, during the course of 1959.

as having ".iiii. lanchez de parfont" (he has merely expanded the size of the Fosso della Pietrosa to epic proportions).

Lured out of the tower, they are dined and wined by Jehan in his palace, the Torri Montanare dating from the 11th century which survives close to the modern prison, and which can be located on the view of 1703 just beneath the letter *C*. Next morning they attend mass (v. 1045 ff), perhaps, if the poem were composed late enough, in the church of Santa Maria Civitanova (later called S. Maria Maggiore and indicated on the view of 1703 by the letter *E*) which was built by Burgundian artisans in 1227.[34]

Promising to take the peers hunting "dessus le pré marin" (v. 1320), Jehan leads them back across the Ponte Diocleziano where they turn north and follow the banks of the Aquiton (the Fosso della Pietrosa and its continuation, the Foldrino) as it skirts the walls of the city and turns west. When they reach the "boz d'Aquiton" (v. 1357), which was located near the confluence of the Fosso della Pietrosa and the Fosso Malsano, Allory springs his ambush.

The peers fight their way into the "Tor as Jaianz" taking their prisoner Allory with them. Capturing a ship sailing up the Aquiton (the author has combined the real commercial activity of the city, which was actually carried on by land transport, with the Pietrosa-Folrino to produce a large, navigable river), the peers eat a good meal and drink too much wine. While they are asleep, Allory escapes. When he is recaptured, the peers walk over to the banks of the Valance where they hang him to a pine (v. 2050 ff). This passage, in which the peers are one moment on the Aquiton and the next on the Valance, would cause trouble except for the map of 1800 from Dr. Marciani showing the junction of the Pietrosa and the Malsano a short distance from the city. Thus, the Valance can be identified as the Fosso Malsano, leaving the Plaisance to be identified with either the Fosso Spirito Santo, which borders the Prato della Fiera on the east, or with

---

[34] Corrado Marciani, *La Chiesa di S. Francesco di Lanciano* (Estratto dalla "Rivista Abruzzese" A. VII 1954 N. 2), (Lanciano, 1954), pp. 7-8. All other statements attributed to Dr. Marciani are contained in private letters dated June 30, July 29, and Sept. 9, 1958.

the Fosso S. Apollonia, which is located to the south-west of the city near the village of S. Egidio.

The peers then sail up the Aquiton and, by using the stratagem of the "feigned corpse", take possession of the main castle. Here the comparison breaks down, as in the poem the palace is located on the banks of the Aquiton as indicated in v. 2210 ff.

With the added point that there are mountains between Lanson and Rome (vv. 1232 and 3992), which is explained by the existence of the Apennines between Lanciano and Rome, it is seen that Lanson is not such a "fabulous" city after all. It should be readily admitted that, taken singly, almost every one of the details mentioned above is a cliché in the epics—witness the 32-arch bridge of Maltribles in *Fierabras* and the numerous castles that sit on rocks by the sea and on the banks of navigable rivers. Neither should it be insisted that the author was as intimately acquainted with the city of Lanciano as the analogy above may have implied. Nevertheless, the details of the poem and those of the topography of Lanciano match up so well that one is forced to conclude that the author at least knew of the existence in central Italy of a city with a name similar to "Lanson", that it was located on a rocky plateau, that the sea could be seen from it, that it had walls and towers, that access into it was by a Roman bridge with a stream under it, that it was surrounded by a whole complex of streams which joined to flow into the sea, and that it was the center of a great commercial activity.

VII. Description of manuscripts

Jehan de Lanson has been preserved in one form or another in at least seven manuscripts:

A, Paris, Bibliothèque nationale, fr. 2495, anc. 8203, fol. 1r-65v. 135 folios of about 135 × 190 mm. Single columns of 30 to 34 verses. No miniatures, initials only slightly ornamented. Vellum, late 13th or early 14th century, the work of several scribes. Contains the following items:

1. *Jehan de Lanson*, fol. 1r-65v. Written by four scribes. Contains several water-damaged, ink-stained, flaked, and mutilated passages. Has 4096 whole verses and 16 mutilated ones, while

19 more have been completely lost by trimming or tearing—a total of 4131. The first part of the text is missing and corresponds to 1907 verses in C. Since it requires C forty percent longer to relate a given episode than it does A, we estimate that there have been lost from the beginning of A about 1360 verses in 23 folios, making an original total for the MS of approximately 5500 verses in about 88 folios.

2. *La Priiere Theophilus*, fol. 65v. An untitled and partially illegible fragment of 27 verses, a variant of the version published by Jubinal (*Rutebeuf*, III [Paris, 1874], 314-19) from BN, suppl. fr. 428.

3. *La Chanson d'Aspremont*, fol. 66r-135v. Used by Louis Brandin to correct the MS of Wollaton Hall in his edition for the *CFMA*, Paris, 1924. The first verse corresponds to v. 63 of his edition, and the last one to v. 5173; thus one folio is missing from the beginning and about 6000 verses from the end.

B, Bern, Stadtbibliothek 573 (Hagen, *Catalogus Codicum Bernensium*, Bern, 1875), 52 folios, 2273 verses in single columns averaging 22 lines. Parchment, in excellent condition; no minatures, and initials very simply ornamented. Late 13th or early 14th century. Contains only scattered fragments of the poem. The work of one scribe.

C, Paris, Bibliothèque de l'Arsenal 3145 (186 B. F.), fol. 108r-203v. 235 folios plus folio A, 203 × 282 mm. The work of several scribes in 15th century cursive hands. Paper, perfect condition; beautifully bound in red morocco, gilt-edged, and sewn with gold thread. No miniatures, but initials occasionally take the form of fishes or human faces. Listed by Etienne Barbazan (1696-1770) in his catalog of the MSS of the duke of la Vallière, and by 1750 it had come into the possession of M. de Paulmy. Contains the following works:

1. *Chanson de Hugues Capet*, fol. 1r-103v. The only MS of this epic; written by a scribe named Jorge (103v). [35]

2. A hodgepodge of miscellaneous extracts and fragments including 23 lines of a *Mirors du monde*, fol. 104r-107v.

---

[35] *Hugues Capet* has been edited by La Grange, *APF*, VIII, Paris, 1864, and by A. S. Hodges, doctoral thesis in MS at the University of N. C., Chapel Hill, 1949.

3. *Jehan d'Alenson*, fol. 108r-203v. The only complete version of the poem except for the independent versions of Jean d'Outremeuse. Written by two scribes; the first one, the Jorge who composed or copied *Hugues Capet*, stopped at fol. 160v. 96 folios, 6470 verses in single columns averaging 35 lines.

4. *Le purgatore saint Patris*, fol. 204r-218v.
5. *Le passetamps Michaut Taillevent*, fol. 219r-228r.
6. *Le tamps perdu de Pierre Chastelain*, fol. 228v-228r.

L, Jean d'Outremeuse, *La gieste Johan de Lanchon*, vv. 13, 843-19,985 of *La geste de Liége*, Book I.[36] This portion of the *Geste* was edited by Adolphe Borgnet from a MS entitled "Manuscrit de Gerlache" by Stanislas Bormans in his introduction to *Ly myreur des histors*. 500 folios in single columns of 42 verses by a Walloon scribe of the early 16th century. Given by the count Emile d'Oultremont de Warfusée in 1831 to the baron de Gerlache, President of the Belgian Historical Commission. In 1887 it was still in the possession of the baron's daughter, Mlle de Gerlache.[37]

There also exists a much older MS of *La gieste Johan de Lanchon*, Bibl. royale de Belgique 10989. Paper, 230 folios of 186 × 252 mm; formerly belonged to the Jesuit College of Liége. It is incomplete, stopping at verse 19,504, and presents several lacunas. Is is in a hand of the late 14th or early 15th century. It was used by Borgnet to control the first 128 laisses of *La geste de Liége*, but not for any part of the poem.[38]

P, Brussels, Bibliothèque royale, Cote II. 3030, fol. 414v-454r. 454 folios of 110 × 160 mm, 32-34 lines per page; Walloon, in a hand of the first half of the 15th century. Contains *Ly Myreur des histors* for the years 404 to 825.[39]

This MS has had a singular history. Seeking a satisfactory text for the years 795 to 825 of *Ly myreur*, Borgnet learned in 1863 that one answering this description was owned by the

---

[36] Jean d'Outremeuse, *Ly myreur des histors, Chronique de Jean des Preis dit d'Outremeuse*, II, ed. Adolphe Borgnet (Bruxelles, 1869), pp. 675-753.

[37] Stanislas Bormans, *Chronique et Geste de Jean des Preis dit d'Outremeuse, Introduction et Table des Matiérès* (Bruxelles, 1887), pp. lxxii-lxxiv.

[38] Bormans, pp. lxxiv-lxxv.

[39] For a more detailed description, see Bormans, pp. ccii-cciii.

chevalier de Theux de Montjardin, but the owner obstinately refused either to sell or to lend it to the Historical Commission. As a result, Borgnet and the Commission reluctantly went to press with volume III in 1873, using for the period indicated a shortened version from the late 16th century. [40]

Thus it was that Bormans, not having had access even to a detailed analysis of the MS, supposed that *La gieste Johan de Lanchon* was the only material appearing in the *Geste de Liége* that had not been reduced to prose in *Ly myreur*. [41]

In 1903, the MS was finally acquired by the Bibliothèque royale and assigned the number II. 3030, but through an oversight was not entered in its catalog, in which it should have appeared in volume nine (1909). It was rediscovered many years later by Louis Michel during preparations for his work on the epics in Jean d'Outremeuse which appeared in 1935. [42]

It is unfortunate that Michel himself, the rediscoverer of this luckless MS, should have contributed one more to its list of injuries by stating that "... l'histoire de Jean de Lanson se rencontre aussi, tout au long, dans la prose du *Myreur* ..." and "ce récit étant, en substance, exactement le même que celui de la geste, nous pourrons nous dispenser et de publier et de l'analyser ici." [43] As can be seen by the *Variants of P* (18268-19133), the prose version not only omits a large section of *L*, but replaces the abridged material by an entirely original passage.

Another prose version is found in the Bibliothèque du château de Warfusée, No. 116, fol. 53r-65v (in reality 75v). 335 folios, paper, written in 1439. Formerly belonged to the Carthusians of Liege. Contains *Ly myreur* up to the year 1202, *La geste de Liége* up to 1444, and various unrelated works.

Johan de Lanchon begins "... Si parlerons aulcunement de linage Basin et Johan de Lanchon ..." and ends "Ensi fine li histoire abriveit de Johan de Lanchon et Basin son frère, conte

---

[40] Bormans, pp. iii-v, cci-ccii.
[41] Bormans, p. xiv.
[42] Michel, p. 25.
[43] Michel, p. 354.

de Huy le premier, qui furent malvais et traittes, et extrais del maile lignie Alpays." [44]

Is this "histoire abriveit" a summary of *L* or of *P*, or, like *P*, does it contain completely original material? Judging from the *explicit*, it may be suspected that it is a summary only of "The Origins of the Campaign against Lanchon". At any rate this MS may be examined some day to determine its actual contents.

Other prose versions possibly exist in one or more of the many MSS of the *Chronique abrégée* of Jean d'Outremeuse. [45]

VIII. Classification of Manuscripts

Producing garbled forms in unusual abundance (e. g. *ilcil* for *icil* 3146, *done* for *donc* 3181, *so poa* for *sopira?* 3182 *vois* for *vous* 3189, *ror* for *jor* 4404), the barely literate scribe of *B*—obviously not a professional—has attempted to reproduce in a beautiful, meticulous hand, without trying to smooth out rough passages or fill in lacunas, a lost MS containing the oldest and the least abridged version of *Jehan de Lanson*. Indeed, only one abridgement has been detected in *B*, which, since it is 23 verses in length, may well represent a simple failure on the part of the scribe to copy a whole page of the MS before him. On the other hand, *B* contains many passages that have been reduced or excised completely by the editor of *A* (see *Variants of B*). It is to be noted also that *B* is more highly assonanced than is *A*, which is often an indication of greater age.

A is an abridged edition designed to suit the tastes of someone who did not like homely scenes such as the one of Basin's overnight stay at home with his wife, repetitious material, and battle scenes.

Since *C* contains much material found in *B* but not in *A*, it may be descended from a relatively unabridged version. It represents a reworking of the poem by a patriotic inhabitant of

---

[44] *Compte rendu des séances de la Commission royale d'histoire ou Recueil de ses bulletins*, second series, VIII (Bruxelles, 1856), 397-404.

[45] MSS listed in *Chroniques Liégeoises, Textes français*, Académie royale, Commission royale d'histoire, ed. S. Balau, II (Bruxelles, 1931), 144.

Flanders. As pointed out by Léon Gautier,[46] the author changes the ending of the poem by having Charles reward Ysoré, not with Lanson, but with Saint Omer, Aire, Calais, Cassel, and Guines—all of them cities of Flanders. Later on, Ysoré is to become the count of Flanders and wield great power.

Furthermore, this patriotic Fleming is more sympathetic to Jehan than is the author of the original. He not only depicts Jehan as receiving the wholehearted support of his bourgeois in the defense of Lanson, but, because of his decent treatment of the captive Charles, Jehan is given a promise by the king that he will never be tied or chained during his imprisonment.

This version well illustrates the great degeneration of the epic and of literary taste between the 13th and the 15th centuries. Filling out the second halves of his verses with epic formulas, the author never loses an opportunity to expand a battle scene and to make it more bloody, or to replace an exploit of Basin achieved by the use of normal psychology with a magic trick (see *Variants of C*).

Since C is almost totally free of errors and contains absolutely no lacunas, it would seem that very few MSS intervened between it and the master copy. Moreover, it would seem that a precise *terminus a quo* can be established for this MS, and perhaps even for the original MS of the version.

It is apparent that the first scribe of C (see verses 1-1907) felt strongly that the correct name of the city was "Alenson" or "Alanson". He uses this form in preference to "Lanson" in almost every case that the meter will allow (cf. *Jehan d'Alenson*, v. 6, with *l'yray vir a Lanson*, v. 53). The second scribe, while much preferring "Lanson", uses the form preferred by the first one at least six times, which fact may indicate that "Alenson" was already present in the MS being copied.

If this theory is correct, the first scribe, Jorge (and perhaps even the author himself), was very much impressed by the parallel between the careers of Jehan, duc de Lanson, and of Jean II, duc d'Alençon. This unhappy duke, having supported

---

[46] Gautier, *Les épopées françaises*, 2nd ed., III, 258.

the Dauphin against his father, Charles VIII, during the "praguerie" of 1440, was accused of intelligence with the English in 1456 and received the death penalty which was then commuted to life imprisonment. Freed in 1461 by Louis XI, he was again condemned to imprisonment for life in 1474 but was released in time to die a free man in 1476. Thus is obtained a *terminus a quo* for C—and perhaps for the version itself—of 1456.[47]

L is a reworking of the poem by Jean d'Outremeuse (1338-1400),[48] an extremely patriotic citizen of Liege who undertook to write the history of the world as it revolved about the fortunes of his native area in two ways—in prose and in verse. The prose version is called *Ly myreur des histors,* and the one in verse is called *La geste de Liége.* Both these works are monumental hodgepodges of chronicles, epics, and original contributions.

The very trait which has ruined the formerly high reputation of Jean d'Outremeuse with the historians—that of equating epics with chronicles—has made him valuable to the students of French literature, for he included in his works full-length versions or abstracts of practically every epic known in his day. Evaluation of his versions, however, is an extremely difficult task, for he has deformed every one that he possibly could to make of it an integral part of one vast epic, "La gieste Ogier le Danois".

In the case of *Jehan de Lanson,* he has managed this by making Jehan a brother of Basin de Huy with whom Ogier is at odds. Linking up this epic with the history of Liege requires the author a long transitional passage which has been entitled "The Origins of the Campaign against Lanchon" in order to distinguish it from the passage which corresponds to the text of this edition.

---

[47] It should be noted, however—as Louis Michel observed (p. 361)—that F. Mistral lists under Lançoun the romance forms Allanson, Alançon, and the L. L. forms Alantio and Allantio; *Lou Tresor dóu Felibrige ou Dictionnaire provençal-français,* II (Aix-en-Provence), 183. Cf. also the variant forms Lorion (Langlois, *Table*)-Allorion (*Jehan de Lanson*), and Maugis-Amaugis (*La mort de Maugis,* v. 5).

[48] *Chroniques Liégeoises, Textes français,* ed. S. Balau, II, 146.

Not only does this patriotic Belgian make Ogier the hero at the expense of both Charlemagne and Basin and exhibit all the stylistic faults found in *C*, but he robs the poem of all its humor and destroys all its charm. As for the form, this version is in 195 laisses of from 26 to 33 rimed alexandrines plus one extra hemistich which announces the rime of the following laisse.

P contains four categories of material:

1. A prose reduction of *L*. Lest the differences between *P* and *L* lead someone to postulate an earlier *Johan de Lanchon* in verse, a few verses from widely separated sections of *L* followed by their equivalents in *P* are quoted below:

L 14156. Unc petit prent de pain pour savoir le larchin ...
P 416v. .i. petit prent de pain pour savoir le larcin ...

L 15110. Ly contes Gennelhon fist Johan renporteir ...
P 431r. Le conte Geneilhon fist Jehan reporteir ...

L 19926. Mains ma part en prendray ychi bin largement ...
P 454. Pourtant prendray ma part droit cy bien largement...

2. Material found in *Ly myreur* (but not in *La geste*) in extremely reduced form.

3. Material which also appears in much the same form in *Ly myreur* and in condensed form in *La geste*.

4. Material which appears neither in the *Geste* nor in the *Myreur*, and which replaces a large section of *L*. No alexandrines have been discovered embedded in this passage. It would appear, therefore, that Jean d'Outremeuse first composed his poetic version, then, in reducing it to prose, became bored with following the original, cut out a large section, and replaced it with a fresh concoction of his fertile imagination (see *Variants of P*).

To sum up, *B* represents the original version, or at least the oldest, *A* is an abridged edition of the original, *C* is a modification of the original to reflect the changed tastes of the 15th century and the nationalistic sentiments of its Flemish author, *L* is a complete recasting of the original to suit the purposes of its patriotic Liegeois author, and *P* is an abridged prose summary of *L* containing some original material and some material from *Ly myreur*.

Schema

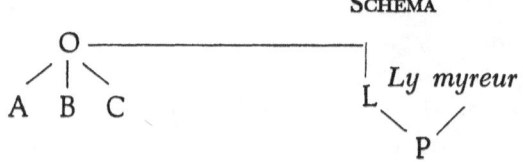

IX. Language of the Manuscripts

A (Francian with traces of the dialects of the north, east, and southeast).

1. First Scribe, vv. 1908-3383.
Orthography: prefers an *to* en (mant 1912, an 1917), ei *to* ai (demein 1929, seisi 2050), gl *to* ll (esvegla 1969, meglor 2029); *uses* en 2798 *for* est; cceurent 2910.
Phonology: u *for* ui (humeis 1925, bues 1974); or *for* eur (lor 2103, segnor 3053); *loss of s before* t (o[s]t 2084, tre[s]tot 3361) *alongside* traïstres 1987, 2024; *epenthetic* i (aitairgiez 2201, pailais 2362, bandeiz 2054); aigue 2699 *alongside* eve 2704; *vocalization of* l *after* i (fiuz 2076); *elision of* l *before cons.* (qu'i 2503, s'i 2949); eu *for* ieu (mileu 2764); nr *for* ndr (panre 2597); an 2581 *for* on; er *for* ar *after a palatal* (cherme 2685, chergiez 2639); *reduction of pretonic* o *to* e (quenoit 3006).
Morphology: imperf. and cond. *endings* ians, iemes (avians 3066, porriens 2128, abeisiemes 2267).

2. Second Scribe, vv. 3384-3598, 3611-3815.
Orthography: 2 *for* é (2coutee 3766, 2ploitié 3808), e *for* ei (hé 3666, het 3671); *omits* n *of verbal endings* (trespasset 3471, vaignet 3432); *omits unaccented* e (l'erb 3549, vign 3450, Brars 3773, nveu 3670); *alternates* c *and* s (cerie 3447, sil 3465; z *for intervocalic* s (voizent 3482, baize 3502); *etymological* h (hos 3497, hon 3616); ei *for* ai (mauveis 3613, serei 3621); st *for* tt (mestent, 3485, lestres 3802).
Phonology: i *for* è *before palatal* l *and* n (vigne 3402, millor 3591, aparillant 3645); *loss of* r *by dissimilation* (traïtes 3623, 3745, pristent 3716); ll *for* rl (Challemaine 3413, Challes 3414); *alternation of* an *and* en (richemant 3513, isnelement 3644); en 3550, 3777 *for* on; nr *for* ndr (penre 3540, 3717); *reduction of pretonic* a *to* e (demmages 3598, emmor 3533, Demmedieu 3410) *alongside* manace 3427; pui 3701 *for* pois; saus 3750 *for* ceus; sed 3431, 3501 *for* ses; or *for* eur (seignor 3798, lor 3809).
Morphology: cond. *ending* ian (averian 3672); *nom. pl. no* 3655; puit 3706 *for* puet.

INTRODUCTION xxxv

3. Third Scribe, vv. 3599-3610: saus 3608 *for* ceus; pallerons 3610.

4. Fourth Scribe, vv. 3816-6294.
Orthography: alternates s *and* c (deseüs 3894, c'il 4160); *omits* nt *of verbal endings* (fure 4231, pense 4689); e *for* ai (sez 3836, set 3893).
Phonology: mont 3818, 3829 *for* mout; or *for* eur (lor 3830, seignor 4085); *alternation of* an *and* en (enfans 3831, anfans 3833); ll *for* rl (Challes 3834, paller 4352); rl *for* ll (merleré 4597, merlé 4791); *loss of* s *before* t (hatez 3882, chatiaus 3889) *alongside* lestres 3969, mest 4164; oi *for* ui (foï 3921, foïr 5405); nn *for* gn (vainne 4060, sainnier 4746); *loss of final* s (este 4130, le[s] 4640); *loss of final* t (fier 4030, c'es 4853); nr *for* ndr (penre 4038, vinrent 4738); arr *for* enr (darree 4167, marrons 4828); *loss of* l *before a cons.* (i[l] 3923); eu *for* ieu (mileu 4105); *epenthetic* i (neis 5976); en *for* on (l'en 4561, 4588, an 5287); tr *for* dr *initial* (troiturier 4056, troiturierz 5845, troitement 4059).
Morphology: sen 3988, 4152 *for* son; jou 4096 *for* je; omes *for* ons (porromes 5081, faisomes 5086); *imperf. and cond. endings* ians, iant (estians 4993, querians 4994, fussians 6268, eüssiant 5308, seriens 5493, averians 5005, porrient 5127); vain 3936, 4020 *for* vien, vainne 4060 *for* viaigne; on 3949 *for* ou *from* en le; mains 4019 *for* mais; chier 4032 *for* chief; *nom. pl.* vo 4801; veil 5201 *for* vueil.

B (Francian-Lorrain).
Orthography: ss *after* n (Lansson 3158); c *for* s (auci 3138, cecor 3162); sunt 3143, 3145; ai *for* e (fairé 3176).
Phonology: alternation of an *and* en (fanme 3180, enfens 3142); aigue 3152; *loss of final* r, s, rs, nt (cle[r] 3188, effronde[r] 3853, vi[s] 3137, païs 3167, pamie[rs] 3843, mainne[nt] 2808, departire[nt] 3169); nt *for final* n (ent 3864, je vint 3158); *preservation of final* t (mangiet 3154, fut 4861) *alonside its loss* (cor[t] 3843, on[t] 4401); or *for* eur (lor, signor 3141); *strong tendency toward epenthetic* i (ai 3186 *from* ad, chevauchai 3183, maingie[r] 3854, mai 3167, conmandeis 3872, ferarmeit 4860); al *plus cons. loses the* l (ma[u]die 4411); u *for* ui (nu[i]s 3171, nu[i]t 4212); o *for* oi (No[i]ron 3866, aco[i]ntie 4418); i *for* è *plus palatal* n (signor 3141, revigne 3854); nr *for* ndr (remanra 3165, revenrai 3168); nm *from* m'n (fanme 3180); a *for* ai (ga[i]tait 4212, ma[i]nie 4423); a *for* e (farmeté 4212, masaiges 3865, chamin 4860); e *for* a (chevelerie 4404, guerentiroie 4442).
Morphology: cui 3148 *for* qui; *def. art. obj.* lou 3137, 3176; *pers. pron. obj.* lou 3179, 3189; ele 3138, 3851; viut 3855 *for* veut; *cond. ending* ien (ferien 4433); fesise 4443; amin 3145 *for* amis.

C (15th century Picard).

Since the language of the first scribe of *C* (108r-160v) has already been studied in detail by A. S. Hodges in his edition of "Hugues Capet" (pp. xxvi-xxviii), the remarks here are limited to an attempt to determine the places of origin of the two scribes of this MS.

Since the first scribe almost never breaks checked open *e* to *ie* except in the rime-position, where even so he alternates unbroken forms with broken ones (see laisse VIII, also "Hugues Capet", laisses IV and XX), and since he frequently alternates his Picard forms with corresponding Francian ones (e. g. ocis 69, ochist 826; cy 389, chi 822), he probably came from the southern part of the Picard area—Oise and Somme.

The second scribe (161r-203v) shows less Francian influence and consistently diphthongizes open checked *e* (e. g. viers 5617, biel 5635, priés 5914), which places him in the Pas-de-Calais or in Nord.

X. Versification and Table of Rimes

A, *B*, and *C* are all written in alexandrines with an occasional ten, eleven, or thirteen syllable line. *A* and *B* present a mixture of assonance and rime, while *C* is in rime with an occasional vestige of assonance. Since the various scribes of *A* handle the problem of rime in significantly different ways, their systems have been kept separate in this table.

A, Bibliothèque nationale, fr. 2495

1. First Scribe, 1r-24r

-aige: LXI (-arge 2249), LXXXVII (-aille 2765, -aiche 2768, -asque 2769, -age 2771).

-ance, -anche, -ence: LIII, LXII, CII.

-ant, -ent: LII, LX (-anz 2229, 2247, -an 2244), LXVIII, LXXII, XCIV (-an 2946, 54, 57, -anz 2947), CVIII.

-i.. (-i, -is, -iz, -ils, -ins,, -it): L, LXIX, LXXI, LXXIV, LXXXIV.

-in: XC.

-is: CI.

-ïe: XLIX, LXV, LXX, LXXV (-ee 2481), LXXVIII, LXXXVIII, CIX.

-ié, -ïé: XLVIII, LXXXII (-é 2642).

INTRODUCTION XXXVII

-e.. (-é, -és, -ez, -ef, -el, -ié, -iez, -ier): LVIII, LXXVI, LXXXI, LXXXV, XCII, XCIII, XCVI, XCVII, CIV, CVII.

-ee: LXIV (-eé 2302, -é 2310), LXXXIII.

-er: LXIII, XCIX.

-erre, -erres: LXVII.

-ier, -ïer, -iers: LV, LXXX (-er 2595), LXXXIX, C.

-ié.. (-ié, -iés, -iez, -ier, -iers, -ïé..): LIX, LXXIII, XCVIII (-ez 3073, 74), CIII.

-ois, -oiz: CVI.

-on.. (-on, -ons, -ont, -oen): XLVII, LIV, LXVI, LXXVII, LXXIX, XCV.

-ort: LVII.

-u: XCI (-uz 2875).

-uz: LI (-us 2025, 26).

2. Second and Third Scribes, 24v-30v

-aigne, -egne, -aignes, -ainne: CX (-andres 3401).

-aire: CXIII (-oine 3453).

-an.. (-an, -ans, -ant, -ens, -ent): CXIX.

-ee, -ees: CXVI, CXX.

-ïe: CIX, CXII (-ile 3448).

-ié.. (-ié, -iés, -iers): CXXI.

-o..e (-oigne, -ommes, -onques, -oine, -ongues, -onte, -onde, -ondes, -oute, -ontre): CXIV.

-ois: CXI.

-on.. (-on, -ons): CXVIII (-our 3635, [-ont 3603, third scribe]).

-or, -ors, -our: CXVII.

3. Fourth Scribe, 31r-65v

-a: CXLI.

-ant, -ent: CXXV (-ans 4189, 97), CXLIII (-ars 5710).

-au.. (-aus, -auz, -aut, -iau, -iaus): CXLIV.

-e.. (-é, -és, -ez, -ef, -el, -er, -ers, -ert, -ié, -iés, -ier, -iers): CXII, CXXVI, CXXVIII, CXXXIII, CXXXVI, CXXXVIII, CXL, CXLII, CXLVI, CXLVIII, CLII (-eis 5976).

-i.. (-i, -is, -iz, -if, -il, -in, -ins, -ir, -ist): CXXIV, CXXXVII.

-i..e (-ïe, -ime, -ine, -ire, -istes): CXXVII.

-ié.. (-ié, -iés, -iez, -ier, -iers, -ierz, -ïé..): CXXI, CXXIII, CXXXV (-é 5099 et al., -és 5097 et al., -ez 5129, -er 5100), CXLV (-ez 5729), CXLVII (-é 5864 et al., -és 5861), CXLIX, CLI.

-ier, -iers: CXXX, CXXXIV (-ïer 5091).

-on.. (-on, -ons, -ont, -oins): CXXIX, CXXXI.

-u.. (-u, -us, -uz): CXXXII.

B, Bern 573

-e.. (é, -és, -eis, -eit): CXXII, CXXVI, CXXXIII.

-i.. (-i, -is, -iz, -in, -ins, -it, -ise): CI.

-i..e (-ïe, -ine, -isme, -ire): LXXXVIII, CXXVII.

-ié.. (-ié, -iés, -ier): LXXX, CXXI.

C, Bibliothèque de l'Arsenal 3145

-a: XXVIII.

-aige: XXXV (-arge 1281).

-aine, -ainne: IX (aigne 318).

-al: XXXIII (-ail 1202).

-ance: XXXVIII (-anche 1352, -anse 1354).

-ant: VI (-ent 252, -iant 253), XIV, XXVI, XLII (-ent 1524, -an 1525, 1530, -amp 1533).

-art: XXIII.

-é: XVI, XXXI, XXXIX, XLV, LXXXV, CL (-er 5889, -ié 5894).

-ee: XL (-ié 1420, -eé 1447).

-el, -iel: VIII.

-ent: XVII (-ant 512, 17, 18).

-er: III, XXIX (-ier 910), CXXXIX.

-és: CXXII (second scribe).

-ez: V, XIII, (-elz 378).

-ïe, -ye: II (-ide 150), XLI, XLVI, LXX.

-ier: IV, XIX (-iez 623), XXI, XXXII, XCIX.

-iere: XLIV (-ire 1634, -iëre 1648, -ere 1650).

-iés, -iez: XII (-iers 365), CLI (-iers 5911, 13).

-in: XXIV, XXXVII.

-is: XXXVI, LXXI, CXXXVII.

-ois: XXV.

-on: I, VII, XI, XX (-ont 633, 635), XXVII, XXXIV, XLIII, XLVII.

-our: X, XV, XVIII, XXX.

-y: XXII (-i 710, 12).

XI. ANALYSIS OF THE POEM [49]

While Charles is holding court at Paris, he announces his intention of completing his empire by forcing Jehan de Lanson, who holds Marseille, Russia, Morocco, and most of Italy, to become his vassal (1-58).

---

[49] More detailed analyses have been made by Paulin Paris in the *HLF*, XXII (Paris, 1852), 568-583, and by Léon Gautier in *Les épopées françaises*, 2nd ed. (Paris, 1882), III, 257-270.

He calls for a volunteer to take a message to Jehan, but the only response to his request is an outburst of vilification from Roland, who is, himself, immediately appointed to the task. Outraged by this, the other peers object and are promptly told that they must go with Roland (59-248).

As soon as they arrive at the fabulous city of Lanson, the peers are attacked by Jehan's men but manage to fight their way into a tower located on the bridge which spans the Aquiton (249-620). By swearing on the relics of the saints that he intends to become the king's vassal, Jehan lures the peers out of their refuge, wines and dines them, and puts them to bed (621-957).

Requesting advice from his barons concerning the best method of murdering the peers, he is counselled by his nephew Alori to set up an ambush in the forest of Allorion to which Jehan can lead them on the pretext of going hunting (958-1040). Next morning the ambush is set up, but Ysoré, an exiled vassal of Charles who now holds Marseille from Jehan, not only gives the peers advance notice of it (1041-1134) but comes to the forest to aid them with his own retainers (1135-1582). Jehan, however, sends to Lanson for the bourgeois and the peers are finally forced to retreat into a tower which is located at the confluence of the Aquiton and the Valance (1583-1639). During the struggle to enter the tower, Jehan captures Ysoré and Roland captures Alori (1640-1705).

When night falls, Basin de Gennes leaves the tower and makes his way disguised as a pilgrim to Jehan's tent with the purpose of rescuing Ysoré (1706-1889). His disguise is penetrated, however, by one of his former companions in thievery, and he is tied up and placed alongside Ysoré to await hanging in the morning (1890-1939).

Meanwhile, the peers have captured a galley loaded with supplies for Lanson and have treated themselves to a banquet including a large quantity of wine (1940-1965).

By the use of magic, Basin frees himself and Ysoré from their chains, and they appropriate some horses and swords and start back to the tower (1966-82). On the way, they encounter Alori who has escaped from the soundly sleeping peers with all their swords tied about his neck (1983-2018). Basin and Ysoré subdue him and return him to the peers who, as soon as they are awake, take him out and hang him to a pine on the banks of the Valance (2019-55).

When dawn comes, Jehan mourns the loss of his beloved nephew and orders an assault on the tower (2056-82). During the ensuing struggle, the peers capture a serf who reveals that the main castle of Lanson is only lightly guarded (2083-2115). By following a brilliant stratagem outlined by Naime—that of the "feigned corpse" (2116-51)— the peers succeed in capturing the castle (2152-2228).

When Jehan learns of this (2229-73), he orders an assault by land and by water upon the castle (2274-90). When it fails (2291-2348), Jehan hires a magician named Malaquin to aid him in his struggle against the peers (2349-68). As soon as it is dark, Malaquin slips into the castle, gathers up the peers' swords, cuts off Basin's beard, and returns to Jehan who immediately orders an attack upon the defenseless palace (2369-2466).

Meanwhile, Basin has waked up, raised the drawbridge (which Malaquin had left lowered), and aroused the peers (2467-2543). When Jehan arrives, Roland challenges him to a duel for the possession of the famed Durendal (2544-79), but Malaquin suggests that it would be more appropriate for him and his opposite number, Basin, to fight for the possession of all twelve of the swords (2580-90).

Next morning the duel takes place on an island in the Aquiton, and, after an exchange of magic spells and sword blows, Basin defeats Malaquin, cuts off his head, and repossesses the swords (2591-2728).

Jehan then assembles his vassals from all his territory and besieges the peers in the castle so persistently that they decide to send to Paris for help (2729-43). Because of his many talents, Basin is the logical and unanimous choice, and, disguising himself once more as a pilgrim, he sets out on his long journey (2744-87).

At this point, the jongleur speaks of the great age and authenticity of the second part of the poem by declaring that it had lain unknown to the jongleurs for a long time in the library of Saint Denis (2788-2802).

Basin does not get far before he is captured by Jehan's men and accused of being a spy (2803-13), but he manages to convince Jehan that he is a bona fide pilgrim and is released (2814-28).

By a clever stratagem he then secures possession of Afilart, Jehan's favorite horse, and proceeds on his way (2829-2980).

That night, he unsuspectingly accepts hospitality from one of his old companions in robbery named Servein who intends to murder his guest for having long ago killed his brother Sanson (2981-3014). When Basin finally recognizes the peril he is in, he obtains sole possession of the robbers' castle by suddenly raising the drawbridge while they are all standing on it, and next morning makes his escape (3015-3102).

Coming to Gennes, his own fief, he discovers that Erchanbaut de Poitiers has seized his land, exiled his two sons, and is taking his wife to the church to marry her against her will (3103-25). Basin cuts off the usurper's head, spends the night with his wife, and next morning resumes his journey (3126-93).

When he reaches Paris, he finds Charles worrying over the long overdue return of the peers (3194-3215) in spite of the assurances of Ganelon that they have merely delayed along the way to go hunting (3216-34). Basin delivers his message (3235-3334) and Charles assembles his host from all parts of his vast domain (3335-3514).

When Ganelon fails in his attempt to delay the start of the expedition by suggesting to Charles that he wait for warmer weather (3515-3649), he disguises twenty of his kinsmen as pilgrims and presents them to Charles with forged letters saying that the peers have conquered Lanson, hanged Jehan and are on their way home (3650-3810). Suspecting that the letters are forged, Basin suggests that the king keep the twenty pilgrims tied up and his host intact while he, Basin, goes to see if he can find the peers anywhere along the way (3811-83).

When he gets to Rome, he encounters a pilgrim who informs him that the peers are still at Lanson and are starving to death (3884-3933). He gives the pilgrim a letter to take to Paris and trades clothing with him (3934-84).

Between Rome and Lanson, Basin is attacked by robbers; he not only defeats them but captures ten pack-loads of food as well (3985-4068). They are taken from him by Jehan's foragers (4069-90), but he goes to Jehan and, by feigned mourning over the loss of his merchandise and by logical argumentation, secures its return (4091-4162).

He then rents a stall and displays his goods, but he sets his prices so high that he manages to get through the whole day without parting with a single item (4163-4232). At nightfall he loads up and makes his way into the palace where, after a good meal, he tells the peers of his exploits and of the situation at Paris (4233-4375).

Nex morning, Jehan is told of his deception by Basin and orders another assault upon the castle during which Basin slips out by an underground passage and captures twelve horses, one for each of the peers (4376-4420). Jehan then offers the peers their freedom in exchange for Basin, but they refuse his offer (4421-43).

Meanwhile, the pilgrim has reached Paris and delivered the letter to Charles (4444-4540). After hearing various suggestions as to how the false pilgrims should be executed, the king has them dragged through the city and hanged (4541-4687). He then sets his host in motion and leads it as far as Rome where he stops and gives his men a week's rest (4688-4749).

Taking advantage of the rest period, Ganelon sends Hardré to Jehan with a suggestion that he set up an ambush for Charles at Balegués (4750-4849), but on the way back, Hardré inadvertently reveals the plan to Berart who reports it to Charles (4850-5057).

Next morning Jehan sets up his ambush and sends a spy to report to Ganelon, but he only succeeds in revealing the trap to Charles and Berart who have pretended to be Ganelon and Hardré (5058-5230). Charles proceeds to Balegués with only a small force followed by a much larger one under the command of Berart (5231-66). Jehan attacks and is about to gain the victory over Charles when the main body under Berart arrives (5267-5384), and Jehan retreats to the safety of Lanson (5385-5409).

The French return to camp where Berart accuses Hardré of treason and demands a trial-by-combat (5410-60). Charles sets the date for three days hence and proceeds to Lanson (5461-93). When the peers see him arrive, they leave the castle and rejoin their king (5494-5564), and Charles sets up camp and besieges the city (5565-75).

The night before the duel is to take place, Hardré sneaks off to Lanson and exacts a promise from Jehan to aid him if need be (5576-5656). The next day he is about to be defeated by Berart when suddenly Jehan swoops down with a large force, rescues him, and carries him off to Lanson (5657-5755).

Charles finally tires of the siege and decides to go hunting with only a few companions, leaving the peers behind at their chess games. Ganelon informs Jehan of this (5756-99), and Jehan surrounds the king, subdues him, and carries him off to Lanson (5800-68). Basin accuses Ganelon of engineering the whole thing, and the peers imprison the traitor in Charles's tent (5869-5914).

Disguised this time as a poor man, Basin makes his way to Jehan's tent where he finds the emperor being courteously treated and well-dined by his captor (5915-77). By bed-time, Basin has made himself so amusing that he is invited by Jehan to spend the night with him in order to keep him and his men awake so that they may better guard the captive emperor from rescue by the hated Basin (5978-6161).

At midnight, Basin puts Jehan and his men to sleep by enchantment, and he and Charles carry the duke to the French camp (6162-6206). The French then invade the city and capture it (6207-15), and, at the request of Roland, Charles gives it as a reward to Ysoré (6216-71).

The emperor then leads his host back to Paris where he imprisons Jehan for life in a "si trés mau lieu", and the jongleur ends his recital by expressing the hope that all his hearers will one day get to heaven, and he with them (6272-94).

XII. How the Text was Prepared

Transcriptions of *A* and of *C* were made from the MSS themselves, while that of *B* was made from microfilm.

It has been our purpose to produce a readable, continuous text, recapturing from the various MSS all the elements of importance which we believe to have been present in the original version. Drawing on *C* for the first 1907 verses, we have thereafter considered *A* to be the basic text—filling lacunas, restoring abridgements, and making corrections from *B* when possible, from *C* when necessary.

We have supplied punctuation, distinguished *j* from *i* and *v* from *u*, and expanded all abbreviations (except numerals) in accord with the scribe's own habits. Purely arbitrary expansions have been indicated in the critical notes.

We have italicized all restorations of illegible letters, and enclosed in brackets all additions to the text of the MS being reproduced. With the convenience of the reader in mind, we have attempted, whenever there was reasonable hope of a satisfactory result, to straighten out garbled passages. With this end in mind, we have also frequently restored letters to highly dialectal forms (e.g. nu[i]s).

JEHAN DE LANSON

I

[Singneur, or faitez pais s'orez bonne canchon [*C*108r]
Dont ly matere est vraie et ly ver en sont bon.
Onquez plus veritable ne vous canta nulz hon
D'assaulz et de behours, de maint estour fellon,
D'amour et de pité et de grant trayson. 5
Le commencement est de Jehan d'Alenson,
De le guere qu'il fist contre le roy Charlon.
Et ycelluy Jehan dont je fay mension
Tint Puille et Calabre et le tere environ,
Et Venisse et Roussie, ou de peuple a foison, 10
Et le port de Marsaille et maint noble dongon.
A yce tans estoit ly dus moult ricez hon;
.Xv. dus le servoient a se devision;
Mais il estoit tant fier en son condission,
Ne daignoit tenir tere de l'empereour Charlon 15
Ne de nul homme vivant, si ot le cuer fellon.
Or avint a ung jour c'on dist l'Asension,
Charlez fu a Paris en se maistre maison,
Et la tenoit se court de maint noble baron.
Tout y furent venut si chevallier de non, 20
Duc, conte et prinche et aultrez a fuison:
Sallemon de Bretaigne avec le duc Naimon,
Et Tery l'Ardenois et Basin et Otton,
Et Sansez de Bourgongne, Ottez le fil Eudon,
Ogier de Danemarche, s'i fu le roy Yon, 25
Berart de Mondidier, Hardré et Guenellon,

JEHAN DE LANSON

Rolant et Olivier qui furent conpaignon,
Et le roy d'Engletere qui Richart ot a non,
Richart de Noirmendie, Aubry le Bourguinon,
Et tant dez aultrez prinche que nombre n'en savon. 30
Charlez ot oy messe a sa devision
A l'autel Saint Denis par grant devosion,
Et puis vint au palais, de diner fu saison.
Lez tablez furent misez, adonquez s'asist on.
Ce jour furent servy noblement ly baron 35
De vins et de claré, de char et de pisson,
D'osiaulz et de vollille, de rice venisson.   [C108v]
Quant il orent mengiet et but vin a fuison,
Adont se drecha Charlez au fier opinion;
Le cuer avoit plus fier que lupart ne lion, 40
Et dit: "Oiiez, singneur, entour et environ;
Dire vous veul a tous une fiere raison:
La mercy Jhesu Crist qui souffry passion,
Jou ai conquis la tere jusquez en Prez Noiron,
Sy ai jusqu'en Gascongne portet mon confanon, 45
Et tant que je n'y say entour et environ
Prince qui ne me serve a ma devision
For seullement Jehan le singneur d'Alenson.
Tant est fellez ly dus, ne me prise ung bouton,
Et dist qu'il ne tenra de moy ung esporon. 50
Mais par celluy singneur qui souffry pasion,
Sy ne me fait omaige a ma devizion,
A ce premier esté l'yray vir a Lanson;
Son païs destruiray entour et environ
Et ne ly laisseray ne ville ne donjon 55
Que tant ne faice ardoir en fu et en carbon.
Et se je le puis prendre, ja n'ara raenchon
Que je ne le faice pendre a guise de laron!"
Adont dirent Franchois coyement a bas son:
"Tant comme Charle vive, ne nous reposeron!" 60
"Onclez", ce dist Rolant, "vecy fiere raison!
Moult avez travilliet vo prince et vo baron.
Pour ytant le vous dy, oncle, par saint Simon,
Tez y a que ne vit, .vii. ans a, se maison.
Jehan est orguilleuz et s'est moult ricez hon; 65

Il ne doutte Franchois vaillant ung esporon.
Ne se combaty il mie a nous sous Morimon?
La fumez desconfit a grant destruission.
Je ly ocis son frere s'en a grant marison; [C109r]
Encor m'en het ly dus et bien y a raison".
Quant Charlez ot Rollant, se ly dist a haut son:
"Vous y venrez o moy ou vous veulliez ou non!
Vollez vous sejourner et nous travelleron,
Et estre avec Bel'Aude a Viane ou dongon?
Voir, elle ne vous ayme vallissant ung bouton!"
Quant Rolant ot son oncle, se ly dist a bas son:
"Ce n'est pas grant mervelle se vous estez fellon.
.C. ans y a premier que cauchastez esporon;
Vous n'avez mez mestier se de reposer non.
Puis que ly hons vit trop, il n'a sens ne raison.
Laissons le guere estre et si nous en taisons,
Et se laissiez tout coy duc Jehan d'Alenson."
Charlez ot Rolant se fait ciere de lyon;
Ossi vermaulz devint comme fu de carbon.
Il rouaille lez yeulz, chiere fait de griffon.
Par moult fier mautalent vot saisir ung baston;
Ja en ferist Rolant parmy le quief enson
Quant il y acoururent Allemant et Frison
Qui le roy destournerent de ferir le baron,
Qui ly dirent: "Frans rois, pour Dieu et pour son non,
Ne faitez vilonnie a Rollant le baron!
N'a milleur chevallier en le vostre maison,
Et s'est vostre neveult; atempre[z] vostre raison;
Ne vous courechiez pas, pour Dieu vous en prion!"

II

"Signeur", ce dist le roy a le barbe florie,
"Rolant n'est pas courtois qu'ensi m'en contreallie,
Car par le foy que doy a Dieu c'on sacrefie,
Je ne laroie pas pour l'or de Lombardie
Que ne voie a Lanson, le fort cité antie.
Ung mesaige me fault qui au duc Jehan die

Qu'i[l] me viegne servir et par foy fiancie [C109v]
Et devenir mez hons voiiant me baronnie,
Et s'ainsi ne le fait, il sera grant follie".
Franchois se tenrent coy con s'il n'y fussent mie,
Car il n'y ot celluy qui le sanc ne fremie, 105
Car Jehan heoit Charle de mort et se mainie
Pour Rolant qui ochist Amandon de Pavie,
Le sien frere germain, dont le ciere ot yrie.
Quant Charlez ot ainsi dit a se baronnie,
Onquez n'y ot Franchois qui ung tout seul mot die. 110
Quant Charlez a veüt c'on ne ly respondy mie,
D'yre et de mautalent a le ciere enbrunquie;
Bien moustre a sez barons samblant de fellonnie.
"Sire", ce dist Rollant, "se Dieux me benaye,
Vous faitez grant mervelle, selonc mon estudie, 115
Qui vollez mettre a mort vostre bacellerie,
Et si vous het de mort et toute vo lignie!
Sachiez qui la yra, il n'en revenra mye
Que Jehan ne le face morir a grant hasquie".
Et quant Charlon l'oy, a haute vois s'escrie: 120
"Oez", dist Charlez, "com il me contralie!
Par le foy que je doy le fil sainte Marie,
Vous yrez la, Rolant, de ce ne douttez mie,
Et se vous n'y allez, le mien cors vous renie!"
"Sire", dist Olivier, "pour Dieu ne jurez mie! 125
Se vous l'y envoiiez, ce sera grant follie;
Se Jehan le tenoit, il ne revendroit mie
Que il ne ly tolist lez membrez et le vie".
"Olivier", dist le roy, "par me barbe florie,
Avec Rolant yrez qui que le contredie! 130
Vouz estez sez conpains se ne ly faurez mie".
Dist le Danois Ogier: "Vecy male aramie!
Trametre y devissiez ung varlet de mainie, [C110r]
Car se haus hons y va, il ly tora le vie".
Quant Charlez ot Ogier, dit ly a par mestrie: 135
"Avec yaulz en yrez se Dieux me benaye,
Ou dedens Danemarce n'arez plus signourie!"
"Par mon chief", dist duc Naime, "vecy grant derverie!
Enpererez", dist Naimez, "par le verge Marie

Vous vollez commenchier ung euvre maltaillie 140
Dont maint hons perderont lez membrez et le vie,
Et mainte damme en iert de singneur departie,
Et maint povre orfellin en tant mainte partie.
Ung rois doit estre saigez qui grant tere mestrie;
Vers sez barons ne doit commenchier enrardie, 145
Car par yaulz a il force, pooir, et singnourie".
"Naimez", dist Charlez, "de ce ne mentez mie.
Pour tant qu'avez dit ce, se Dieux me benaye,
Avec yaulz en yrez pour tenir conpaignie,
Sy lez consillerez s'il ont mestier d'aïde". 150
"Sire", ce dist Richart le duc de Noirmendie,
"Vous avez commenchiet une grande follie.
Pour l'amour Dieu de glore, gentilz rois, je vo prie,
Laissiez telle cose estre si ferez courtoisie".
"Non ferai", dist le roy, "par me barbe florie, 155
Ains yrez avec yaulz, qui qu'en pleure ne qui rie!"
"Sire", ce dist Basin, "ce me samble follie
Qu'ensi vollez honnir fleur de chevallerie.
Ains puis que je fu nez, se Dieux me benaye,
Ne vous vy commenchier si grant foursenerie. 160
Jehan est gentilz hons pour tenir grant mainie,
Toute Puille et Calabre, Venisse et Savonnie,
Et trestoute le tere jusquez en Rommenie.
Se vous allez sur ly pour faire vilonnie, 164
Dez .iii. pars du païs ara tel conpaignie, [C110v]
Et de Maroc ossi, une tere garnie,
Qu'i[l] vous pora bien faire une grant vilonnie".
Quant Charlez oy Basin, se ly dist sans detrie:
"Bassin, avec yrez par me barbe florie!
Ossi savez vous moult juer d'encanterie, 170
Et dez ars d'ingremance le tour et le maistrie.
Il n'a si forte tour decy en Honguerie,
Tant forte de mur ne tant soit veroullie,
Se il y voit cose dont eüsiez envie,

---

[145] enrardie] evrardie.

Que vous n'y entrassiez a vostre commandie, 175
S'irez avec lez aultrez pour tenir conpaignie;
Se besoing ont de vous, si ne leur fallez mie".
Et quant Basin l'oy, tous ly sans ly fremie.

III

"Singneur", ce dist Charlez, "vous me ferez yrer.
De mon mesaige faire vous voi ge pau haster. 180
Cilz que refusera, je vous jur sans fausser,
Je ly feray sa tere oster sans apeller,
Et a trestous jour mais de mon regne jetter!"
"Sire", ce ly a dit de Gascongne Angiller,
"Trop vous voy de noiient, ce m'est avis, torbler. 185
Laissiez tel euvre en pais; alez vous reposer,
Et ne veulliez ainsi voz bons amis pener".
Et Charles ly respont qu'ensi l'oy parler:
"Avecquez en yrez, de ce ne faut doutter,
Foy que doy saint Denis que je doy moult amer!" 190

IV

"Par foy", ce dist Ottez, "vecy grant destourbier!
Je croy ne demora nul vaillant chevallier
Qui ne voist a Lanson pour aprendre a plaidier.
Maudit soit cilz Jehans de Dieu le droiturier!"
"Vous yrez", dist Charlon, "foy que doy saint Richier!" 195
Le duc Tery d'Ardenne en prist a aresnier
Charlez l'empereur qui tant ot le cuer fier   [C111r]
Et ly dist: "Sire rois, pour Dieu le droiturier,
Je vous voy orendroit forment affolliier
De vo chevallerie ensement travillier. 200
Vous n'y voriez estre pour l'or de Monpellier
Et vous vollez ainsi voz barons envoiier".
Et Charlez ly respont: "Se Dieux me puist aidier,
Vous yrez o lez aultrez pour le guere enforchier!"

"Sire", ce dist Estouz le fieulz Oton le fier, 205
"Vous vollez vo barons honnir et vergoignier
Qui a vostre anemy lez vollez envoiier".
"Or yrez vous", dist Charlez, "se Dieux me puist aidier!
Estous avez a non, le fil Eudon le fier,
Vous qui bien me sarez Jehan estoutiier". 210
"Sire", ce ly a dit Berart de Mondidier,
"Pour Dieu laissiez le yre et si vo consiilliez;
Envoiiez ung varlet ou ung bon chevallier".
"Non feray", dist Charlon, "se Dieux me puist aidier;
Ains yrez avec yaulz pour ce conquest moult fier!" 215
Ne say que vous vosise le canchon detriier:
Trestous lez .xii. pers de France l'yretier
I envoie Charlon qui tant ot le cuer fier.
Cilz sire lez conduye qui tout a a jugier,
Car ainchois que il puisse[nt] arier repaiirier, 220
Seront en aventure de le vie laissier,
Et s'ara moult grant peur de le mort ly plus fier,
Ainsi que vous orez ou lyvre retraytier.

V

"Baron", ce dist Charlez, "de par moy en yrez
A Jehan d'Alanson et moult bien ly direz 225
Que il tiengne de moy toute sez yretez,
Et me viegne servir a .x. mille ferarmez
En ma salle a Paris qui est bone citez.
Se il ne le veult faire, se le me deffiez, [C111v]
Et qu'a ce tans d'esté je l'yray vir de prez 230
A toute me poissance et mez barons senez.
Or faitez ce mesaige et quant vous revenrez,
A tous lez jour du monde serez de moy amez,
Et vous donray a tous ce que demanderez".
"Par ma foy", dist Rollant, "bien nous resconfortez! 235

---

²⁰⁵ Estouz le f. Oton] Oton le f. Estouz. — ²⁰⁶ vergoignier] vergoigneer. — ²¹⁸ qui] MS *repeats*. — ²²¹ laissier] liissier. — ²²² peur] peurs.

Quant nous serons tous mors, ung candel no ferez.
Mais soiiez tous seürs, jamais ne no verez
Quant a vostre anemit mortel nous tramettez.
Vous ne nous amez pas; trez bien le no moustrez;
Mais se nous sommez mort, disette en averez   240
Et se serons de vous mainte fois regrettez".
Quant Charlez ot Rolant, vers tere s'est clinez
Dont ne vosist avoir pas ensement jurez
Pour .c. mars de fin or et encor plus assez,
Mez ne se parjurast pour .xiiii. citez   245
Puis que de saint Denis en est ly cors jurez
Et son chief ensement et sez grenons merlez:
Or viegne ainsi qu'il puet, il en sera yrez.

VI

Ly .xii. per s'en tournent courouchiet et dollant
Pour le commant de Charle qui tant par an despant.   250
Ne porent ce voiaige contrester tant ne quant
Car Charlez en a juré moult grant serement
Que aller leur convient sans longement detriant.
"Biauz niez", dist Charlez, "prendez de me gent tant
Que se Jehan vo moustre ne orguel ne beubant   255
Que vous ne le douttez ung festuc vallissant".
"Voir je ne daigneroie", ce respondy Rollant.
"Ja ne m'est reprouvé en trestout mon vivant
Que pour mesaige faire y maine gent si grant".
Trestout lez .xii. pers s'en vont aastissant   260
C'avec yaulz ne menerent ne varlet ne sergant.   [C112r]
Ne say que le canchon vous en voy alongant:
Issus sont de Paris ly haut prince vaillant,
Et Charlez lez convoie une lieuwee grant;
Au departir lez va a Jhesuz commandant.   265
Cescun ot bonne espee a son costé pendant:
Rolant ot Durendal son rice branc trenchant,
El Ogier ot Courtain qui valoit maint besan,
Olivier, Hauteclere, o poing d'or reluisant.
Cez .iii. espeez furent de le forge Gallant;   270

Il n'en fist que cez .iii., ce trouvons nous lisant;
.Iii. bons vassaulz lez portent, hardis et combatant.
Se Jehan d'Alenson ne fait a leur commant,
Bien ly pora tourner a damaige pesant.
Ly .xii. per s'en vont de cuer tristre et dollant. 275
"Singneur", ce dist Rollant, "n'alez point dementant!
Tant que je soie vis ne vous allez douttant;
Ne vous allez pas pour riens espoentant;
Car se je treuve Jehan en son palais luysant,
Et s'il ne obaïst a faire no commant, 280
Je le pourfenderay jusquez a dens devant
De Durendal m'espee dont bon est ly trenchant".

VII

Or s'en vont ly mesaige a Dieu benaychon:
Cescun fu bien monté a se devizion,
Chaussez de brun paille point a Lyon. 285
Passé ont mainte tere et mainte region:
De toute leur journeez ne feray mension,
Car je ne veul de riens alongier le canchon.
Tant se sont esploitiet ly noble conpaignon,
Ne finent de chevauchier se vinrent a Lanson. 290
Nulle plus belle ville trouver ne poroit on:
Trestoute reluisant comme fu de carbon,
Une escarboucle avoit tout en haut au donjon: [C112v]
De .xv. lieuwez grant le clartet en vit on.
.Iiii. yauwez l'avironnent que bien vous nommeron: 295
C'est Plaisance et Vaillance et l'yauwe d'Aquiton,
Et le quarte est le mer qui ly bat au giron.
Ly mur en sont moult haut et de belle fachon;
Il n'a si fort cité a .c. lieuwez environ.

VIII

Lanson siet sur le roche qui fu du tamps Abel; 300
La cité fu moult rice et s'y ot maint jouel

Et mainte forte tour et ung poissant castiel.
La tour fu de fin marbre machonné a chisiel:
Onquez Dieu ne fist homme s'il estoit a cristiel
Et tenist en sa main ou machue ou martiel, 305
Qui en peuist abatre ung tout seul cailliel.
L'aigle fu de fin or qui fu sur le pommiel;
Toute couvert de cuyvre fu le tour bien et biel
Et le salle ensement et trestout le castiel:
Onquez nulz hons ne vit nul plus noble joiel! 310

IX

Franchois voient Lanson le fort cité hautáine
Qui tant fu bien fremee sur le mer en la plaine.
Ly mur en sont de marbre, de laiton et d'araine;
Le pont s'i est vermelle comme escarlate et graine;
Lez portez entailliez de costez de balaine; 315
Et le marquiet s'i est .iii. fois en le semaine:
De rice marcheans de Puille et de Poulaine,
Dez destrois de Maroc et de tere lontaigne,
Et ly Hongre ensement et le gent d'Aquitainne,
Et cil de Damiette qui vende[n]t dubiainne 320
Et enchens et canielle, poivre, commin et grainne
Et lez aultrez espesez que le fleuve leur amaine.
"Singneur", ce dist Rolant, "ce est chose certaine:
Ceste cité sera mon oncle Charlemaine!" 324
"Par foy!" ce dist duc Naimez, "ce n'iert pas de se maine
Ains en sera copé maint pis et mainte vaine!" [C113r]

X

"Singneur", ce dist duc Naime le noble poigneour,
"Dez chevalliers de France sommez cy les millour.

---

[320] dubiainne] *apparently scribe first wrote* dubiette, *then retouched the ending.*

Se devons plus souffrir de paine et de labour,
Entramons nous de cuer s'en arons plus d'onnour. 330
Vecy une cité plaine de grant fierour;
Ly sirez qui le tient n'a ver nous point d'amour;
Bien say qu'il nous fera samblant de traytour.
Cescun ait prez de ly son bon branc de coullour;
Se ly dus nous dist cose qui tourne a deshonour, 335
Se ly tollons la teste au bon branc de coullour".
"Par foy!" dist Olivier, "a ce consail m'atour!"
"Et moy!" ce dist Ogier ou tant a de vallour.
Ensement se devizent ly noble poingneour;
En ce devisant aprocherent le tour. 340
Ung gars lez entendy qui Dieux doint deshonour;

XI

Tantost l'ala nonchier a Jehan d'Alenson.
Le gars s'en est allé a Jehan d'Alenson
Et ly a dit: "Cier sirez, savez que nous diron:
Tantost arez chaiiens Rolant le niez Charlon, 345
Le vostre anemy qui ochist Amandon
Le vostre vallant frere, que Dieu face pardon.
Ly .xii. per de France, que de fy le scet on,
Seront en ceste nuit en vostre mansion".
"Tes toy! glout", dist Jehan, "a te malaychon! 350
Je n'en creroie mie homme qu'il soit el mon
Qu'entrer osast Rolant en ceste region.
Se il estoit ceens, par lez yeulz de mon front,
Je n'en prendroie mie tout l'avoir Salemon
Que ne le pendesisse plus haut c'autre laron. 355
Se tout ly .xii. per dont me fais mension
Estoient cy endroit devant moy en fachon, [C113v]
Jamais ne s'en yroient en France le royon!"

---

³⁴⁸ scet on] scetton.

XII

"Singneur, or faitez pais", dit Jehan, "si m'oiiés:
Je veul que mez bans soit par Lanson criiés   360
Que cescun soit trez bien armés et haubregiez,
Par coy se j'ay besoing, lez treuve aparilliez;
Et se cil Franchois vienent qui tant sont surquidiés,
Que tantoz lez aiions ochis et detrenchiés".
Et ly baillis respont: "Sire, moult volentiers!"   365
A yceste parole que vous ycy oiiez,
E vous le duc Rolant qui a Charlez fu niez,
Olivier et Ogier qui sont fort resongniez,
Et le bon duc Basin qui tant fu ensingniez,
Richart de Noirmendie et Estout ly prisiez,   370
Le duc Tery d'Ardenne, Berart de Mondidiés,
Angillier de Gascongne et Ottez ly prisiez:
Le clarté de le ville lez a tous ahaitiés.

XIII

"Singneur", ce dit Rolant, "vecy noblez citez.
Ains mais ne vi si belle en jour de mez aez!   375
Mieux vault yceste rue que vous ycy veez
Que le cité Rains dont mez onclez est fievez.
Or chevauchons ensamble, chevallier naturelz,
Contreval le cité ver le palais listez".
Et ont trouvet ung arbre devant yaulz arestez;   380
Et cilz arbre fu la par ytel amistez
Qu'il n'est heure ens ou jour qui y aroit gardez
Qui ne trouvast soulz l'arbre .c. demoisiaulz osez
Et .c. bellez pucellez qui sont de jone aez
Qui dansent et carollent et se sont devizez   385
D'une cosez et d'autre: ne diray leur secrez.

XIV

Rolant en apella Olivier en riant:
"Conpains, que vous en samble? Je vous voy moult taisant.
Cilz arbre cy est fait par art et par encant;   [C114r]
Cil ont moult de deduit qui la se vont juant.   390
Je vous dy tout pour voir que n'en avons point tant".
"Sire", dist Olivier, "vous avez sens d'enfant!
Penson de parfurnir no mesaige pesant
Que Charlez nous querqua en son palais luisant".
"Conpains", ce dist Rolant, n'aiiez pavour si grant;   395
Puis que j'ay Durendal mon espee trenchant,
Je ne crien home nul en ce monde vivant.
Par le foy que je doy le roy de Belliant,
Se Jehan me dist chose ne soit a mon talant,
Je le pourfenderay decy au dens devant!"   400

XV

Sy que Franchois chevaucent par le cité majour,
Nyvars est dessendus du grant palais majour
A .iii.c. demoisiaulz dez millour de la cour.
Moult desire a veïr Rollant le poingneour
Et tout lez .xii. per qui sont de grant vallour.   405
Nyvart lez vy venir par le rue gringnour;
Il trestourne ver yaulz le destrier misaudour.
Premier vint au duc Naimez le noble princheour
Et le print o mantel voire par grant yrour
Prez qu'il nel reverse du destrier misaudour.   410
Nyvart ly dist: "Viellart, bien samblez boyseour,
Et tout vo conpaignon samblent bien traytour!
Pour ytant le vous dy par Dieu le creatour,
Ainchois que plus avant allez par saint Sauvour,
Paiierez le treü d'Alanson sans demour!"   415
"Va! glous", ce dist Naime, "Dieu te doinst dezhonour!"

XVI

Duc Naimez fu dollans que Nivart l'ot tiré,
Qu'i[l] ly ot son bliaut rompu et desquiré,
Et s'en fally petit qu'il ne l'ot reversé.
Duc Naimez ly a dit de cuer tristre et yré: 420
"Filz a putain questron! trop ez desmesuré   [C114v]
Qu'ensi as mon bliaut ronpu et despané!"
"Par ma foy", dist Rollant, "il sera amendé!"
Quant Nivart ot Rollant, le cuer en ot enflé;
Par moult grant felonnie a Rollant esgardé 425
Et puis ly dit en hault par moult grande fierté:
"Qui estez vous, biau sire, qu'ensi avez parlé?
Que mal jour puist avoir qui vous a aporté!"
Quant Rolant l'entendy se ly dist sans secré:
"Lecherez desloiiaulz, tu m'as mal avizé, 430
Mais tu me congnissras ains que soie sevré!"
Lors a tret Durendal o poin d'or noellé
Et va ferir Nivart qu'ensi l'ot rampronné.
Amont dessus le quief l'a si bien assené
Que jusquez en ez dens ly est le branc coullé 435
Et le ceval ossi a en ung mont rué.
Ce Nivart que je dy que Rolant ot tué
Estoit frere a Jehan d'Alenson le cité.
Quant Naimez vit Nivart qu'ensi fu reversé,
Adont dist a Rollant: "Vous avez mal ouvré 440
Qui avez assally ciaulz de ceste cyté!"
"Naimez", ce dist Rollant, "ne m'en caut en non Dé!
Dezormais en y viegne assez et a plenté,
Que plus en y venra, plus en aray tué.
Par le foy que vous doy diray vous verité: 445
Se tous ciaulz d'Alanson estoient assamblé,
Je n'en donroie mie ung blanc pain bulleté.
Ne vous douttez de riens; aiiez cuer recouvré;
Or viegnent ly pinchon, esprivier ont trouvé.

---

⁴³⁵ coullé] couller.
⁴⁴² caut en non] caut et non.

Cescun de nous si a son branc a son costé; 450
Singneur, s'on nous assault, ne soiiez effraé".
"C'est bien dit", dist Ogier, "par Dieu de magesté;
Cella ont bien vendut car il sont estrivé; [C115r]
Beny soit il de Dieu qui ce cop a donné!"
"Amen!" dist Olivier qui moult ot de fierté. 455
La se sont no baron de bien faire apresté;
En atendant le mort, riens el n'ont esperé,
Et Nivart gisoit mort a le tere enversé.
Ly .iii.c. s'escrierent: "Vous avez trop allé!
Ly dyable voz ont a Lanson amené; 460
Ce est le frere au duc que vous avez tué,
Duc Jehan d'Alenson qui tient ceste cité.
Ne vous garandiroit tout l'or de Rommené
Que ne soiiez enqui penduz et encroé!"
"Par Dieu!" ce dist Rollant, "ains l'arez comparé!" 465
A yceste parolle que vous ay devizé
Se sont pris a no gent et ensamble merlé.
Ly .xii. per leur vinrent comme lyon cretté,
Mais ly .iii.c. estoient adont tout desarmé
For seullement coutiaulz qui sont a leur costé. 470
Rollant en tua .xxx. au bran d'achier trempé,
Et Ogier en a bien .xl. escervellé,
Et Naimez de Baivier en a gramment tué.
Estous le filz Eudon n'y est pas reculé;
Il en a .xxiiii. l'ame du cors sevré. 475
Richart de Noirmendie lez a mal encontré;
Otant en abatoit com fauz fait le pré.
Le duc Tery d'Ardenne en a mort grant plenté;
Angillier de Gascongne en a .xii. aterré.
La se sont no baron si noblement porté 480
Que ly .iii.c. en plaice furent a mort lyvré
Se ne furent aucun qui se sont escapé.
Et cil qui escaperent il sont tel atourné,
L'un ot le bras brisiet et l'autre l'eul crevé 484
Ou le poing ou le bras a le tere porté. [C115v]
Vers le palais s'en vont s'ont le degré monté;
Devant Jehan s'en vinrent trestout ensanglanté:
"Ay! duc d'Alanson, nous vey malmené!

.Xii. gloutons aviemez la dehors aresté,
Ne say s'il sont Lonbars ou de Gascongne né;   490
Pour tant que vostre frere en a ung aresté,
L'ont devant ce palais en .ii. moytiez copé,
Et bien .ii.c. ou plus du mieudre de vo barné
Mort y sont et ochis et nous sommez navré.
Ung en y a trop fier qui a le poing quaré;   495
Il fery vostre frere du branc lettré
Mais luy et son cheval ot il en .ii. coppé.
Et tout si co[n]paingnon sont moult desmesuré;
Fier sont, et orguilleuz, et de grant cruauté;
Ricement sont trestout monté et acemé   500
Quant en yaulz nous merlamez, sachiez en verité".
Dont en a Alorris duc Jehan apellé:
"Sire", dist Alloris, "vous diray verité:
Ce sont ly .xii. per de France le regné".
Quant duc Jehan l'entent, le cuer ot moult yré;   505
Ung mot ne pot parler, tant ot le cuer enflé;
De grant yre et de deul ot le vis alumé
Car onquez en sa vie ne fu si tourmenté.

XVII

Ly dus ot la nouvelle, plain fu de mautalent;
A sa vois qu'il ot clere cria moult hautement: 510
"Or as armez!" dist il, "tost et apertement!
Ce sont ly .xii. [per], selonc mon essiant!"
Lors apelle Allory se ly dist hautement:
"Alloris, biau cousin, sonnez apertement
Vostre ollifant en haut que l'oent nostre gent,   515
S'asaurons cez Franchois qui tant m'ont fait dollent.
Qui Rolant me rendra, du mien ly donray tant,   [C116r]
Jamais ne sera povre en trestout son vivant!"
Lors sonna Allory a son commandement
Que ly bourgois l'oyrent si sallent vistement.   520
Vers le palais s'en vont .xxx. mil et .v.c.
Qui furent tout armé et bien et ricement
D'espeez et de hachez a leur commandement,

Et trestout y coururent moult esforciement.
Ly duc Jehan s'arma ossy meïsmement 525
Et .iiii. contez ossy qui sont de son assent.
Bien furent .iiii.. mille de trez hardie gent
Avec lez .xxx. mille de le commune gent.
Or veulle Dieu de glore conforter nostre gent,
Rolant et Olivier et Ogier ensement, 530
Et Naimez et Berart et Othez o cors gent,
Et tous lez conpaignon, car je say vraiement
Qu'i[l] sont en aventure, se Dieux ne lez deffent,
D'estre tout mis a mort a deul et a tourment.
Franchois orent le noise et le demainement: 535
S'il en ont grant pavour, sel ne demandez noiient.

XVIII

Ly .xii. per de France oyrent la hidour
Que le duc Jehan amaine pour venir a la tour.
O luy ot .iiii. duc qui sont de son atour,
Et .iiii. noblez contez et chevallier plusour, 540
Et furent .iiii. mille avec le poingneour,
Et bien .xxx. mille hommez qui vinrent aultre tour.
Lez. xii. per lez voient si en ont grant pavour
Se ne fu duc Rollant: mez onquez n'ot pavour,
Non mie en Raincevaulz ou il ot grant estour. 545
L'istore le raconte qui en dit le voirour:
Par dedens Saint Denis en la lybrarie d'onnour,
La est en cronicque trestoute le voirour
C'ains Rolant ne douta ne roy ne aumachour, [C116v]
N'onquez ne perdy sanc en assaut n'en estour 550
Fors .iii. gouttez, sans plus, quant Charlez par yrour
Le fery de son gant, que le virent plusour,
Quant Charlez fourjura par force et par yrour
Fierabras d'Alixandre que conquist par vigour

---

⁵²⁸ de] et. — ⁵³² je say] je ne say.
⁵⁵⁴ que] quil.

Olivier de Viane qui tant ot de vallour. 555
A me droite matere veul faire mon retour.
Pour Jehan d'Alenson orent ly per pavour.
"Singneur", ch'a dit Rollant, "n'aiiez au cuer freour!
Olyvier, biau conpains, reprendez vo vigour;
Tenez vous prez de moy a ce premier estour; 560
Bien vo cognois piecha, plains estez de vallour.
Huy veul ferir grans colz pour Bel'Aude vo serour
Qu'elle m'aime de cuer, et je l'aim par amour.
Vous avez Hauteclere le bon branc de coullour;
Je say dedens vo cuer tant de bien et d'onnour 565
Que ne serez huy pris, tant avez de vallour.
Ogier de Danemarche, moult avez de vigour
Se vous vollez moustrer vo force et vo rigour.
De Courtain avez mort maint roy, maint aumachour;
En vous ay grant fiance a ce premier estour". 570
"Sire", ce dist Ogier, "folz est qui n'a paour;
Se nul n'en ochi wy, j'en veul avoir grignour.
Duc Nayme de Baiivier, que ferez huy ce jour?
Ja estez consillier a Charlez l'emperour,
Et n'a tel mesaigier jusquez en Inde majour. 575
En Apremont presistez par le vostre vallour
Agoullant par le teste voiiant maint aumachour,
Et si le deffiastez de par l'empereour,
S'abatistez Grohant, ung Turc de grant radour.
Ballins vous hesberga en sa tente majour 580
Et ly desistez tant et le nuit et le jour [C117r]
Que croire ly fesistez le pere creatour:
N'aiiez pas povre cuer; reprendez vo vallour".
"Sire", ce dist duc Naymez, "Dieux nous ayt a ce jour!"
"Singneur", ce dist Rolant, "reprenez vo vigour! 585
Veez deseure ce pont une moult rice tour.
Se nous y poymez entrer par aucun tour,
Jamais ne nous prendroit sans avoir grief dollour".
Et no baron respondent: "Cy a bon conduytour!"
A yceste parolle n'y firent lonc sejour: 590
Cescun saqua le branc espris de grant freour;
Cescun abat le sien a l'entree de la tour.
Rollant et Ollivier y fierent par yrour,

Et Ogier le Danois qui tant ot de vallour,
Et Richart le Noirmant a loy de valvassour, 595
Et duc Naimez ly preuz qui moult savoit d'estour,
Le duc Tery d'Ardenne, Estouz le poigneour,
Et Basin le vaillant y feroit sans pavour.
Tant se sont esprouvé nostre gent de vallour
Que .xl. en ochirent a l'entree de la tour 600
Et entrerent dedens par leur fiere vigour
Et leverent le pont sans faire nul demour:
Huymais ne leur fera Jehan mal ne dollour!

XIX

Sur le pont dessendirent a piet no chevallier.
La veïssiez Rollant Durendal maniier: 605
Plus de .xl. en fist en l'yauwe tresbusquier.
Richart de Noirmendie et le Danois Ogier
Tenoient en leur poins leur rice brans d'achier,
Et tout ly conpaignon, nul ne se tint arier:
A le gent d'Alenson rendent estal planier. 610
Estout le fieulz Eudon, Berart de Mondidier,
Le duc Tery d'Ardane et Naime de Bavier,
Le duc Basin de Jennez et le vassal Richier   [C117v]
Sur le gent d'Alenson fierent sans espargnier,
Sy lez ont recullé et fait plaice widier; 615
Et Franchois retournerent dedens le tour arier,
Et leverent le pont qui fu grant et planier.
L'yauwe y fu desoulz qui fait a resongnier:
.Iiii. lanchez de parfont, y puet on bien plonquier.
Huymais ne douttent homme le monte d'un denier. 620
Et quant le duc Jehan a veüt l'encombrier,
Il cuida foursener et tout vif esragier.
Onquez jour de sa vie ne fu sy courouchiez
Que il voit nostre gent dedens le tour logier.
Noblement fu armez par deseure ung coursier; 625
O luy avoit .vi. contez qu'il ot a mestriier,
Et .iii. dus ensement et maint bon chevallier.
Dus Jehan jura Dieu qui tout a a jugier

Que s'il puet lez Franchois ne tenir ne baillier,
Plus haut lez fera pendre que nul laron murdrier. 630
Adont se trait ariere et fait l'assaut laissier;
Ou qu'il voit lez Franchois, sel prent a esranier.

XX

Le duc voit no Franchois as crestiaulz contremont.
Premier araisonna le rice duc Naimon;
Il estoit au cristiel devant au premier front: 635
"Vassaulz", ch'a dit Jehan le sirez d'Alanson,
"Quelle gent estez vous? Ditte m'ent le fachon.
Mon frere avez ochis par vostre mesprison
Et dez aultrez ossy, dont j'ay grant marisson.
Laissiemez parler a vous; trieuwe vous acordon: 640
Or me dittez errant vostre estat et vo non".
Et Naimez respondy: "On m'apelle Beubon.
Je suy de Noirmendie, fieus d'un bouchier Oton.
Or ay tant servy Charle de France et de Laon 644
Qu'i[l] m'a fait chevallier, mercy Dieu et son non, [C118r]
Et suy confanonnier de France le roiion;
Je conduis le baniere quant il va en tenchon.
Or m'a cy envoiiet, my et my conpaignon,
Recorder son mesayge et nous le vous diron:
Par moy te mande Charlez qui tant a de renon 650
Que tu tiegnez de luy ta cité d'Alenson
Et trestoute la tere que tu tiens en ton non,
Et si viens a Paris si te fera pardon;
Et se tu ne le fais, en certain te dist on,
Il te venra veïr o grant pourcession 655
Et te tora la teste par dessous le menton
Et te tora la tere ou tou veullez ou non".
"Baron", ce dist Jehan, "oiiez cestuy glouton
Coment il me rampronne a se malaychon
Et me dist de laydure otant c'a ung garchon! 660
Il pert a son parler qu'il soit duc d'Alanson
Ou de la plus grant tere qu'il soit en nul royon:
De tant qu'il en a dit, je l'en tien a bricon".

Lors rouelle lez yeulz a guise de lyon;
A se vois qu'il ot clere s'escria a haut son.
Ja dira tel parolle au rice duc Naymon
Dont furent esbahis Franchois et Bourguignon:
"Filz a putain!" dist il, "moult as le cuer fellon!
Tu me samblez moult bien de Bayviere Naymon,
Ung viellart radottez qui consaille Charlon.
Or pleut a Jhesu Crist en qui croire doit on
Que le tenisse encloz par dedens ma prison,
Ou il fust avec toy en celle tour enson!
Par l'arme de mon pere qui moult estoit preudon,
De luy ne prenderoie tout l'or de Besenson
Que nel fesisse pendre a guise de laron!"

XXI

Le rice duc Jehan d'Alanson au cuer fier   [C118v]
Regarde le duc Naymon si a veüt Ogier,
De tout lez .xii. pers le milleur chevallier
Fors Rolant le niez Charle, celluy mettons arier.
Ogier tint ung baston pour contreval lanchier.
Le duc Jehan le voit se ly prent a criier:
"Et tu! comment as non? Tu as le cors planier;
Tu resamble trop bien de Danemarce Ogier,
Ung fellon trayteur que Dieu doint encombrier.
Je croy que tu viens cy pour moy contraliier.
Par le foy que je doy a Dieu le droitturier,
Se je vous puis a poins ne tenir ne baillier,
Trestout l'or de ce monde ne vous aroit mestier
Qu'a fourquez ne vous face estendre et baulliier!"
"Vassaulz", ce dist Ogier, "laissiez vo menachier!
Ne layray ne vous die mon non sans variier;
Pour toy ne daignerois ne muer ne cangier;
Voyrement ay ge a non de Danemarce Ogier.
Par moy te mande Charle qui tant fait a prisier

---

⁶⁷¹ croire] croient.

Que tu viegnez a luy sans point de detriier
Pour a ly faire oumaige d'Alanson l'yretier
Et de toute la tere que as a justichier.
Et se tu ne le fais, je te veul acointier
Qu'il te venra veïr a cel estet premier.   700
De Lanson te fera le grant tour despechier
Et te menra en France con povre prisonnier,
Sy te fera te teste les yeulz dehors saquier
Ou descorchier tout vif ou en fu essillier,
Et te fera morir de pendre ou de noiier!"   705
"Vassaulz", ce dist Jehan, "trop savez bien plaidier.
Bien te cognois, Ogier; fais m'as maint encombrier.
Mais se te puis tenir, tu le conparas chier!"

XXII

Duc Jehan d'Alanson ot moult le cuer mary.   [C119r]
Ung pau regarde avant s'a Olivier coysi;   710
A ung crestiel estoit dalez le duc Thery.
Le duc Jehan l'apelle et ly a dit ainsi:
"Vassaulz, qui estez vous? gardez n'aiiez menty;
Moult par avez le cors gros et grant et furny".
Quant Olivier l'entent, a Jehan respondy: 715
"Je suy au roy de France par Dieu qui ne menty.
Par my te mande Charlez, je suy qui le te dy,
De luy tiegnez Lanson et soiiez obay
Et ly faitez oumayge ou mal sera pour ty.
Et se tu ne ly fais, de par luy te deffy.   720
Il te venra veoir a .c. mil fervesty;
Ne te laira maison, cyté ne edeffy,
Ne dongon ne castiel: tout prendra dever ly
Se le donra ung prince qui l'en ara servy".
Et quant Jehan l'entent, a Olivier respondy: 725
"Vassaulz, je pense bien que tu aras menty;
Ne doutte ung bouton Charle ne si amy.
Bien samblez Olivier par le foy que doy my,
Le filz Renier de Gennez que jou ay tant hay.
Pleüst a Dieu de glore qui le monde estably   730

Que je le tenisse ore ainsi que je fay ty;
N'en prenderoie mie tout l'avoir de Brandy
Que nel fesisse pendre lassus en ce lary!"

XXIII

Le duc Jehan regarde avant de l'autre part
Sy a coysi Estous qui tenoit ung faussart. 735
Le duc Jehan l'apelle se ly fist ung regart:
"Vassaus, qui estez vous? bien me samblez faussart".
Estous ly respondy qui le cors ot gaillart:
"Vassaulz, filz suy Charlon qui cuer a de lupart.   [C119v]
Par moy te mande Charle que il ne te soit tart, 740
Et qu'a Paris t'en viengne le jour de saint Bernart,
Et se ly fay oumaige si feras que gaillart;
Et se te ne le fais, je te dy de sa part,
De tez hommez fera ung si villain escart,
Ne ara si hardit de fuir ne soit tart. 745
Et s'i[l] te puet tenir ne avoir en sa part,
Il te fera morir, a ton col une hart!"
"Vassaulz", ce dit Jehan, "moult samblez le mallart!"

XXIV

Le duc Jehan regarde si a veü Bassin
Qui estoi apoiiet au cristiel marberin. 750
Le duc Jehan l'apelle se dist en son latin:
"Qui estez vous, vassauz? dittez sans lon termin.
Moult samblez de mal art et de moult mal engin".
Et Basin ly respont: "Vassaulz, je vous destin
On m'apelle Berart; nez fuy de Constentin; 755
Je sers a son mengier Charlez le fil Pepin.
Or te mande le roy par brief et parcemin
Que tu tiegnez de ly ton castiel marberin;

---

⁷³³ Que] Quel.

Et se tu ne le fais, il te mande en la fin
Qu'il ne laisseroit mie pour tout l'or Constantin 760
Que ne viengne sur toy et luy et sy meschin
Et fera de ton cors si crueulz dissiplin
C'on en sara parler jusc'a l'yauwe du Rin!"
Et Jehan ly respont: "Par le cors saint Martin
Je ne donne de Charle le monte d'un ferlin! 765
Mez il m'est en avis que resamblez Basin,
Celluy c'on dit de Gennez au cuer de griffardin,
Ung baron mervilleuz qui a fait maint larchin,
Qui m'enbla mon tresor l'autrier en Biauvoisin
Quant jou alay en France veoir ung mien cousin, 770
Guennellon et Hardré et le ber Aubuin. [C120r]
En ma chambre m'enblas mon coffre et maint florin,
Et trestous mez abis dusqu'a braiiez de lin
Que tout nu me trouvay quant ce vint au matin.
C'or le tenisse jou et pleust a saint Quintin, 775
Je le feroie prendre ou trainer a ronchin!"
Et Basin ly respont: "Ce seroit povre fin!"

XXV

Le duc Jehan regarde au plus hau[t] dois
Et voit a ung cristiel dan Tery l'Ardenois.
"Qui es tu", dit Jehan, "ou Noirmant ou Franchois?" 780
"Vassaulz", se dist Tery, "je fuy nez d'Amienois;
Filz suy a ung prevost qui Charlez tient sez drois.
Par my te mande Charlez le sire dez Franchois
Que tu viegnez a ly relever tez terois.
Et se tu ne le fais, il venra sans delois 785
Et si te destruira et villez et manois.
Ne te laira de tere qui vaille .iiii. nois
Se destruira ton cors et ochira tez bourgois".
"Vassaulz", ce dist Jehan, "ne le prise .i. tournois;
Et vous qui laiiens estez venus en mez terois, 790

---

⁷⁷⁸ haut dois] haudois.

Il vous vausist mieux estre en le tere a Tyois,
Car morir vo feray a deul et a destrois
Ou despit de vo mestre le roy dez Franchois!"

XXVI

Le duc Jehan qui moult ot fier samblant
Parloit moult fierement au barnaige vaillant. 795
Il regarde en la tour si a veüt Rollant.
A ung mestre crestiel fu le duc en estant.
Ricement fu vestu comme homme souffissant,
Et s'avoit Durendal a son costet pendant.
Le duc Jehan l'apelle se ly fu demandant: 800
"Vassaulz, qui estez vous? dittez le moy errant.
Moult samblez orguilleuz, fellon et soudoyant; [C120v]
Bien voy a vo maniere, plain estez de beubant.
Dy moy coment as non; ne le me va cellant".
"Vassaulz", ce dist le duc qui moult ot fier samblant, 805
"Je te dy pour certain on m'apelle Rollant.
Filz suy d'un valvasour du bon païs noirmant.
Pour ce que le niez Charle est auquez de mon grant
Et sommez d'un coraige, d'un fet et d'un samblant,
Il n'est nulz s'il nous voit ambedoy en estant 810
Qui face point a dire: 'Ly quelz est ly plus grant?' "
Et Jehan ly a dit: "Pour chou je t'acreant
Devant tez conpaignon seras pendus errant
Se je te tiens a mains du tout a men commant
Ou despit de Charlon et de son niez Rollant!" 815
Et Rollant ly respont: "Je ne vous doutte ung gant;
Ains que je soie pris, vo feray moult dollant!"

XXVII

Quant le fort duc Jehan le sire d'Alanson
Ot ensement parler de Rolant le baron,
Allory apella et dist en se raison: 820
"Sire", dist ly traytrez, "entendez que diron:

Veez vous cez Franchois que nous chi asallon?
A non Dieu, rice dus, ne vous en mentiron,
Ce sont ly .xii. per de la tere Charlon.
Chu la que vous veez au vermel singlaton, 825
C'est Rolant le niez Charlez qui ochist Amandon,
Et ly aultre est Ogier qui cuer a de lyon;
C'est Naymez de Baiviere a ce flory grenon,
Et cilz de l'autre part, Estoulz le filz Eudon,
Et Tery l'Ardenois dalez luy en fachon, 830
Et se vela Basin qui tant est fort laron.
Que vous yroie jou recorder leur fachon?
Ce sont ly .xii. per de France le royon
Et lez plus fors barons de tout sa region". 834
Singneur, cis Allory dont je fay mension [C121r]
Estoit cousin Jehan le singneur d'Alanson,
Et si estoit cousin bien prez a Guennellon.
De France fu cachiez par grande trayson;
A Jehan s'en fuy, son cousin d'Alenson.
Quant duc Jehan entent Allory le fellon: 840
"Dis tu voir?" dist Jehan, "Allory, gentilz hon;
Cor me dy veryté se ce sont il ou non.
Ja fus tu niez Hardré et cousin Guennellon,
Qui moult ama mon pere, le rice duc Sanson.
Et toy et moy sommez tout d'un estrassion; 845
Ly uns doit aidier l'autre par droit et par raison.
De cez .xii. larons qui sont en ce dongon,
Or me donnez consail coment nous lez aron.
Pour trait ne pour assault mefferre n'y poon,
Et s'ont bien a mengier jusc'a l'Asension 850
De bonne char sallee et de vin fort et bon,
St s'a lassus du blet assez et affoyson".
Quant Allory l'oy, ly traytre fellon,
Ung petit a baissiet ver tere le menton,
Et quant se redrecha, se dist a se rayson: 855
"Cousin", dist Allory, "bon consail vous donnon
Coment vous lez arez, mais c'est par trayson.
Il sont vostre anemy, que de fi le scet on.
On doit son anemy grever et par raison
En tous lieuz ou on puet, en salle ou en maison. 860

Tout ainsi que je dy faisoit le filz Fromon
Qui fu de vo linaige, que de fi le scet on;
Augibier filz Garin fist mainte trayson;
Dont le poez bien faire et trestout par raison.
Il ne fourligne mie qui sieut s'estrassion. 865
Allez, parlez a yaulz sans nul arestison;   [C121v]
Biau samblant leur moustrez par fine trayson,
Et leur jurez sur sains sans nul arestison
Que vous tenrez vo tere du rice roy Charlon.
Mentez et parjurez assez et a fuison 870
Tant que dessendu soient de ce fort dongon,
Et puis si lez arez a vo devision,
Et puis lez faitez pendre ou despit de Charlon.
Se vous ainsi le faitez que no vo consillon,
De tout point averez desconfit roy Charlon, 875
Et encor serez roy de France le roiion".
Quant Jehan l'entendy, le sire d'Alanson,
A Allory a dit: "Foy que doy saint Simon,
Par le vostre consail tout ainsi le feron!"

XXVIII

Adont dever le tour a bandon retourna. 880
Ensement Allory duc Jehan consilla
Coment no chevallier fausement trayra,
A noz baron revint et si lez salua.
Par trayson leur dit: "Singneur, entendez cha:
Je me suis avizez ainsi c'on vous dira. 885
Je treuve en mon consail, la ou moult de sens a,
Moult me suis repenty qu'assally on vous a.
Or voray obaïr, de chou ne douttez ja,
Au bon roy Charlez qui chi vous envoiia.
De luy tenray Lanson et tout quant qu'il y a, 890
Et de toute ma tere au lez par dedecha,
Et se l'yray servir au quel lez qu'il vora,

---

⁸⁶³ Augibier] *or* Angibier.

A Paris ou a Rains, ou la ou ly plaira,
A .xx. mil chevalliers que mon cors ly menra,
Et de mon grant tresor a plenté avera. 895
A ce premier estet omaige on ly fera,
Et de ce couvenant on vous aseuera:
Sur le cors saint Denis on le vous jurera [C122r]
Qu'ensi con vous ay dit le cose on vous tenra,
Et de ma propre foy on le vous fianchera". 900
Et Rollant respondy: "Mal ait qui en faura!"

XXIX

Le rice duc Jehan fist lez sains aporter
Ainchois que lez Franchois vosissent avaller
Jus de la forte tour ou il vorent entrer,
Et Jehan d'Alanson volt sur lez sains jurer 905
Qu'il tenra de Charlon tant chou qu'il doit garder,
Et si le servira a .xx. mil baceller,
Que jamais en nul jour ne le vora fausser.
Et quant Jehan ot fait tout son serment oultrer,
De la grant tour pavee issirent ly princhier. 910
Lors lez ala Jehan par fausseté fester.
Ce fu grant trayson qui celluy fist penser;
Ce ly fist Allory le cuvert plain d'amer.
Adont le duc Jehan si lez ala mener
En son noble palais, qui moult fist a loer. 915
Moult leur savoit le duc le fauz samblant moustrer;
Mez onquez Guennellon qui le cuer ot amer,
Et qui en son vivant sot tant de maulz brasser,
Ne fist tel trayson, Dieu le puist craventer,
Puis qu'a Marsilion vendy lez .xii. per. 920

---

[894] .xx.] .xxx. (*cf.* 907).

XXX

Or sont ly .xii. per issu hors de la tour,
Et Jehan de Lanson, qui tant ot de freour,
Lez mena avec ly en son palais majour.
Cescun ly a baillié le bon branc de coullour
Affin que le commune ne leur fesist estour, 925
Mais il jure en son cuer Jhesuz le sauveour
Qu'a mort lez mettera ains qu'il passe tier jour.
No baron apella et leur dist sans demour:
"Singneur", ce dist Jehan, "nobille poigneour, 929
Ce palais renderay Charlez l'empereour".   [C122v]
Puis a dit coyement le cuvert boyseour:
"Cil sire me confonde qui fist croistre le flour
Se tous ne vous fay pendre a loy de murdreour!"
Ensement dist Jehan qui pensoit a follour
Quant vi[n]rent au palais ly noble poingneour. 935
Lez tablez furent misez environ et entour.
Le duc Jehan s'asist sans faire lonc sejour,
Et a se propre table fist servir lez Francour:
Rolant premierement et Naimez de vallour,
Bassin et Olivier qui tant ont de vigour, 940
Berart de Mondidier et ly aultre singnour,
Le duc Tery d'Ardane, Estous au cuer francour.
Le duc lez fist servir a joie et a baudour
De maint mez grasieuz ordonnez par savour,
De vins et de claré; moult leur porta honnour, 945
Et dist a luy meïsmez: "Par Dieu le creatour,
Jamais ne retourrez en France le majour!
Tous vo feray morir a deul et a tristour
Ens ou despit de Charle vostre empereour!"

XXXI

Le duc Jan d'Alanson seut moult de fauseté; 950
Festia lez Franchois qui furent engané,
Et par fauz tour leur a biau samblant demoustré.
Et quant eürent but et mengiet a leur gré,

Le traytour Jehan, qui ait malle santé,
Moult lez a losengiet et moult bel a parlé. 955
Ly lit furent tout prest et noblement paré;
En une chambre furent ly .xii. per mené.
Et quant furent couchié pour estre reposé,
Duc Jehan s'en tourna, qui fu de mal pensé;
Dedens sa mestre chambre s'en est errant entré 960
Se mena avec luy du mieux de son barné.
O luy fu Allory ung traytour prouvé, [C123r]
Et le duc d'Alanson a hautement parlé:
"Singneur", ch'a dit Jehan, "oiiez ma volenté;
Je vous requier consail de ce que je diré: 965
Charlez m'a chi tramis du mieux de son barné,
Lez .xii. per de France ou moult a cruauté;
De par luy me calenge[n]t Lanson et mon regné,
Ma tere et mon païs environ et en lé,
Et j'ameroie mieux avoir le chief copé 970
Que de Charlon tenisse vaillant .i. ail pellé.
Or me donnez consail coment aray ouvré
De cez pers que jou ay cy dedens enfremé".
"Sire", dist Allory, qui ot premier parlé,
"Bon consail vo donray se il vo vient a gré: 975
Endementiers qu'i[l] dorment en leur chambre enseré,
Faitez que vous aiiez .c. chevalliers armé,
Et soiient en le chambre isnellement mené,
Et ou despit de Charle soiient tout decopé;
Il sont touz endormis ne s'en seront gardé. 980
Se vous ainsi le faitez que vous ay devizé,
Du tout arez Charlon honny et vergondé,
Ne jamais de par ly n'iert vo païs grevé".
Ung chevallier ot la qui tout a escouté,
Tout chou que Allory ot dit et devizé, 985
Et fu par son droit non Ysoré apellé.
En la court de Charlon avoit lon tans esté,
Et par son bel service l'ot Charlez adoubbé.
Saint Angely ly donna ly rois en yreté,
Et le tint longement tant que par cruaulté 990
Ochist le duc Henbaut d'un coutiel aceré,
Dont Charlez l'ot de France decachiet et bouté.

O duc Jehan ala et la fu demoré
Se ly donna Marsaille qui est sur mer fremé.   [C123v]
Quant Ysoré ot tout oy et escouté   995
Chou qu'Allory ot dit et a Jehan conté,
Par dedens son coraige s'est adont pourpensé
Que s'il puet nullement, qui qui en ait mal gré,
Que ly baron seront de ce fait informé:
"Car en tans qui passa o ge Henbaut tué,   1000
Charlez vot que je fusse pendus et trayné,
Mais tant bien me ayderent ly baron naturé
Que ma vie sauverent, si leur en say bon gré.
Se je puis esploitier, ce fait iert guerdonné,
Pour ce fait bon bien faire en tans qu'il a regné,   1005
Car trestout vient a point conbien c'on ait tardé".
Duc Jehan d'Alanson apella le bon Ysoré
Et ly dit: "Chier sire, or aiiez escouté:
J'ay bien Allory oy chou qu'il a conté,
Qui de mourdrir Franchois vous a cy enorté.   1010
Ce ne ferons nous mie; ce seroit folleté,
Et seroit trayson et ung fait reprouvé.
A Judas le traytre ariez vous resamblé,
Qui Jhesu Crist traïst par fine fauseté.
A trestout vo linaige seroit il reprouvé   1015
Car mesaige doit bien dire sa volenté.
Se vous ne vollez estre a Charlez encliné
Ainsi que par sez gens il vous a cy mandé,
Sy lez mettez arier en ce castiel fremé
Sy con devant estoient quant il furent atrapé,   1020
Et puis vous et vo gens assallez a plenté.
Se vous lez poez prendre a mort soiient lyvré,
Ou vous lez en laissiez raller a sauveté,
Puis mandez deffiance a Charle le membré.
Et s'autrement le faitez, sachiez en verité   1025
Vous en serez tenus a traytour prouvé".   [C124r]
Quant Allory l'entent, s'a le duc apellé
Et ly dit: "Sire duc, ja ce ne soit pensé;
Qui tel consail vo loe, moult est malavizé.
Se vollez vo proffit et vo tere garde[r],   1030
Sy creez le consail que je vous ay donné.

Et se ne vollez faire ce que j'ay devizé,
Vecy ung aultre tour dont seront atrapé.
Demain quant il iert jour et solail est levé,
Vous me querquerez, sire, mil chevallier armé   1035
Qui soiient ricement et noblement armé.
Es boz d'Allorion nous serons esconsé;
La amenrez Franchois s'i seront decopé.
Et s'ensement le faitez que jou ay devizé,
Dont ne serez vous, sire, de nul homme blamé".   1040
Et Jehan respondy: "Vous avez bien parlé;
Ensement sera fait se Dieux me doint santé".
La ont leur parlement et laissié et finé
Entresi qu'a demain que il fu ajourné.
Et quant avint au jour c'a paru le clarté,   1045
Ly .xii. per se sont et vestu et paré,
Et puis oyrent messe de bonne volenté.
Et aprez le service de Dieu de magesté
Vint Jehan d'Alanson qui moult ot cruaulté.
Il apelle Allory le traytre prouvé,   1050
Et puis se ly a dit tout bas et a privé:
"Allez si vous armez a vostre volenté;
Montez apertement a .iii. mil ferarmé;
Ou boz soulz Aquiton la soiiez aresté.
La menray avec moy de France le barné,   1055
Et la veu ge qu'il soiient ochis et decopé,
Que nulz ne soit jamais en santé escapé".
Et respont Allory: "Or n'en soiiez doutté,
J'ameroie trop mieux que je fusse danpné   [C124v]
Et avec lez dyablez en infier ostellé   1060
Tant que Dieux sera Dieux en son ciel demoré
Que nulz en escapast en vie n'en santé".
Dont se sont ly traytre fervestu et armé,
Puis sont isnellement sur lez chevaulz monté,
Et Jehan d'Alenson s'est ossi apresté.   1065
Or aide Dieux Franchois par la soie bonté
Car il sont en peril se Dieu n'en a pité!
Or escoutez que fist le vaillant Ysoré
Qui ce plet avoit bien oït et escouté:
Damedieu en jura, le roy de magesté,   1070

Que ja ne souffera le grande cruaulté.
A Rollant le dira ainsi l'a enpensé,
Et a Ogier ossi, a Naime le barbé,
Et a trestout lez aultrez qui ont moult de bonté.
A ycelle parolle que je vous ay conté   1075
Du moustier repairoient ly Franchois alosé.
Le duc Rollant lez a trestouz araysonné:
"Singneur", dist il a yauz, "or oiiez mon pensé:
Anuit songay ung songe qui moult m'a effraé,
C'un ours avoie pris et bien fort acainné   1880
Qui moult par estoit fel et plain de cruaulté.
Bien .iii. mille lyons fier et desmesuré
Le volloient avoir de mez mains delivré.
Sy forment m'asalloient et par tel cruaulté
Qu'il ont tout mon bliaut ronpu et despané,   1085
Prez que par cez lyons je ne fuy deserté,
Quant ung vassaulz nous vint, avec ly son barné,
Et chuz nous secouru par bonne volenté
Et tant bien nous aida ver ce lyon dervé
Que par son hardement nous a tout delivré,   1090
Et de ce songe suy durement effraé".   [C125r]
Quant duc Naime l'entent, s'a Rollant apellé:
"Sire", ç'a dit duc Naimez, "sachiez en verité
Que par ce duc Jehan nous serons malmené
Ainchois que nous soiions en France retourné".   1095
A ycelle parolle que je vous ay conté,
Atant ez vous venut le vassal Ysoré.
Il entra en la chambre si a l'uis refremé,
Et salua lez princhez de Dieu de magesté
Et dist: "Ceuz Damedieux qui maint en Trenité   1100
Gart Rollant le niez Charle qui tant a de bonté,
Et tous cheuz qui cy vois avec vous assamblé!"
Qùant ly vassal oyrent le baron Ysoré,
Moult bien le ravizerent, le sanc leur est mué,
Car en France le virent quant Henbaut ot tué;   1105
A delivrer l'ayderent ly baron honoré.
Et quant ly baron virent qui lez ot salué,
Trestout orent paour ne laichent racusé
A Jehan d'Alanson et par leur non nommé.

Duc Rollant le regarde par moult grant cruauté. 1110
Tant ly mua ly sanc quant perchut Ysoré,
Se ja euist s'espee dont ly pons fu dorré,
Tout l'euist pourfendu dusc'a neu du baudré,
Car bien cuidoit qu'il fussent de par luy racusé.
Nonpourcant dist Rollant quant se fu pourpensé: 1115
"Vassauz, qui estez vous? Qu'avez vous demande[r]?"
Et Ysoré respont: "Sire, par verité
On m'apelle Ysoré, ainsi sui ge nommé;
De Saint Angely suy, j'en tins lez yreté,
Mais jou ochis Enbaut qui en Liege fu né. 1120
Pour chou m'escacha Charle de France le regné;
O duc Jehan m'en vins s'ay o luy demoré.
Or l'ay si bien servy que tant m'a enamé   [C125v]
Qu'i[l] m'a donné Marsaille celle bone cité.
N'aiiez doutte de my se je suy cy entré; 1125
Ja par moy n'arez mal se Dieu me doint santé".
Quant ly baron l'oyrent et qu'i[l] furent ravizé,
Adont ly firent feste et ly sorent bon gré.
"Singneur", dist Ysoré, "or oiiez mon pensé:
Se me pais vollez faire vers Charlez le doutté 1130
Qu'i[l] me pardonnast tout et me rendist le regné,
Et le mort de Henbaut m'euist ossi quité,
Tel chose vous diroie en bonne verité
Dont vous seriez trestout de le mort respité".
Quant ly baron l'entendent, se ly ont acordé 1135
Que se pais feront vers Charlez le doutté,
Et rara son païs et du lonc et du lé,
Que ja il n'en perdra le montance d'un dé.
Par le consail duc Naimez ly ont tout acordé.

XXXII

"Singneur", dist Ysoré, "nobille chevallier, 1140
Vous m'avez creanté loyaument sans trichier
C'au roy de Monlaon me ferez apaisier".
"Voire", ch'a dit Rollant, "ne devez esmaiier!"
"Singneur, Dieux le vous mire!" dist Ysoré le fier.

"Or m'entendez, Rollant, et trestout ly princhier: 1145
Je vous dy pour certain sans mot de mensongier,
Vous estez tous traïs par mortel encombrier;
Car ly duc vo cognoist ossi bien c'um denier,
Car Allory ly glous, que Dieux doinst encombrier,
Vous a au duc Jehan nommez sans mensongnier. 1150
Par non et par sournon vous scet bien enterchier
Pour ce que le fesistes hors de France cachier
Pour ce qu'il enerba le franc duc Menasier.
Ossi vray que Dieu vot en une crois drechier 1154
Vous devoit on ennuit ochir et detrenchier [C126r]
Se Dieux et moy ne fust qui vo fet vot songnier,
Car Jehan d'Alenson devoit cy envoiier
.Iiii.xx. ou .c. de gent hardy et fier
Qui vo fussent venut ocire et detrenchier,
Et tout par le consail d'Allory le murdrier 1160
Qu'a Jehan d'Alanson vot ce fet consillier.
Mez par le mien consail fi ge ce fait brisier,
Mez Allory le fel, que Dieux doinst encombrier,
A .iiii. mil hommez s'est allez enbusquier
Ens ou bos d'Aquiton pour vous a mort traitier. 1165
Duc Jehan d'Alanson lez a fait enbusquier;
O luy vous enmenra pour vous a engingnier.
Or vous veul bonement et dire et acointier:
Quant il vous vora mener ens ou boz pour cachier,
Vous ly direz trestous doucement sans tenchier 1170
Qu'en France est le coustume a tout frans chevallier
Ne doit sans son espee nullement chevauchier.
Quant ly duc vous ora tez parollez nonchier,
Dont vo fera vo brans delivrer et baillier.
O lui chevaucherez, n'aiiez soing d'esmaiier, 1175
Car je feray armer bien .ii.c. chevallier
Pour vous a secourir s'on vous fait encombrier.
Ne je ne vous fauray pour lez membrez trenchier,
Ne moy ne tout my homme; ne devez esmaiier.
S'Allory vous assault, le traytre murdrier, 1180
Mieux veul perdre Mairsaille, le port et le gravier,
Que je ne vous garisse de mort et d'encombrier.
Or m'en yray au duc parler et desrainier,

Et d'aucunez parollez le feray courouchier
Par coy ver moy se puit ung petit ayrier. 1185
Sy tost que le veray devers moy courouchier, [C126v]
La tere qu'il me fist donner et ottriier
Ly renderay briefment par devant si princhier
Par coy nulz ne m'en puist de blame aprochier".
"Isoré", dist Rolant, "moult faitez a prisier! 1190
Dous amis, or pensez pour Dieu de nous aydier,
Et je vous en donray ung moult rice loiier.
Je vous ay en couvent sur Dieu le droiturier,
Se le faitez ainsi que vous os prononchier,
A tousjour averez le maille a mon denier". 1195
Et Ysoré respont: "Ne vous faut esmaiier.
Vous demorez droit cy et g'iray besoingnier".
Adont s'en departy, l'uis fist reveroullier,
Et ly baron remaignent ou il n'ot qu'esmaiier.

XXXIII

"Singneur", ce dist Rollant le nobille vassal, 1200
"Se j'euisse mon branc c'on claime Durendal,
Je ne prisasse mie duc Jehan ung quief d'ail!"
"Ne moy", ce dist Ogier, "par Dieu l'esperital!
Se j'euisse Courtain qui vault bien Portingal,
Et je fusse ens ou boz vers le gent criminal, 1205
Je mettroie leur char a vente sans estal!"
Ainsi dïent ly prince ou n'ot ne jeu ne bal,
Et Ysoré s'en va, le nobille vassal.
Dessi jusc'au palais n'y a fait arestal;
Le duc Jehan trouva d'Alanson l'yretal. 1210
Venu est du moustier o se gent criminal,
Avec luy Allory, le trayteur mortal
Qui consilloit au duc toudis de faire mal,
Et de trayson faire estoit droit principal.
Par luy crut a Jehan d'Alanson moult de mal, 1215

[1211] est] sont.

Painez et grant travail qui moult ly firent mal,
Dont maint bon chevallier et maint noble vassal
Furent mort a dolleur en l'estour criminal [C127r]
Par le guere que fist Charlez l'emperial,
Ainsi que vous orez en l'istore roiial. 1220

XXXIV

Ensement se devizent ly nobille baron,
Et Ysoré s'en vint ou palais a bandon,
La ou il a trouvet duc Jehan d'Alenson.
Et quant Jehan le voit, se le mist a raison
Et ly dist: "Ysoré, oiiez que nous diron: 1225
Je veul Rolant murdrir de France le roiion
Et tout ly .xii. per qui sont sy conpaignon.
Allory est allez ens ou boz d'Aquitton
Atout .iii. mil hommez armez dusquez au menton
Pour ochire Franchois a grant destruision. 1230
Allez, prendez voz armez sans point d'arestison,
Sy garderez le pas par dever Monsurjon
Que nul n'en puist fuir n'aller a garisson.
Se Rollant estoit mort, moult me venroit a bon;
Ne seroie ossi liez pour mil mar d'or bon, 1235
Non point l'avoir qui est ou roiaume d'Aragon".
Et Ysoré ly dist: "Sire duc d'Alenson,
Se Rollant aviez mort ainsi par trayson,
Ce seroit fait de murdre et de mavais laron.
Hesbregiez lez avez ens ou vostre maison, 1240
Et leur avez fait feste et consolasion.
Ce seroit trop mal fait, a mon opinion,
De lez mettre a le mort ensement sans raison;
Mais donnez leur congiet, pour Dieu vous en prion,
Se deffiiez par yaulz le roy de Monlaon, 1245
Et que ja ne tenrez qui vaille ung esporon,
Ne ville ne cyté ne castiel ne dongon".

---

¹²³⁶ est] eist.

Et quant le duc Jehan oy celle raison
D'Isoré le courtois qui tant estoit preudon, 1249
Errant ly respondy d'un coraige fellon: [C127v]
"Faulz glous!" ce dist Jehan, "tu ais malaychon!
Quant tel consail me dis, tu ne vauz ung bouton.
Quant tu venis o moy servir en ma maison,
Tu n'amenas o toy cheval ny aragon
Ne de trestouz avoir qui vausist ung bouton. 1255
Quant je te mis o moy, je fis bien que bricon!
Je te deffens ma tere; jamais ne te vollon!
Se je t'y truis demain, sy ait m'arme pardon,
Encruer te feray a guise de laron!"
Et Ysoré respont: "Je n'y conte ung bouton; 1260
Demain je m'en yray par Dieu et par son non".
A yceste parolle avalla du dongon.
Moult liez est a son cuer Ysoré le baron
De ce qu'il a courcié duc Jehan d'Alenson
Et Allory le fel c'ains ne fist se mal non. 1265
Singneur, il se dist voir ensi que nous diron.

XXXV

Or s'en va Ysoré que Dieu gart de damaige,
Et dessent du palais sans nesun arestaige.
A Jehan d'Alenson a rendu son yretaige,
Par courous et mautalent Dieux ly otroit damaige. 1270
A son ostel s'en vint s'asambla son barnaige
Tant qu'il furent .ii.c., tout de hardy coraige.
Quant il ot assamblé ce qu'il a de barnaige,
Le trayson leur dist et le mal et l'outraige
De Jehan d'Alenson, que Dieux otroit hontaige, 1275
Qui tout lez .xii. pers voloit ocire a raige
Par le fellon consail d'Allory le sauvaige,
Qui onquez bien ne fist ne nul de son linaige.
Encor feront dolant Charlez au fier coraige;
Et ja est Allory enbusquiet ou boscaige 1280
A .iiii.c. homme d'arme a escut et a targe
Qui sont tout aprestet pour faire cel ouvraige.

"Or vous pry a trestous pour Dieu et pour s'ymaige [C128r]
Que nous allons aidier de France le barnaige".
Et cil ont respondu comme loiiel et saige: 1285
"Avecque vous yrons, soit savoir ou follaige;
Alons nous ent devant enbusquier au boscaige
Affin que nous puissons querre nostre avantaige.
S'Allory cuert sus, il feront que follaige;
Se poons esploiitier, il paiera l'ostaige!" 1290

XXXVI

Singneur, or escoutez noble canchon de pris;
Onquez milleur n'oy nulz hons de mere vis:
Quant Ysoré se fu sevrez et departis,
Et qu'il ot tout sez homez pourveü a devis,
Ly .xii. per de France qui tant sont agensis 1295
Issirent de la chambre; ou palais sont vertis.
Quant duc Jehan lez voit, si leur getta ung ris;
Par fine trayson lez a a raison mis:
"Singneur, bon jour vous doinst ly benois Sains Esperis
Et Charlez vo singneur qui tant est postaïs! 1300
De luy voray tenir ma tere et mon païs,
Et si le serviray a .xx. mil fervestis
Quelle part qu'il vora, a Rains ou a Paris".
Quant duc Rolant l'entent, ly preuz et ly hardis,
D'ire et de mautalent ly est ly frons rougis. 1305
Il est passé avant; ja se fust a ly pris
Et luy euist donné du poing enmy le vis,
Quant Naimez de Baiviere et l'Ardenois Teris
Ont parlé au duc Jan con saige et bien apris:
"Sire duc d'Alenson", dist Naimez ly floris, 1310
"Hesbregiez nous avez, honorez et servis.
Or vorons nous raller ens ou nostre païs,
Sy dirons a Charle le roy de Saint Denis
De luy tenrez Lanson et trestout le païs". 1314
"Singneur", ce dist Jehan ly traytrez fallis, [C128v]
"Encor ly feray assez plus que ne dis".

XXXVII

"Singneur", ce dist Jehan qui le cuer ot frarin,
"Vous demorez huymais decy a le matin
S'yrons au boz cachier, berser le sauvegin,
Ou voller en gibier dessus le pré marin   1320
Tout en pur no bliaus de palle alixandrin;
Ne porterons espee ne haubert doubletin".
"Sire", ce dist duc Naimez, "par le cors saint Martin
Nous demorons o vous de cuer humble et fin,
Mais que no fachiez rendre cescun no acherin,   1325
Car c'est le coustume en France en Lymosin
Que chevallier ne doit issir par nul destin
Que ne porte s'espee o luy par le chemin".
Quant duc Jehan l'entent, se tint le cief enclin,
Et dist entre sez dens tout baz en son latin: 1330
"Par ce point n'escaperez, foy que doy saint Martin,
Car jou ay assez gens pour vous mettre a fin".
Et puis dist au duc Naimez qui moult savoit d'engin:
"Naime, vous lez arez sans faire lon termin".
Dont lez fist aporter, le cuvert de put lin,   1335
Et quant ly .xii. per tinrent leur acherin,
Ne fussent pas sy liez pour l'or de Constantin.

XXXVIII

Quant Rollant tint s'espee dont l'alemelle est blance,
Jehan a regardé par moult fiere samblance.
Volentiers ly boutast trestout parmy le pance   1340
Quant Naimez de Baviere de biau parler le sance
Et ly dist doucement sans demener beubance:
"Rolant, pour Dieu vous pry et la verge france,
Ne commenchiez pas chose dont nous aiion grevance,
Mais quant nous serons lahors tout oultre celle plance,   1345
Se Jehan nous dist rien par se folle beubance,

---

¹³³² a fin] affin.

Se luy tollons la teste sans nulle detriance". [C129r]
"Sire, vous dittez bien!" dist Tery en oiiance.
Leur chevaulz amain on droit a le piere blance,
Et il ly sont monté sans nulle detriance 1350
Tout lez .xii. pers et par vraie acordance,
Et le duc d'Alanson sur le destrier se lanche.
Avec luy mena lez .xii. pers de France
Par desus Aquiton dedens la forest ranse.

XXXIX

Or chevauce Jehan d'Alanson le cyté, 1355
Lez .xii. pers o luy que Dieu gart de griefté.
Vers le boz d'Aquiton se sont acheminé;
La estoit Allory le traytre prouvé,
Et atendoit Jehan a se malle santé.
Avecque luy estoient plus de .iii.c. armé, 1360
Et disoient entre yaulz lez fellons parjuré
Qu'il n'est ne Dieu ne homme qui lez euist tensé
Qu'il ne soiient trestout a le mort conda[n]pné.
A ycelle parolle que je vous ay conté
Jehan en apella son consillier privé: 1365
"Amis, va t'ent de cy coyement a cellé
Et sachiez d'Allory coment il a ouvré,
S'il est luy et sa gent en armez apresté".
Et celluy ly a dit: "Sire, a vo volenté".
Atant ez chis partis de Jehan l'aduré 1370
Droitement a l'aigait ou il fu devizé.
Moult blamoit son singneur et luy savoit mal gré
De ce que tant avoit longement demoré.
Le mez a Allory tout le fet raconté
Que duc Jehan amaine de France le barné. 1375
Quant Allory l'entent, s'a grant joie mené.
Adont dist au varlet: "Or soiiez retourné
A Jehan d'Alanson et ly aiiez conté

---

¹³⁵⁶ gart] grart.

Que nous sommez touz prez et trez bien ordonné [C129v]
Pour faire entierement tout a sa volenté". 1380
Et ly mez s'en reva tout le chemin ferré;
A Jehan d'Alanson a trestout recordé
Ce c'Allory le fel ly ot dit et devizé,
Et oussi qu'il estoit trestout bien apresté.
"C'est bien", ce dit Jehan, "n'en aiiez plus parlé". 1385
Adont ont chevauchiet tout ly baron nostré
Tant que prez de l'agait Allory ont esté,
Et oyrent le noise et virent gent armé;
Et quant Jehan perchut, il estoit a son gré.
Il regarde Rollant si l'a araisonné 1390
Et ly a dit: "Rollant, bien vous ay ravizé!
Tu ochesis mon oncle o ton branc aceré
Et le mien frere ossy que tant avoie amé;
Mais par celluy singneur qui le monde a sauvé,
La vengance en prendray ains qu'il soit l'avespré. 1395
Vous et vo conpaignon en serez mort jetté
Ou despit de Charlon le viellart rasotté!"

XL

"Rollant", ce dist Jehan, "n'y a mestier cellee;
Ne m'avez point du tout la veritet contee
Coment avez a non en le vostre renommee. 1400
Vous estez niez Charlon a le barbe merlee
Qui par son grant orguel et par se grant ponee
A en mainte contree moult de gent affollee.
Naimez, bien vo congnois a le barbe merlee,
Et vous, Olivier, ossi, a le poupre rossee, 1405
Et se vella Ogier a celle courte espee.
Par le foy que je doy a Dieu qui fist roussee,
Jamais ne m'estordrez pour cose qui soit nee,
Sy en serez pendus car ensement m'agree!" 1409
A yceste parolle que je fay devisee [C130r]

1392 branc] brans.

A escrié "Lanson!" a moult haute alenee,
Et quant Rolant l'entent, s'a la coulleur muee.
Plus tost qu'il onquez pot, tint Durendal s'espee;
Ver Jehan d'Alanson a se voie tournee;
Ja ly euist la teste jus du bus desevree 1415
Mais ly dus se laissa queïr a le teree
Et Durendal dessent sur le selle doree;
Tout trencha le destrier trez parmy l'esquinee
Que devant luy en quiet toute le bouwellee.
Jehan sally en piez s'a s'ensaingne escrié, 1420
Lors sally ly agais de la verde ramee,
Allory le traytre avec sa gent armee.
Lez .xii. pers assallent par moult gran ayree,
Et quant Rollant lez voit, mie ne ly agree;
D'ire et de mautalent a le coulleur muee; 1425
Sur la gent Allory a feru a le vollee.
Tant y fery Rolant de Durendal s'espee,
Dez trayteurs ochist plus d'une caretee.
Olivier et Ogier ou force fu entee,
Cescun s'y esprouva au ferir de l'espee. 1430
Duc Naimez et Basin la ont vigeur moustree,
Et Tery l'Ardenois qui tant a renommee,
Et Richart le Noirmant a le chiere senee;
Cescun se deffendoit o trenchant de l'espee
Et se tiegnent ensamble par maniere ordonnee, 1435
Et le gent Allory leur vint de randonnee.
Ogier tenoit Courtain qui bien fu affillee;
Ung traytour ferry; telle ly a donnee
Que dessi jusqu'ez dens a l'espee coullee.
Mort l'abat estendu; puis ne fist relevee. 1440
Le deusime et le tiers reversa en le pree,
Et le quart et le quint: nulz n'a a luy duree.   [C130v]
Et Olivier ossi, qui tant ot renommee,
Du sanc dez trayteur a s'espee arousee.
Et Allory s'escrie a moult haute alenee: 1445
"Rollant, ou estez vous? Vostre morte est juree!

1424 ly] leur.

Par vous me fu France deffendue et veé.
Or vous trenchray la teste a ma bonne espee,
Et a vo conpaignon jou ay la mort juree.
Ou despit de Charlon a le barbe merlee, 1450
Jamais ne retourez en France l'alosee!"
Quant Franchois l'entendirent, mie ne leur agree.

XLI

Allory vint poingnant contreval la praiirie;
Lez .xii. pers de France a haute vois s'escrie:
"Rollant, ou estez vous? Le cors Dieu vo maudie! 1455
Jamez ne retourez en France le garnie!"
Quant Rollant l'entendy, durement luy anuye;
Adont dist as barons: "Ne vous esmaiiez mie,
Car par celluy singneur qui vint de mort a vie,
Se j'estoie tout seulz en ceste praierie, 1460
Ne m'aroient il pris; maint en coustroit la vie".
Et ly baron ly dirent: "No ne vous faurons mie
Tant que nous averons dedens le cors le vie!"
A ycelle parolle que vous avez oye
Est venus Ysoré, que Jhesuz benaye, 1465
A .ii.c. chevallier qu'il ot de se mainie;
Cescun fu bien armé s'ont l'espee fourbie.
Isorez le gentilz a haute vois s'escrie:
"Par mon chief! Allory, ly mien cors vous deffie
De par le duc Rollant a le ciere hardie! 1470
Se je puis esploitier, ne m'escaperez mie
Que vous ne soiiez mort a deul et a hasquie!"
Quant Allory l'entent, ne ly agrea mie;
Et Ysoré ly dist que n'y atendy mie: [C131r]
"Allory, faulz cuvers, le cor Dieu vo maudie; 1475
Par ta grant trayson et par ta tricherie
Fuz escachiez de France par ta grande follie.
Murdrir volois lez pers; tu ne t'en repens mie.

[1475] maudie] mandie.

De faire trayson bien trais a ta lignie,
Guegnellon le traytre et a t'anchisorie. 1480
De vo linaige est France encor sy enplie
Que le roiaume est gast et le tere honnie,
Car onquez loyauté ne porta ta lignie.
Encor venra ly tans, je ne m'en doutte mye,
Que par eulz sera France laidement amenrie". 1485
Ainsi dist Ysoré que Jhesuz benaye
De Allory le fel qui plain est de boidie.
Quant Allory oy si blamer se lignie
Et luy meismes ossy, ne ly agrea mie.
Le destrier esporonne s'a le lance abaisie, 1490
Et Ysoré d'autre part le bon cheval aigrie,
Et fery Allory sur le targe vernie;
Tout oultre ly percha comme une feulle d'ortie,
Et Allory ossi ne le mescoysi mie.
Sy fort s'entrecontrerent andoy a celle fie 1495
Qu'il sont tout .ii. versez enmy le praierie.
Cescun resault en piez s'a s'espee saquie;
Ja euist grant bataille quant la vint le mainie
Qui lez ont remonté ez destriers de Surie.
Adonquez commencha une fiere envaye. 1500
E vous le duc Rollant: tint Durendal saquie.
Quant Ysoré le voit, a haute vois s'escrie:
"Estez vous cy, Rollant? Pour Dieu le fil Marie,
Vestez ce haubregon pour garandir vo vie!"
Lors s'aviza Rollant s'a le brongne vestie, 1505
Et a lachiet l'elme qui fu fait en Pavie. [C131v]
Dez mors ont desarmé le noble baronnie,
Et si se sont armé tout a leur commandie.
Cescun prist ung hiaume et la targe vautie,
Et Ysoré deffent l'estour et l'escremie. 1510
Isoré le vassal que Jhesuz benaye
De sez gens lez enclot, qui d'armez fu garnie,
Tant qu'il furent armet tout a leur commandie.
Et furent bien armé le franchoise mainie;
Il ne douttent nul homme une pomme pourie. 1515

---

¹⁴⁷⁹ De faire] Deffaire.

Es traytrez se fiert par moult fiere aramie,
Adont fu le bataille de tout point renforchie;
L'un mort deseure l'autre gist sur le praiierie.

XLII

Grande fu le bataille et ly estour pesant;
Franchois furent armet s'en ont le cuer joiiant; 1520
D'Allory ne des siens ne donnent mie ung gant;
Issoré lez enclot et deriere et devant.
Allory fu sur ung cheval courant;
No Franchois assally entre luy et sa gent.
Et d'autre part si fu d'Alanson duc Jehan; 1525
A sez homes s'escrie hautement en oiiant:
"Barons! or as Franchois; alons lez ochiant!"
A ycelle parolle e vous le duc Rollant
Qui va ferir Lardon sur son elme luisant;
Cousin germain estoit o rice duc Jehan. 1530
Rollant de Durendal ly donna .i. cop si grant
Que tout le pourfendy jusquez ez dens devant,
Et luy et son cheval abaty ens ou camp.
Et Ogier le Danois ne s'i va pas faignant;
De Courtain son espee y feroit cop si grant, 1535
Qu'il a ataint a cop, il n'a de mort garant;
.Iiii. en a ochis trestout en ung tenant.
Tant y fery Ogier de Courtain le trainchant,   [C132r]
.Xiiii. en abaty ains c'alast arestant.
Ly traytre le voiient si s'en vont esmaiiant, 1540
Et disent l'un a l'autre: "Vecy ung mal tirant!
Qui il ataint a cop, il n'a de mort garant!"

XLIII

Moult fu grant le bataille es prez soulz Aquiton.
Fierement se deffendent ly .xii. conpaignon;
Mallement en avint au duc Jan d'Alanson. 1545
Ogier de Danemarche leur ochist Danemon,

Ung trayteur mauvais de fel opinion,
Puis aprez leur ochist de Viane Simon.
Et Naimez de Baiviere leur ochist Salemon,
Et Tery l'Ardenois, Amaury le Breton, 1550
Et Berart a ochis Antiame d'Avallon;
Estous le fil Eudon en a ochis foison.
Ne say c'on vous en voist alongant le canchon:
Moult bien s'i sont porté ly .xii. conpaignon;
Mout ont ochis dez gens duc Jehan d'Alanson 1555
Dont il ot a son cuer anoy et marison.
A le bataille vint a coite d'esporon;
A haute vois s'escrie, ly trayteur fellon:
"Ou estez vous allez, Rollant le niez Charlon?
Encuy serez pendu et tout vo conpaignon!" 1560
Rollant prist une lance quant oy le raison,
Et s'afique ez estriers du destrier aragon,
Et abaisse le lance o fer d'achier enson;
Et Jehan vint vers luy appoingnant de randon;
Sy fermement se fierent ambedoy ly baron 1565
Que ly espiel briserent s'en vollent ly tronchon,
Et Jehan reversa du destrier aragon.
Quant Rolant vit a tere duc Jehan d'Alanson,
Adonquez l'aherdy par le hyamme amon; 1569
Ja ly trenchast la teste par dessous le menton [C132v]
Quant a rescoure vinrent maint chevallier de non;
A Rolant le tollirent ou il vosist ou non.
Quant Rollant l'a veü, ne ly fu mie bon.
Il hauce Durendal dont a or fu ly pon;
Ung trayteur fery qui Giramme ot a non. 1575
Sy grant cop ly donna sus le hyamme reon
Que tout le pourfendy dessi jusc'au menton.
Aprez leur a ochis Clarenbaut d'Avallon,
Et Erquenbaut de Luquez et son frere Floron:
Encontre Durendal n'a nulluy garison. 1580
Cilz d'Alanson s'escrient: "Vecy ung mal glouton!
Dyable l'amenerent en cestuy region!"
Leur singneur en apellent si l'ont mis a raison:

1568 vit] vint.

JEHAN DE LANSON

"A non Dieu, sire dus, ja ne vous mentiron;
Nous ne poons souffrir ce grant estour fellon. 1585
Envoiiez ung mesaige a bourgois d'Alanson
Qu'il vous viegnent secoure a force et a bandon,
Et se vous ce ne faitez, sachiez tous noz moron.
Grang damaige nous fait Rollant le niez Charlon,
Ly .xii. per ossy qui sont sez conpaignon; 1590
Aussi fait Ysoré, qui ait malaychon.
Il ont mort de ta gent assez et a foison".
Quant duc Jehan entendy lez moz que dit li on,
Esramment apella ung chevallier de non:
"Allez", ce dist ly dus, "Gautier de Besenson!" 1595
Et cilz a respondu: "A Dieu benaychon!"
Tantost s'en est tournez a coyte d'esporon;
La nouvelle conta au bourgois d'Alanson.
Quant ly bourgois l'oyrent, ne firent lonc sermon;
Il coururent as armez; lez cloquez sonna on. 1600
Et quant furent armet ly bourgois de renon,
Issu sont de la ville a force et a bandon.   [C133r]
.V. mille sont armé, cescum sur l'aragon;
Maint en y ot qui portent machüez ou baston
Et grant hachez ossy qui trenchent de randon, 1605
Et sonnoient businez et grant cor de laiton
Que cilz de la bataille en oïrent le son.
Lors apella Ysoré et Rolant et Naymon
Et dist: "Jou os grant noise et grant cri et grant son;
Il vienent au secours duc Jehan d'Alanson. 1610
C'est le commun, je croy, de le cyté de non.
Se nous demorons cy, grant damaige y aron,
Et nous poroit tourner a grant perdision".
Quant no baron l'entendent, se furent en frychon.
"Singneur", dist Ysoré, "oiiez que nous diron: 1615
Vez ycy une tour sur l'yauwe d'Aquiton;
Ung gaiiant le fist faire a sa devision.
La tour si siet sur l'yauwe et ly mur environ,
Elle ne crient assault le monte d'un bouton.

---

¹⁶⁰² a force] afforce.

Par la passent lez nez qui vienent a Lanson 1620
Qui mainent la vitaille dont il ont garison.
Se nous poons tant faire qu'en celle tour fuisson,
Nous seriemez du tout a no sauvasion.
Allomment celle part a coyte d'esporon.
Se vous estez laiiens, franc chevallier baron, 1625
Nous poons bien atendre le secours roy Charlon".
Quant ly vassal l'oyrent, n'y font arestison;
Ver le tour s'en tournent brochant de l'esporon.
Tant furent combatu a Jehan d'Alanson
Qu'Isoré n'avoit plus que .xxx. conpaignon 1630
Que tout ne fussent mors a grant destruision.

XLIV

Ly .xii. per s'en vont tout par le sablonniere.
Se il pevent entrer en la grant tour de piere,
Bien y poront atendre de Charle le grant empire. [C133v]
Mais il aront enchois une bataille fiere, 1635
Car cil d'Alanson vienent a levee baniere
Tant que de leur chevaulz estoit grant ly pouriere.
Et tollirent Franchois le grant voie planiere,
Et si lez ont encloz et devant et deriere.
Et quant Jehan lez voit si coysi la maniere, 1640
N'en vausist point avoir tout l'avoir de Baiviere.
Il broce le cheval qui cuert comme levriere,
Et tint entre sez mains une lance planiere.
Isoré encontra a le hardie chiere
Qu'en maint pesant estour ly ot porté se baniere. 1645
Jehan ly escria: "Fel trayteur losengiere!
Se tu ne fussez ore, tout fussent mis en biere,
Cilz mavais traytour qui malle mort fiere.
De trayson t'apelle faulz trayteur losengiere!"
"Vous mentez!" dit Ysoré. "Vous estez ung lechere, 1650

1620 vienent] vinrent.

Car toudis leur avez moustret belle chiere,
Or lez vollez ochire; c'est fait de mal laniere!"
A ycelle parolle baisse le lance entiere,
Et Jehan le refiert de moult poissant maniere.
Sy grant furent ly cop que donnent ly poigniere 1655
Qu'il sont tout .ii. queüs enmy le sablonniere;
Lors resallent en piez par moult poissant maniere.

XLV

En piez sont rassally ly vassal aduré;
Lez espeez ont trait dont ly pon sont doré.
Fierement se requierent et de grant volenté. 1660
Ja en fust ly ung d'euz par bataille afiné
Quant Allory y vint atout .ii. mil armé.
Quant Allory le fel, que Dieux doint maldehé,
Coysi le duc Jehan a piet enmy le pré,
Adont a haute vois cria a Ysoré: 1665
"Issoré, faulz traytre, or est vo tans finé! [C134r]
Il n'est hom en ce monde qui vous euist tensé
Que je ne vous ochie a mon espiel quaré!"
A ce mot Allory a le cheval hurté
Et abaisse le lance s'a Ysoré frapé 1670
Sur l'escu de son col que tout ly est passé;
A terre l'enversa mez pas ne fu navré,
Et Jehan d'Alanson fu a cheval monté.
Issoré fu a tere qui moult sentoit guesté.
Quant Rollant l'a veü, prez n'a le sens dervé; 1675
As barons escria: "Pour l'amour carité,
En sera dont ainsi no bon amy mené?
A tous lez jour du monde no seroit reprouvé
S'ensement le laissons et en sommez allé.
Mez par celluy singneur qui tout [a] estoré, 1680
Il sera de par moy garandy et tensé
Se devoie morir a deul et a griefté!"
Rolant tint Durendal don le pon fu dorré,
Et si ot son blason devant son pis fremé.

Le cheval retourna de lie volenté; 1685
Es traytour se fiert de grande volenté;
Mais chou ne ly vally ung denier monnaé,
Car Ysoré fu pris et ariere remené
Dont il fu en son cuer forment desconforté;
Jesus Crist reclama, le roy de magesté. 1690
Atans es Allory qui c'est haut escrié:
"Ou est ly niez Charlon qui tant nous a grevé?
Huy a ce jour sera a mon branc decopé!
Rollant, vien contre moy! je l'ay moult desiré!"
"Par mon chief", dist Rollant, "il vous est acordé!" 1695
Lors ly court sus Rollant qui tint le branc lettré;
Sy grant cop ly donna que tout l'a estonné,
Et puis se l'aprocha; a ung poing l'a combré. [C314v]
Par le nasal de l'elme le tint par tel fierté
Et ly dist: "Faulz traytre, vous estez atrapé! 1700
En le Tour au Gaiiant serez o moy mené;
A ung gibet sera vostre cors estranglé
Ou despit de Jehan d'Alanson le dervé!"
Dont s'en tourna Rolant; Allory a mené
Dever le noble tour ou bon gré ou maugré. 1705
Tant ont fait ly baron qu'en la tour sont entré,
Puis leverent le pont et sont amont monté.
Et le duc d'Alanson demora en ou pré
Qui estoit en son cuer courouchiet et yré,
Et jura Dammedieu et sa sainte bonté 1710
Qu'il ne retournera pour homme qu'il soit né
Sy ara pris le tour tout a sa volenté
Et ly barons oussi qui sont dedens entré.
Trestous lez fera pendre; nulz n'en ert escapé.
N'en prenderoit tout l'or de le crestieneté: 1715
Ainsi disoit Jehan d'Alanson le freté.
Et no baron si furent sus en la tour monté;
Dolant sont a leur cuer pour l'amour Ysoré.
"Singneur", ce dist Rollant, n'en soiiez dementé.
Le desconfort n'y vault ung denier monnaé, 1720
Car Dieux nous secoura, le roy de magesté,

Et ossi fera il le vassal Ysoré.
Or nous est bonement ly bon tans recopé,
Et se sommez trop loins de France le regné
Et du roy le mien oncle qui tant a de fierté. 1725
Nous ne poons ysi lon tans avoir duré,
Se vous diray pour coy, se il vous vient a gré:
Nous n'avons cheens ne pain ne vin ne blé.
Ce mal et ce mesquief ou nous sommez bouté, 1729
Ce nous a pourcachié Allory le dervé".   [C135r]
Ensement dist Rollant qui moult est ayré.
[A]Allory court sus; par ung bras l'a combré;
Ensus de luy le gette .xii. piez mesuré,
Puis saisi ung baston qu'en se voie a trouvé;
Tez .iiii. coz ly donne prez ne l'a assommé; 1735
Le sanc vermel ly est par le bouce coullé.
Allory bret et crie qui ot mal a plenté;
Ja l'euist Rollant mort quant il ly fu osté.
"Rollant", ce dist duc Naimez, "soiiez vous avizé:
Laissie[z] le encore vivre; il en a a plenté, 1740
Se sarons se pour luy nous seroit delyvré
Ysoré le courtois, qui tant nous a amé.
Pour ly ravoir, gardrons ce traytre prouvé".
"Volentiers", dist Rollant, "puis qu'il vous vient a gré".
Atant le laissa coy Rollant ly aduré; 1745
Mais trop mieux ly venist adont l'avoir tué,
Car ainchois que ly jour si se soit ajourné,
Leur poroit bien tourner a grande cruaulté.
"Basin", ce dist Rollant, "ce traytre garde[z]".
"Sire", ce dist Basin, "a vostre volenté". 1750
Atant ez vous la nuit et le jour est allé.
Le duc Basin de Gennez isse de la freté;
Damedieu le conduye qu'i[l] ne soit ravizé,
Et si gart Ysoré qu'i[l] ne soit affollé;
Mais qui Dieux veult aidier, toudis est bien sauvé. 1755
Or oiiez de Basin le noble duc sené
Qui Jehan d'Alanson avera encanté:

---

¹⁷⁴⁰ Laissiez le] Laissielle.

XLVI

Basin ist de la tour quant la nuit fu serie.
O luy ne porta armez ne espee fourbie,
Ains s'est bien escourchiet son bliaut de Surie. 1760
Son viaire a froté d'errement et de siewie [C135v]
Adont devient harlé con paumier de Surie.
A guise de laron s'en va ver l'ost banie;
Souvent gaite entour luy et regarde et espie.
Singneur, or escoutez, que Dieu vo benaye, 1765
Quon Dieu ly fist secours et confort et aïie:
Ung paumier a trouvet en une praiierie
Qui venoit de Saint Jaque, la tere enermie.
Esclavine ot vestue et esquerpe jollie,
Et quant Basin le voit, se dist: "Dieu vo benie!" 1770
Son carnin commencha Basin a celle fie;
Le paumier s'endormy qui ne respondy mie.
Quant il fu endormis, Basin ne se detrie:
L'esclavine ly oste que cilz avoit vestie,
Lez sorlez et l'esquerpe, ce ne ly laissa mie. 1775
Basin prent l'esclavine, erramment l'a vestie,
Et l'esquerpe ensement en son col l'a lanchie,
Puis a pris le capiel que mie ne l'oublie.
Et quant fu abillié tout a se commandie,
Il laissa le paumier enmy le praiierie 1780
Et puis s'en est tournez par une voie antie.
Mais ung petit aprez leva une grant pluie,
Et l'encant de Basin fally a celle fie.
Ly paumier s'esvilla et sault sus d'esquillie.
Quant il se voit tous nus, touz ly sans ly fremie. 1785
"E! Dieux", dist ly paumiers, "dame sainte Marie!
Qui m'a cy desrobé! Vecy encanterie!
Laron ont cy estet! Ay! vray Dieux, aye!"
Sy grant noise mena le paumier celle fie
Que ly ost de Jehan en est toute estourmie; 1790
Tout cuerent celle part pour vir que c'est qui crie;

---

¹⁷⁹¹ cuerent] ceurent (*cf.* cuert 1642).

54 JEHAN DE LANSON

Le pelerin trouverent qui menoit laide vie. [C136r]
Quant il le virent nut, il n'en font que moquerie,
Et dist ly uns a l'autre: "Je croy par sainte Elie
Que cilz soit enyvrez, le cor Dieu le maudie;   1795
Il avoit dehors l'ost pris se hesbergerie!"
Ensi le vont gabant, cescun le contrealie;
Ne ot el le paumier for que leur moquerie.
Et le paumier menoit une moult laide vie;
De ce qu'il ot perdu, forment pleure et larmie;   1800
De la s'en va plorant et forment luy anuie.
Or diray de Basin que Jhesu benaye:
Basin a tant esré, que de riens ne s'oublie,
Par ung cemin couvert delez une feuillie
Qu'il vint o tref Jehan ou ly or reflambie.   1805
O mengier fu assis et soupoit celle fie;
Avecque luy avoit moult noble baronnie.
Atant ez vous Basin qui Jhesuz benaye:
Sur son bourdon s'apoie s'a le ciere abaissie;
Il a clugniet ung oyl et l'autre euvre a moitie;   1810
D'une hanque clochoit et de l'autre s'apuie.
Ou que il voit Jehan, se ly a dit sans detrie:
"Cilz sire Dieu vous doint santé et bone vie!
Donnez moy a mengier, biau sire, je vous prie".
"Volentiers", dist Jehan, "se Dieux me benaye.   1815
Par ytel couvenant te l'aumonne baillye
Que Dieux maudie Charle et toute se maignie,
Et Rolant son neveult que mon cors n'aime mie,
Et Berart et Richart le duc de Noirmendie,
Et Ogier et duc Naimez a le barbe florie,   1820
Et Tery l'Ardenois qui est de grant lignie,
Et Basin le baron, qui ne vault une aillie,
Qui m'enbla mon tresor en France le garnie,
Tout droit en Biauvoisins, celle tere jollie,   [C136v]
Et m'en fally venir a petit de maignie,   1825
Et petit despens faire dont j'oz le ciere yrie.
Pleuist a Jhesu Crist, le fil sainte Marie,

---

¹⁸¹⁶ te] tez.

Que il fust delez toy; il ne m'escaperoit mie.
Tantoz le penderoie nel garandiroie mie,
Car n'est si fort prison que le puist tenir mie". 1830
"Sire", ce dist Basin, "Jhesu vous benaye
Et vous tiegne en santé et vostre baronnie,
Et me veulle garder Dieu et sainte Marie
De Basin le laron, qui tant a fellonnie,
Qu'i[l] ne soit encontré de moy jour de sa vie. 1835
Une fois l'encontray ou chemin vers Pavie;
Sy forment m'encanta par se losengerie
Que me couchay dormir enmy ung praiierie.
M'esclavine m'osta, le cors Dieu le maudie,
Et .x. livrez dedens que j'avoie a hasquie 1840
Espargniet seurement en demandant ma vie.
Pleuist a celluy Dieu qui tout a en baillie
Qu'i[l] fust ychi endroit en vo tente jollie!"
Adont huca Jehan son cambrelenc Elye:
"Elye", dist Jehan, "fay tost et sans detrie: 1845
Fay seoir ce paumier qui Jhesu benaye,
Et ly donne a mengier, c'est de me commandie,
Et se ly donne oussi du bon vin sur lye".
"Volentiers, sire dus", ce respondy Elie.
Adont s'asist Basin en le tente jollie; 1850
Assez ot a mengier tout a se commandie.
Duc Jehan ly envoie se viande rostie
En ung biau plat d'argent qui fu d'euvre pollie.
Et quant il ot beüt tout a se commandie,
Il regarde entour luy et se teste tournie. 1855
Il voit biaucop de gens et puis si estudie.
Il regarde Ysoré qui fu a grant hasquie [C137r]
Fremé a ung postiel et en kainne lachie,
Et quant Basin le voit, moult forment luy anuie.
Bassin ly a fait sine qu'i[l] ne s'esmaie mie. 1860

---

¹⁸³⁰ que le] quelle. — ¹⁸⁴⁷ donne] donnez.

XLVII

Or est assis Basin ou mestre pavillon,
Et le fist bien servir duc Jehan d'Alenson.
Et quant orent mengiet ly chevallier baron,
Lez napez ont osté escuiier et garchon.
Bassin avoit mengiet et but a grant foison.   1865
Bassin a regardé duc Jehan d'Alanson;
Jehan s'en aperchut se le mist a raison,
Et puis ly dist en hault que bien l'entendi on:
"Paumier, que tu m'esgardez, y a il se bien non?"
"Nanil", ce dist Basin, "sire duc d'Alanson.   1870
Mais vous diray pour coy regardé vous avon:
Ains ne vy si bel home par le cors saint Simon.
Que vous estez biau, sire! pour chou vous regardon.
Vous estez trop plus bel que n'est le roy Charlon!"
"Par saint Pol", dist Jehan, "paumier, tu ez preudon!   1875
Volentiers te regarde dedens mon pavillon.
Dittez de vo nouvellez; volentiers en oron".
"En non Dieu", dist Basin, "assez vous en diron:
De Jherusalem vieng, du temple Salemon.
Veü ay le sepulcre de le [Re]surexion,   1880
Et le mont de Calvaire et lor Saint Simion.
Puis m'en revins a Romme pour avoir le pardon,
S'ay estet a Trois Rois pour faire m'orison.
Et puis passay l'Ardenne se vins a Monlaon;
La estoit Charlez de France, qui tant ot de renon,   1885
Qui assambloit sez os pour venir a Lanson.
Pour ce prin ge me voie, ja ne vous mentiron,
Decha pour vous conter trestoute le fachon
Affin que ne soiiez souspris du roy Charlon".   [C137v]
"Par ma foy", dist Jehan, "tu aras rice don!   1890
Ne ses tu point nombrer le maignie Charlon?"
"Sire", ce dist Basin, "ne vous en mentiron:
Il sont bien .c. mil hommez en ung establison".
Et Jehan respondy: "Je n'en donne ung bouton!

---

¹⁸⁷⁸ En] Et.

JEHAN DE LANSON

Je feray effondrer mon tresor d'Alanson, 1895
Et mandray saudoiiers a force et a bandon.
Tant de gent averay a bien courte saison
Qu'i[l] seront .iii.c. mille montez sur le gascon!"
Ce que Jehan parolle a Basin le baron,
Ou tref duc Jehan avoit ung Bourguignon. 1900
Robeour ot esté ou royame Charlon;
Entre luy et Basin si furent conpaingnon,
Mais Basin luy ochist ung sien cousin Foucon
C'onquez il ne fut fait pais ne acordison.
Singneur, ycheuz vassaulz de coy nous vous parlon, 1905
Pinars fu apellé en celle region;
Son mestier ot laissiet, as armez fu preudon.]
Il reconut Basin au vis et au manton; [A1r]
Il corut vers le duc sel pran*t a raison*:
"Faites moi escouter, riche dus de Lançon: 1910
Cil dit qu'il est paum*iers* et vient de Pré Noiron;
Il vos mant, li lechierres! Il n'a si fort larron
De la ou il fu nez jusqu'au mont Ession!
Ce est li dus Basins des .xii. pers Charlon!
Se je ne vos di voir, demain me pande *on*!" 1915
"Par mon [chief]", dit Basins, "lechierres, ce su*i* mon!"
Il est sailliz an piez si saisi son bordon;
Par mi le chief cuida consiurre le gloton,
Mais li gloz se ganchi si feri *D*anemon
Que mort le trestorna par desoz un *l*eison, 1920
Et li dus lor escrie: "Que faites vos, baron!
Se cis gloz nos eschape, jamais joie n'aron!"
Dont fu Basins saisis antor et anviron;
Les piez li ont lïez et les poinz par an son.
"Segnor", ce dit Jehans, "hu[i]meis le garderon, 1925
Et demein par matin la vangence an panron".
Dont furent mis ansanble andui li conpeignon:
Se Damedex n'en pense, par son seintisme non,
Demein avra el col chascuns le chaegnon.

[1806]{.sup} a force] afforce. — [1908]{.sup} Basin au vis et au manton] *retouched by another hand but verified by* C. — [1913]{.sup} De] Del. — [1916]{.sup} chief] *written in margin by another hand.* — [1919]{.sup} *After* C Danemon. — [1920]{.sup} *After* C leson.

XLVIII

Isorez et Basins sont ansanble lïé; 1930
Andui sont d'unes buies fermé et ataichié:
Ja ne se croleront *dont e*stoient lïé!
"Basin", dit Isorez, "mal avez esploitié!
Se nos tant somes *l*ïé que il soit esclarcié,
Andui serons pandu *et* a la mort jugié". 1935
"Isorez", dit Basins, "ne soiez esmaié;
Ge vos chermerai si ainz qu'il soit anuitié".
"D*iex nos en a*ïst, sire!" Isorez respondié.   [A1v]

XLIX

L*i franc* baron se dotent, car lor morz est jugie.
Li conte sont lassus an la grant tor antie 1940
Et atendent Basin que il lor face aïe.
Or puent jeüner jusqu'a l'aube esclarcie,
Que par Basin le conte ne mangeront il mie.
Oez con Dex lor fu cele nuit en aïe:
Contreval Aquiton venoit une galie 1945
Qui portoit a Lançon vitaille et menantie:
De char fresche et salee i avoit grant partie,
Et pain cuit, et fromaiges, et vin claré sor lie.
Quant li baron la voient, se ne s'atargent mie:
A la galie saillent trestuit a une hie; 1950
Ou il veillent ou non, a lor port l'ont saichie.
La nuit font li Fran[ç]ois riche cort anforcie:
Devant Rolan alument grant feu la baronnie;
De la clarté del feu la tor an reflanbie.
Bien ont garni la tor cil qui l'ont an baillie. 1955
Li dus Jehanz antant la noise et la bruie,
Dit a ses chevaliers: "Cil ne me doutent mie!

[1932] *Appears in MS after* 1937; dont] *conjectural restoration.* — [1934] e *of* lïé *retouched.* — [1935] a] *retouched.* — [1938] *Conjectural restoration.* — [1939] *Conjectural restoration.* — [1955] qui l'ont] quil lont.

Ja n'ont il que mangier, chaitive jent mendie,
N'i mangeront de pain, par Dieu le fil Marie,
S'il ne m'ont ainz la tor delivree et voidie!"   1960
"Sire", dit uns vallez, "vos parlez de folie.
Ge vi hui an la tor une nef recuillie,
Et de vitaille estoit molt richemant garnie".
"Par mon chief!" dit li dus, "ne lor vaut une alie
Que ne m'en partirai tant que l'arai perie!"   1965

L

La nuiz fu bele et clere, et li ers fu seriz;
Tuit se dorment par l'ost cil chevalier de pris.
Basins ot tant beü qu'ivres fu*st andormiz*.   [A2r]
Isorez l'esvegla si li a dit: "Amis,
Se ne vos porveez ainz qu'il soit esclar*ciz*,   1970
Tuit seromes destruit, afolé et ociz".
"Sire", ce dit Basins, "n'en soiez ja pensis".
Li dus s'est abaissiez si geta ses sorcis:
Li annel et les bu[i]es se sont tuit dessarti*s*,
Et les meins si deslient si est an piez sailliz.   1975
"De Dieu", ce dit Basins, "soit beneïz Baudris,
Mes meistres de Tolete qui m'a ces cherme apris!"
Isorez deslia des bu[i]es ou fu mis,
Puis viennent as estables si ont .x. roncins prins,
Et .x. destriers d'Espaigne qui furent de haut pris,   1980
Et an portent espees et branz d'acier forbiz.
Mais ainçois que il fussent enz el chastel remis,
Durent estre François an la tor malballis.
Leianz furent cochié li prince et li marchins;
Assez orent beü et faiz de lor deliz.   1985
N'i ot celui de toz que ne fust andormiz
Ne mais tot solemant li traïstres Aloriz
Qui les poinz et lez piez avoit an bu[i]es mis.
Tant a trait et tiré, et tant s'est bien porquis,

---

¹⁹⁶⁸ *After* 1986 fust andormiz.

60 JEHAN DE LANSON

Qu'il se fu desliez de la ou il fu mis. 1990
Voit les barons dormant par le palais voutis;
De la joie qu'il a, [il] a geté .i. ris
Et dit antre ses denz qu'onques ne fu oïz:
"Hee Rolan! li niés Charle, or iés tu antrepris!
Ja ne manjerai mais tant que tu soies vis, 1995
Et por la toe amor toz les autres ocis!
Tant me batis ersoir a[i]ns que jorz fust fenis
Qu'ancor en est sanglanz mes bl[i]auz de samiz;   [A2v]
Jamais tant con je vive n'iert jorz ne m'en soit pis.
Damedex me maudie s'or n'en est li troiz prins!" 2000
Il saisist Durandart au costiaus d'acier bis;
Le branc jeta del fuerre, molt fu maltalantis,
Et vint droit a Rolan dolanz et agremiz.
Il regarda le duc qui si ot fier le vis;
Ne l'osa adeser, li cuers li est failliz, 2005
Et panse s'il l'esvoille, dont seroit il honiz.
Lors panse qu'i[l] panra les branz d'acier forbiz
Si s'en ira au duc sel fera panre vis.
A icele parole a toz les branz saisiz:
Durandart, Hauteclere, Cortein au pont massis, 2010
Et totes les autres: qu'en feroie devis?
Toz les anble li lerres, a son col les a mis;
Puis s'en vi[n]t au degrez, au devaler s'est mis;
Mais n'ira gaires loing si ert mal antrepris.

LI

Aloriz li traïtres est aval descenduz, 2015
Damedex le confonde qui el ciel fait vertuz.
Les .xii. pers leissa dormanz toz estanduz
Si an porte a son col les brans d'acier moluz.
Atant ez Isoré et Basin qu'est venuz,
Et tiennent an lor poinz .ii. branz d'acier toz nuz: 2020
Ja sera Aloris malemant receüz.

---

²⁰⁰⁵ adeser] adesez. — ²⁰¹³ devaler] devalez.

"Qui estes?" font il; "vos iestes retenuz!
Ces brans avez anblez; vos an seroiz panduz!
Aloris li traïstres, vos iestes deceüz;
Ceianz vanroiz o nos tant que jor soit parus.   2025
Comant vos iestes vos partiz de cez lassus?
Au departir, ce cuit, seroit tuit irascuz".
Quant ce vit Aloriz qu'il seroit retenuz,   [A3r]
Il geta jus les brans, au meglor s'est tenuz;
Ce fu a Durandart dont li ponz fu forbuz.   2030
A douis poinz l'enpoigna, contre aus est venuz,
Et jure Damedieu qui el ciel fait vertuz
Que toz li premereins, s'il est bien conseüz,
De ci que el cervel sera dou brant feruz.

LII

Aloriz voit la mort qui li va aproichant;   2035
Il a trait Durandart au pont d'or flanboient.
Isorez et Basins chascuns tint nu le brant;
Au felon traïtor corent de meintenant,
Et cil giete antor lui; bien se va deffandent.
Tant le vont li baron aus espees chacent   2040
Qu'Aloris cheï jus par dejoste .i. estant.
La li tolent l'espee et l'en mainent atant
Et redrecent le pont a chaene pandant.
Ancor truevent François sus el palais dormant,
Mais Rolanz li niés Charle s'esveilla tot avant,   2045
Et cil li ont conté trestout le covenant,
Qu'Aloris s'en aloit, a quel guise, et commant.
"Par foi!" ce dit li dus, "ja n'ira mais avant!
Panduz soit li tra[ï]tres orandroit maintenant!"

LIII

Alori ont seisi li .xii. per de France;   2050
Ça defors l'amenerent au pont soz une branche.
Au pin devers le pont sor l'eve de Valance,

La pandent le glouton a la plus maistre branche.
Les iauz li ont bandeiz dou *mouflon* de sa manche,
Et li vanz qui fu granz tote nuit le balance. 2055
La nuiz est trespassee et li j*ors se* ravance,
Dont se lievent par l'ost sanz nule demorance;
Au duc Jehan noncierent ceste grant mesestance. [A3v]
Quant il l'a entendu, au cuer ot tel pesance,
S'il tenist an sa mein un costel par le manche, 2060
Ja l'en ferit li dus el cors par mi la pance.
"Ahi! niés Alori, con dure desevrance!
Que mar venistes mes del reiasme [de] France!
Mort vos ont li gloton! Diex nos an doint vangence
Tel qu'il an soient mort et mis an la balance! 2065
Hee! con estiez preuz et de grant sapience!
N'avoit tel conseglier el roiaume de France!
Aportez moi mes armes, mon escu et ma lance,
S'asaudrons cele tor par molt fiere puissance!"

LIV

"Segnor", ce dit Jehanz li sires de Lançon, 2070
"Faites mes prisonniers amener a bandon;
De la mort Alori voel panre vangison.
Amenez me Basin le soudoiant larron,
Isoré de Marsoile le traïtor felon,
Si soient ci pandu devant mon pavellon!" 2075
"Sire, n'en avez nus", ce dit li fiuz Huon;
"Lor buies ont brisiés et robé ta meison,
Et destriers et roncins an meinnent a foison.
Par nuit s'en sont fui quant nos nos dormion".
Comme Jehanz l'antant, si escrie a haut ton: 2080
"Sonnez tot mes buisines et ces cors de laiton
S'asaudrons cele tor a fiere contançon!"
Dont oïsiez grant noise et grant bruit et grant ton,

[2054] mouflon] mon..lon. — [2063] Que] *conjectural restoration;* de] *superscript by another hand.* — [2077] brisiés] buisies.

Et contreval cel o[s]t adouber maint baron,
S'asaichent cele tor antor et anviron, 2085
Et cil dedanz lor gietent et quarel et moulon.
"Segnor", ce dit Rolans, "franc chevalier baron,
Con avons nos proesces laisiés an nos meison! [A4r]
Qui la fors n'en istra, ja n'ait s'ame pardon!"
Lors s'an sont fors issu li .xii. conpegnon: 2090
La puissiez veoir molt ruite chapleison.

LV

A la Tor au Jaiant furent li chaple fier;
Sor le pont par devant furent noz chevalier;
Qui lor veïst quarriaus et piex aguz lancier!
S'il vit onques asaut, bien poïst afichier 2095
C'onques an nule terre ne vit on si plenier:
Tote jor a duré desci qu'a l'anuitier.
Uns des sers de Lançon ont pris noz chevalier,
Adonques se retraient et font le pont drecier.
Sus an la tor an meinnent François lor prisonnier; 2100
Grant peor a de mort de la teste tranchier.
Et Jehans commanda [son ost] eschergaitier.

LVI

François ont lor prison an la tor amené,
Et Rolan li niés Charle l'en a araisoné:
"Vasauz, qui estes vos? Dites nos verité". 2105
"Sire, je sui de Lançon la mirable cité".
"Amis", ce dit Rolanz, "qui garde la ferté
Et le maistre donjon? Ne me soit pas celé,
Et se voir ne me dites, le chief aroiz coppé!"
Cil a peor de mort de la teste tranchier; 2110

---

²¹⁰² son ost] *in another hand replacing an erasure.* — ²¹⁰³ prison] prisoni.

Volantiers parleroit s'il pooit a son gré,
Car il ne garde l'ore que il l'ait afolé.
"Sire, jel vos dirai, mar i ara douté:
Il la garde uns prevoz c'on apele Averé;
N'en a pas .xxx. o lui, ce cuit par verité.   2115
Tuit sont venu an l'ost, car *li dus l'ot mandé*".
Come Rolanz l'antant, s'a le chief ancliné;
D'une molt grant lieue n'a il .i. mot soné,   [A4v]
Puis redreça son chief s'a François regardé.
"Sire", dit Olivier, "dites vostre pansé".   2120
"Volantiers", dit li dus, "par Dieu de maieté.
Qui cel riche chastel que l'an a tant loé
Porroit panre et saisir et avoir conquesté,
A toz jorz an seroit et prisiez et loez:
Bien poroiens Charlon atandre et son barné".   2125
"En non Dieu", dit Ogiers, "vos dites veritez!"
"Segnor", ce dit dus Naimes, "or vos ai escouté:
Bien le porriens panre, s'il nos est destiné,
Par mervegleus angin que je ai porpansé:
Nos avons .i. chalant a cel port arivé;   2130
Veez ci le maronier que Diex nos a doné,
Et cil nos conduira qui bien set la cité.
Et nos .xii. serons fervestu et armé;
Soz les chapes seront li hauberc andossé.
Et Rolant mon segnor, se il li vient a gré,   2135
Coucherons an litiere coiemant a celé;
Par desus le hauberc l'arons si afublé
Que ja n'i parra arme ne encoste ne an lé;
Puis li arons le chief molt richemant bandé,
Et li metrons soz lui son boen branc aceré.   2140
Au chastel an irons coiemant a celé
Si dirons: 'C'est Jehanz que Rolanz a tué',
Si an plorra li uns quant l'autre avra crié,
Li tierz ait son bliaut ronpu et desiré.
S'el chastel de Lançon povons estre bouté,   2145

---

²¹¹⁴ apele] apelez. — ²¹¹⁵ N'en a] Nen na. — ²¹¹⁶ *After C* Jehan lez ot mandé. — ²¹²¹ A] Et. — ²¹²⁷ escouté] esconte.

Jamais li dus Jehanz n'i avroit herité,
Puis manderons Charlon s'asaudra la cité".
"Sire", ce dit Rolanz, "molt avez bien parlé! [A5r]
Charlemeines mes sire n'a mie meserré
S'il vos a fait an France son conseglier privé; 2150
Ainz plus saige de vos n'ot an crestienté".

LVII

François ont lor galie amenee el regort;
Rolant ont couchié qui fu de grant confort,
Et molt bien l'ont covert d'un drap de sime fort,
Joste lui Durandart, qui fu roi Licanort, 2155
Puis l'a conquist Rolanz an l'estor grant et fort.
"Segnor", ce dit dus Naimes, "ainssi con je recort,
Ne vi ainz que je saiche an biere si biau mort!".

LVIII

Or s'adoubent François sus el palais li[s]té,
Et cheva[u]s et hernois ont tot mis an la nef, 2160
Et li estrumanz naige s'a le sigle apresté.
Tant corurent la nuit o le ciel estelé
Qu'il vinrent a Lançon cele boene cité.
Souz le chastel an vinrent si se sont escrié:
"Ahii! dus de Lançon, quel duel! quel cruauté 2165
De Rolan le niés Charle qui vos a mort geté!
Que feront li baron qu'aviez tant amé!
Qui donra mais a home ne chastel ne cité!
Ha! con estiés dus de grant nobilité!"
La gaite dou chastel a tot ce escouté; 2170
Del grant duel que il a, a tout le sanc mué
Puis qu'il ot de la mort de son segnor parler.
An la vile este venuz si a le cri levé:

[2153] couchié] conchie. — [2165] cruauté] cruante.

"Segnor, que dormez vos? Mar vos est ancontré!
Ja nos hont li François le duc Jehan tué! 2175
Veez la defors la biere; je l'ai bien escouté!"
Cil dedanz l'antandirent; tuit furent effreé.
Il saillirent an piez; tuit furent abosmé; [A5v]
Onques n'i demanderent hauberc n'escu li[s]té.
Li prevoz vient devant qui gardoit la cité. 2180
N'i a celui son vis n'ait de duel esgreté,
Mais jusqu'a po seront plus dolant et irié.

LIX

Rolan li niés Charlon, li boen vassal prisiés,
De la nef sor ce pont fu mis et deschergiez.
"A itant mar i fustes Jehanz, biax sire chiers! 2185
Qui donra mais a home chastel, terre, ne fiés!
Vos nos donniez, sire, palefroiz, et destriers,
Et robes, et chevaus, et argent, et deniers!
A grant tort vos a mort Rolanz li Charle niés!"
Come Rolans l'antant, s'en a ris volantiers. 2190
"Ahii! Naimes", dit il, "con iés bien ansegniez!
Damedex nos secore, de nos est grant pitié!"
Atant ez le prevot, s'est li pont abaissiez,
Et li serjent aprés; lors fu li diax molt griés.
Uns d'ax se noient; lors fu li diax pleniers. 2195
Adonques fu Rolanz de .c. parz anbraciez;
Par po qu'il ne lor a toz les chiés tranchiez.
Cil an portent la biere contremont les planchiers,
Et Naimes vint derriere si a le pont dreciez,
Et Rolanz li niés Charle en est sailliz an piez: 2200
"Ferez! franc chevalier, ne vos an aitairgiez!
Li chatiax de Lançon est prins et gaaigniez!
Jamais n'i anterra Jehanz li renoiez,
Ains sera Charlemeine delivrez et bailliez!"

---

²¹⁷⁶ escouté] esconte. — ²¹⁸³ prisiés] prive. — ²¹⁹⁵ Uns] Nus.
²¹⁹⁸ portent] portient.

Quant cil ont antandu, chascuns en est iriez, 2205
Et li nostre François ont tot les branz sachiez.
Le prevost et ses homes ont toz les chiés tranchiez
Qu'il en ont .xv. ocis et detranchiez, [A6r]
Et li autre saillirent es eves et es biez.
En Aquiton sailli li prevoz a joinz piez; 2210
L'eve fu granz et roide, la dedanz fu noiez.
A molt petit de terme fu li chasti[a]x voidiez.
Par la cit de Lançon fu li criz anforciez;
Au pont devers le port en ot bien .v. milliers,
Et asaillent et traient comme gent molt iriez; 2215
Mais ce ne lor valt mie vaillisant .ii. deniers.
Parfonde est Aquiton, li chanieus et li biés;
Icil qui i sailli fu meintenant noiez.

LX

Molt furent li François corageus et vallant
Qui ont prins de Lançon le chastel reluisant. 2220
Naimes an apela Olivier et Rolant:
"Baron, desarmez vos! Je vos di et creant
Que nos avons chastel fort et boen et tenant.
Nos ne dotons ceianz ne roi ne amirant
S'iert venuz Charlemeines qui nos fera garant: 2225
Mander le couvandroit par mesaige creant."
"Voire", ce dit Ogiers, "mestier an avons grant".
A itant l'ont laissié jusqu'a l'aube apparent.
Li dus qui fu a l'ost a la Tor as Jaianz
Fait soner ses buisines et ses cors d'olifant, 2230
Puis fist son banc crier par l'ost de meintenant:
"Tuit voisent assaillir, li petit et li grant,
Et cil qui an la tor porra antrer avant,
Deus chastiax li donra et de son avoir tant,
Jamais ne sera povres an trestot son vivant. 2235
Cil gloton de lassus sont tuit mu et taisant;

---

²²²⁹ a l'ost a la Tor] an lost an la tor.

68 JEHAN DE LANSON

Se il sont asailli, pris seront maintenant!"
Lors se ceurent armer maint et communalment,   [A6v]
Et montent an la tor li petit et li grant,
Et abaissent le pont a chaenne pendant.   2240
Quant ne truevent nelui, molt se vont merveglant.
"An non Dieu, riches dus", dit li fiuz Galerant,
"François s'en sont alé par deable commant;
Perdu avez Ogier et Naimon et Rolan".
Et quant li dus l'antant, s'en a grant maltalent;   2245
Ne pot un mot soner, tant ot le cuer dolant,
Fors tant que il lor dist: "Cerchiez ces desrubanz
Qu'il ne soient mucié an bois ou an estant!"

LXI

Cil de l'ost sont monté, n'i a nul qui se targe.
Il cerchent la riviere, le pré, et le boscaige;   2250
Quierent les .xii. pe[r]s et le gentil barnaige.
Et dit li uns a l'autre: "Nos querons le musaige!
Li dus nos fait ci querre et folie et outraige!"
A iceste parole estes vos .i. mesaige
Apoignant par mi l'ost sor .i. destrier d'Arcaige,   2255
Et salua Jehan et dit an son langaige:
"Par ma foi, sire dus, or i a grant domaige,
Car François t'ont tolu ton maistre herbejaige;
Rolanz li niés Charlon a saisi ton manaige!
Ersoir a mienuit ne fumes mie saige: 2260
Li .xii. per de France vinrent siglant a naige,
S'orent fait une biere de foile et de ramaige.
Rolan i orent mis la pute gent sauvaige;
Onques ne le sot nus se furent au rivaige,
Se nos firent antendre laissus ou meistre estaige   2265
Que ocis vos avoit Rolanz au fier coraige;
Le pont lor abeisiemes con fole gent musaige.
La nos firent François tel honte et tel damaige   [A7r]

---

²²⁴⁸ Qu'il] Quis. — ²²⁶⁵ meistre] meintre.

Que ton gentil prevost qui est de ton lignaige
Firrent saillir an mer et tot l'autre barnaige: 2270
Ainsi conquistrent Franc ta tor par artimaige.
Se Damedex n'en pense qui nos fist a s'imaige,
Tu i perdras Lançon et tot ton eritaige!"
Come Jehanz l'antant, a po que il n'enraige;
De maltalent qu'il a, chiet pasmez sor l'erbaige. 2275

LXII

Quant Jehans oit le mes, molt fu an grant errance.
"Hee las!" ce dit li dus, "con dure mescheance!
Mon chastel ont saisi li .xii. per de France!
Mais par icel segnor qui partot a puissance,
Ja n'i garra Rolanz; trop panse grant anfance". 2280

LXIII

Li dus oit la novele, dou sanc cuide desver;
De maltalent et d'ire commança a suer.
Il en a apelé Bertran et Aïmer,
Et Galien de Luques, et Hertaut d'Outremer.
"Segnor", ce dit Jehanz, "faites mes cors soner 2285
S'an irons au chastel asaillir et hurter;
Se conquerre le puis par force et anz antrer,
Rolanz sera panduz et tuit li .xii. per!"
Lors oïsiez buisines et cors d'arein soner,
Et paveillons et tantes et chergier et trosser. 2290
François oient la noise et la porre lever,
Et dit li uns a l'autre: "Veez l'ost destraver!
Jusqu'a po nos verroiz asaillir et ruer!
Faites la porte clorre et le pont sus lever,
Se montons an la tor aus batailles garder!" 2295
"Segnor", ce dit Rolanz, "tot ce laissiez ester!

---

²²⁷⁸ Mon] Mont. — ²²⁸³ apelé] apela.

Foi que doi Jhesu Christ qui nos doit governer,
A cest premier asaut voldrai le pont garder!" [A7v]

LXIV

François oient la noise de l'ost qu'est destravee.
"Segnor", ce dit dus Naimes a la barbe meslee, 2300
"Montons an ces batailles et chascuns ait s'espee,
Se lor soit bien la tor chalengie et veé,
Et li ponz soit levez sans nule demoree!"
"Par mon chief!" dit Rolanz, "ja cesti n'iert graee!
La porte sera tote ouverte et deffrainee! 2305
A cest premier asaut voldrai garder l'antree;
Se par le pont perdez vaillisant une danree,
Au repairier an France me soit bien reprovee!"
Et dit li uns a l'autre coiemant a celee:
"Par l'orguel de cest home sera France quassé!" 2310

LXV

"Segnor", ce dit Rolanz, "ne vos esmaiez mie!
Je garderai le pont an non seinte Marie
De par l'anpereor qui France a an baillie,
Et se li dus i antre, ne il ne sa maisnie,
Reprové me soit bien an France la garnie!" 2315
"Sire", font li baron, "Diex vos soit an aïe!"
Lors montent aus batailles et si ont l'ost choisie,
Et li dus Jehanz vient l'oriflanbe drecie;
Droit au chastel s'eslaissent trestuit a .i. hie.
Mais Rolanz li niés Charle a Durandart saichie, 2320
Et a feru si Aumont de Pavie,
De ci que el cervel est l'espee glacie;
Puis lor ocist Hernaut, et Gondret, et Helie,
Et Claranbaut de Luque, et Forque de Melie:
Devant s'espee n'a nule arme garantie. 2325
Et lors vint Olivier a Rolan en aïe,
Li dus Ogiers, et Naimes a la barbe florie.

Li autre sont as murs et chascuns d'ax s'escrie: [A8r]
"Riches dus de Lançon, vis n'i antreroiz mie!
Jamais an ce chastel n'aroiz jor segnorie 2330
Que manderons Charlon a la barbe florie
Qu'il nos viengne secor*re o* sa grant ost bannie!
Menez seroiz an France an la chartre enhermie;
Iluec seroiz juigiez, soit de mort, soit de vie!"
Come li dus l'antant, s'escrie: "La navie!" 2335
La poïssiez veoir tante riche galie;
Anviron le chastel firent grant asaillie,
Mais tot ce ne lor vaut vaillisant une alie,
Qu'en tote une semainne ne abatroient mie
C'uns anfes ne portast s'on li avoit congie. 2340

LXVI

Molt fu fiers li assauz au chastel de Lançon.
Le duc Jehan apelent tuit si meglor baron:
"Riches dus, ce ne vaut vaillisant .i. bouton;
Par trait ne par asaut ja nul jor nel panron!"
Et li dus lor respont: "Nos les afameron! 2345
Sonez tost la retraite; arriere nos treion!"
Et cil si firent tost si laisserent la tençon;
Li dus Jehanz fist randre son meistre paveillon.
Atant ez Malaquin del pui de Nubion;
Ne fu teux anchanterres des le tans Salemon. 2350
Cil vint au duc se l'a mis a raison:

LXVII

"Sire dus de Lançon", ce dit li anchanterres,
"Je sui venuz a toi de molt estrange terre.
Se me viaus retenir o[s]ter de ceste g[u]erre,
Ces François porras panre ses porras mestre an serre. 2355
Meglor larron de moi ne t'estuet il ja querre.
Il n'a huis au palais tant fermé bien ne serre,
Tant sai d'anchentemant que je ne le desserre". [A8v]

LXVIII

"Sire", dit l'anchanterres, "ce sachiez: voz voiant,
Cel palais te randrai a ton commandemant, 2360
Et annuit leissiez a cest commancemant.
G'irai an cel pailais laissus tot coiemant;
De totes lor espees vos ferai .i. present;
Aprés les porroiz panre assez legieremant".
Li dus Jehanz respont: "Amis, a ton talant! 2365
Et ge te di por voir et creant boenemant
Que segnor te ferai d'un riche tenemant;
A bandon te metrai mon or et mon argent".

LXIX

Les paroles laissierent, li consauz est feniz.
Li conte sont laissus el grant palais voutiz; 2370
Bien se sont conreé et si ont faiz lor liz.
"Qui gaitera la tor?" dit Naimes li floriz,
Et Rolanz respondi: "Li riche dus Basins,
Car il est preuz et saiges, coraigeus et hardiz.
Bien set veglier la nuit, ja n'iert point andormiz; 2375
Maint tresor a anblé et maint huis desconfit".
"Voire", ce dit Basins, "par mes grenons floriz,
Ancor sera Jehanz par moi si malbailliz,
Ceianz nos amanrai .x. de ses arrabiz,
Dont nos irons la fors armé et fervesti". 2380
Adonc fu molt Basins acolez et joïz;
Mais ains le jor sera correceus et marriz,
Car l'anchanterres s'est aprestés et garniz.

LXX

L'anchanterre s'an torne qu'il ne s'atarge mie;
Vestu a .i. clavein et prins une cuirie, 2385

[2374] Car] or Con; hardiz] hardez.

JEHAN DE LANSON

Et a prins .ii. costiaus ou duremant se fie:
Aus .xii. pers de France volra tolir la vie.
[En Aquitton se fiert plains de cours d'esquillie;]   [C147v]
Onc ne pot afondrer, tant sot d'anchanterie.   [A9r]
D'autre part est venuz a la rive serie;   2390
La trueve un posterne des le tans establie.
Li lerres la defferme par l'art d'astronomie,
Dedanz le baille antra, la lune fu serie.
Basins fu bien armez, ceinte ot l'espee forbie;
Aus creniaus de la tor s'estut sor l'establie;   2395
Tant ot beü la nuit des vins Jehan sor lie
Que li dus s'endormi: oez quel deablie!
Et li autre se dorment par la sale votie;
Se Damedex n'an panse, mal est l'eure partie!

LXXI

L'anchanterre s'an torne, sus el palais s'est mis,   2400
Et monte les degrez qui sont de marbre bis,
An sa mein .ii. costiaus bien tranchanz, ce m'est vis.
Se Damedex n'an panse, li rois de paradis,
Ancui sera damaige Charlon de Seint Denis.
Li lerres voit les contes leianz toz andormiz,   2405
Bien conut le niés Charle au sanblant et au vis
Qu'il ot et gros et grant, et formé a devis.
Olivier de Vianne jut lez lui, et Tierris,
Berarz de Mont Didier, et Naimes li gentils.
Et tuit li .xii. per gisoient an lor liz,   2410
Et chascuns ot ses armes et son branc lez lui mis
Se mestier an aüssent que chascuns fust garniz.
Quant li lerres les voit, s'en a geté .i. ris
Et a trait le costel; anvers Rolan s'est mis.
Ja l'en eüst feru ou el cors ou el piz,   2415

2388 One verse cut from top of A9r by binder. — 2391 des le tans] del letans. — 2404 damaige Charlon] .K. damaige. — 2409 Berarz] Bernarz.

74 JEHAN DE LANSON

Mais il se porpansa se il l'avoit ocis
Que ses sires Jehanz l'ameroit, ce cuit, pis,
[Et arriere s'en yra se fera sans detris [C148r]
Venir Jan d'Alanson, qui tant par est hardis.] 2419
A icele parole a toz les branz saisis: [A9v]
Durandart, Hauteclere, Cortein au pont massis,
Et totes lor espees: qu'en feroie devis?
Ansanble les lia, a son col les a mis.

LXXII

Li lerres voit leianz le barnaige dormant;
Il saisit lor espees si s'en torne atant. 2425
Il cerche la grant sale et arrier et avant;
Le dus Basin trova sus aus creniax dormant.
Or oez del larron con il fait son talent!
Il a trait son costel qu'il ot boen et tranchant,
Et des grenons Basin a tranchié maintenant; 2430
An sa chauce les met puis s'en torne a itant.
Li guichet de la porte ovri de maintenant,
Et le pont abaissa a cheenne pandant;
Jusqu'au tref son segnor ne prant arestemant.

LXXIII

L'anchanterre s'an torne ne s'est plus atargiez; 2435
Jusque au tref son segnor s'an vint toz eslaissiez.
Les branz as .xii. pers avoit a son col liez;
Son segnor les presente se les a deschergiez.
Jehanz prent Durandart, mervoilles an fu liez.
"Amis", ce dit li dus, "preuz iestes, ce saichiez; 2440
Qatre de mes chastiax tenroiz de moi an fié.
Mais comant i entrastes? de ce sui mervegliez.
Ja est laianz uns lerres, Basins li renoiez;

---

²⁴¹⁸⁻¹⁹ One verse cut from top of A9v by binder; restoration requires two lines from C. — ²⁴⁴² entrastes] enstrates.

D'anchant set et d'argu, preuz en est et prisiez".
"Par mon chief!" dit li lerres, "il s'i est mal gaitiez 2445
Qu'a lui meïsmes ai les grenons reongniez".
Come Jehanz [l'antant], ne fust mie si liez
Por .c. mars de fin or qui li eüst bailliez.
"Fiuz a putein!" dit il, "traïstes renoiez! [A10r]
Por quoi nes as tu toz ocis et detranchiez! 2450
"Par Dieu! sire Jehan, quar il m'en prist pitiez,
Et plus le laissei je por vos, ice saichiez,
Qu'envers moi ne fussiez correçous et iriez;
Mais je ai del grant pont toz les torz abaissiez;
Ja les porroiz toz panre dormanz et acoisiez". 2455
Comme Jehanz l'antant, s'en est sailliz an piez.
"Or as armes!" dit il. "Baron, ne vos targiez!"
Li dus Jehanz meïsmes s'est tost apparelli[e]z;
Avec lui an mena meint chevalier prisié;
A piez sont sans chevaus si ont les branz saichiez. 2460
Vers le maistre chastel ez les vos adreciez:
Si cil sire n'en panse qui pardone pechiez,
Ancui sera Rolanz ocis et detranchiez,
Et tot li .xii. per seront a mort juigié!

LXXIV

Li dux Jehanz s'en ist a .x.m. fervestiz; 2465
La lune luisoit clere et li ers fu serit.
Or oez des François con Diex les a gariz:
Li dus Basins s'esvoille si est an piez sailliz
Et trueve ses grenons detranchiez et malmis.
Cuida que c'eüst fait ou Rolanz ou Tierris, 2470
Olivier ou Ogiers ou Naimes au fier vis,
Qu'antre aus l'eüssent [fait] par lor gas, par lor ris;
Del maltalent qu'il a, fu toz teinz et marriz.
Toz les degrez de maubre s'est li dus aval mis
Et voit les .xii. pers toz dormant an lor liz. 2475
Quant ne voit lor espees ne lor boens branz forbiz,

---

²⁴⁴⁷ l'antant] *superscript by another hand.*

Li dus s'estu an piez, formant fu esbahiz,
Donques cuid il et croit qu'aucuns s'i soit mis.

LXXV

Li dus fu el palais qui ot la tor gaitie, [A10v]
Voit les contes dormant se nes esveilla mie. 2480
Quant ne voit lor espees, s'a la color muee,
Puis a traite l'espee s'a la sale cerchie,
Et vient aval au pont qu'il ne s'atarge mie,
Et a trové la porte tote desverreglie
Et le pont abaissié qui tornoit a polie. 2485
Li dus Basins se segne de Dieu le fil Marie,
Puis redrece le pont, la chaienne a saichie,
Puis s'an reva amont el palais qui blanchie
Et trova esveglie nostre chevalerie.
Ja estoit pres de jor et de l'aube esclarcie. 2490
Atant ez vos Basin, si fait chiere marrie;
Onques voit nos barons, hautemant lor escrie:
"Baron! car vos levez! ne vos atargiez mie!
Li dus est la defors cui Damedex maudie!
Ceianz nos a tramis ne sai gaite ou espie 2495
Qui la tor a foree et faite tele estoutie
Qu'il me trova dormant la defors an l'establie.
Je ne sai qui il fu, la barbe m'a tranchie:
Tant an sui correciez, je ne sai que je die!"
Quant li conte l'antendent, s'ont la chere baissie; 2500
Ne se porent tenir que chascuns d'ax ne rie.

LXXVI

Basins fu an la tor s'ot les grenons copez;
Tel duel ot de sa barbe par po qu'i[l] n'est desvez.
Quant li contes le voient, s'a l'uns l'autre esgardé;
Il batirent lor paumes si an ont ris assez. 2505
"Par foi!" ce dit Ogiers, "Basins est ordenez!"

"Voire", ce dit Berarz, "il voldra estre abez!"
"Ains voldra estre moines!" dit Tierris li senez.
"Par foi!" dit Olivier, "il nos a anchantez! [A11r]
S'il einsi nos guerpist, il nos a malmenez. 2510
Por ce a il ses grenons retailliez et coppez."
"Par mon chief!" dit dus Naimes, "ainsois li sont anblé;
Ce fu lerres ceianz, jel sai de verité.
Basins estoit boens lerres; cil estoit mialdre assez
Qui ses grenons li a retailliez et coppez. 2515
N'avoit trové son maistre an trestot son aé,
Mais cist l'a bien honi et trestot vergondé".
Quant Basins l'antendi, par pou qu'i[l] n'est desvez;
Il a parlé hautemant que bien fu escoutez;
Damedieu an jura et ses granz majestez: 2520
"Il n'i a cel de vos tant soit desmesurez,
Fors Rolan le niés Charle qui est nostre avoez,
S'u[i]mais m'en eschernist qui ne soit conparez!"
"Segnor", ce dit Rolanz, "por amor Dieu, soffrez!
Leissiez ester le duc car molt est correciez! 2525
Qui ses grenons coppa molt nos a malmenez,
Car se il est seü a Paris la cité,
Il seroit 'danz Basins Nenebarbe' apelez;
Por .c. marz ne vorroie de deniers moneez."
"Rolanz", ce dit Basins, "trop iestes anparlez. 2530
Bien sai comme li autre que vos me ranponez".

LXXVII

Segnor, granz fu li gas de Basin le larron
De ce que il avoit retranchié le grenon;
Mais de lor branz d'acier sont dolant li baron,
Et desor toz les autres se pleint li niés Charlon: 2535
"Durandart, boene espee, quel damaige i avron?
Tant paiens ai par vos mis a destruction,
Et tant riche chastel conquis, et maint donjon!"

2507 Berarz] bernaz. — 2508 Ains] Asins. — 2517 vergondé] vergondu.

"Segnor", ce dit Basins, "or ne nos esmaion: [A11v]
Les branz vos randrai je, cui qu'en poist ne qui non;   2540
Et se je truis celui qui m'anbla mon grenon,
Ge li metrai m'espee ans el vantre a bandon!"
"Vostre merci, biau sire," ce dient li baron.
Atant ez vos Jehan le segnor de Lançon:
Trueve le pont haucié et fermé le donjon.   2545
"Perceü sont", fait il, "par mon chief, li gloton!
Quant je or ne les ai, jamais ne les panron!"
"Sire", dit l'anchanterres, "par mon chief si ferons!"

LXXVIII

Jehanz vint a la tor a molt grant conpeignie;
Li ponz estoit levez, la porte verroiglie.   2550
Comme li dus le voit, si fait chiere marrie.
Il a haut escrié tote sa baronie:
"Segnor, asaillons les par molt fiere anvaïe!"
Lors huent et asaillent et lieve la bondie.
Rolanz fu apoiez a la grant tor antie   2555
A hune des fenestres de fin maubre antaillie,
Et voit le duc Jehan antre sa baronie
Qui tenoit Durandart la tranchant, la forbie.
Comme Rolanz la voit, li cuers li atandrie.
"Ahii!" fait il, "espee, con iestes eslongnie!   2560
De vos arai veincu tante fiere anvaïe,
Et tant paien ocis, tante teste tranchie,
Tante fiere bataille veincue et matie!"
Li dus Jehanz le voit s'a l'espee haucie;
A Rolan la mostra, hautemant li escrie: 2565
"Sire Rolan, vez ci vostre chevalerie!
Quant n'avez vostre espee, ne valez une alie!"
Comme Rolanz l'antant, n'a talent que il rie.

LXXIX

R[ollans fu as fenestre, molt fu en grant friçon;] [B47r]
Par maltalent apele le segnor de Lançon: [A12r]
"Vasauz", dit li dus, "antandez ma raison: 2571
Car feites une chose que nos vos deviserons,
Que vos aiez vestu vostre auberc fremeillon,
Et aiez an voz chief vostre hiaume raont,
Et s'aiez Durandart au senestre giron. 2575
Puis vos faites nagier an l'isle d'Aquiton,
Et g'irai la a vous an pur mon siglaton.
Se vers vos nes conquier a coite d'esperon,
Lors me tranchiez le chief par desoz le manton".
"Sire", dit l'anchanterre, "laissiez vostre raison. 2580
Mes sires ne doit mie conbatre a .i. garçon,
Mais vos avez o vos, ce dit l'an, un larron.
Ge ai oï parler de lui par meinte region,
Mais ne vaut contre moi vaillisant .i. boton;
Mauveisemant gaita ersoir vostre donjon 2585
Qu'a mon coutel meïsmes li toli le grenon.
La bataille demant contre lui a bandon
La dedanz an *c*el isle ainsi con nos diron:
Ge portera les brans que anblez vos avons;
S'i[l] les conquiert vers moi, si an face son boen". 2590
"Sire", ce dit Basins, "et nos li otroion;
Ceste bataille est boene se ansanble venon".

LXXX

"Sire", dit l'an*ch*ante*r*res, "por Dieu te veegl prier
Que *v*ers le *d*uc Basin me laissiez essaier;
Ge l'ai oï for*m*ant et prisier et loer. 2595
Se *j*e l'ai mort ou p*r*is, bien vos puis afier

---

²⁵⁶⁹ One verse cut from top of A12r by binder. — ²⁵⁷⁸ coite] cointe. — ²⁵⁸³ Ge ai] Ge i ai. — ²⁵⁹³⁻⁹⁸ These six verses are badly faded; we have effected restorations by comparison with B47v.

Que li autre an seront a panre plus legier".
Li dus Jehanz respont: "Je l'otroi sans dongier".
[Atant se retornerent si se vont herbegier.]   [B47v]
El demain par matin quant solauz dut raier,   [A12v]
S'arme li anchanterres, ne se volt atargier.   2601
Il vesti un hauberc, lace .i. hiaume d'acier,
Et li dus li a fait les espees baaglier,
Mais il fist Durandart a une autre changier.
L'anchanterre s'an torne qui ne s'i sot gaitier;   2605
De ci que dedanz l'isle le fist li dus nagier.
Quant il fu anz el pré, si commance a huichier:
"Basin! Basin!" fait il, "venez vos essaier!"

LXXXI

Quant l'anchanterres fu descenduz ans el pré,
Les brans aus .xii. pers a a terre geté.   2610
Les François de la tor a sovant escrié:
"Rolan li niés Charlon! trop avez demoré
Que n'anvoiez ça fors Basin vostre avoé!"
Li dus Basins l'antant, tot a le sanc mué:
"Segnor, franc chevalier, avez vos escouté   2615
Ce gloton lecheor qui tant avra crié?
Aportez moi mes armes que trop ai demoré;
J'ai veü nos espees que il a aporté.
Sanpres li cuit bien randre ce mien grenon copé".
"Basin", ce dit Rolanz, lai m'i aler por Dé!"   2620
"Sire", ce dit Basins, "jamais n'en soit parlé,
Que se li gloz m'eschape qu'il n'ait le chief copé,
Mar tanrai mais de [Charle] vaillant .i. ail pelé!"
Li dus vest son hauberc si a l'iaume fermé,
Et a ceinte l'espee au senestre costé;   2625
Un escu a lion li ont François baillié.
Li estrumanz Rolan le naja anz el pré;

[2599] One verse cut from top of A12v by binder. — [2623] B Charle. — [2626] li ont] MS repeats.

Il vit l'anchanteor si l'en a apelé:
"Tu n'as pas anvers moi ton covant aquité!" [A13r]
"Si ai", dit l'anchanterres, "saiches par ver[i]té!" 2630
"Non l'as", ce dit Basins, "par ma crestienté!
Ja ne mi conbatrai, voi m'arrieres retorne[r],
Se ne voi Durandart devant moi anz el pré:
Dont avras la bataille que tant as desirré!"

LXXXII

L'anchanterres a le sigle anvers terre drecié 2635
Et dit a duc Jehan si l'en a araisnié:
"Sire dus de Lançon, molt m'avez correcié
Qui l'espee Rolan aviez oblié.
Chergiez la moi, frans dus, plus n'i ait atargié,
Par icel covenant que je t'ai fiancié 2640
Qu'em .iii. jors te seront François par moi baillié,
Et se je ne le faiz, s'aie le chief copé."
"Je l'otri", dit li dus; "tu le m'as fiancié.
Mais sez tu que te voel prier par ammistié
Que Durandart me garde del cuivert renoié. 2645
Tant set d'anche[n]temant, tost t'avra angingnié,
Dont m'en eschapa il, et si l'oi je lié,
S'an mena Ysoré qui vers moi ot boisié".
"Sire", dit l'anchanterres, "ne l'ai pas resoingnié;
Sanpres le vos randra an prison et lié, 2650
Si ait devant le pont le chief del bu tranchié,
S'an seront tuit li autre de la tor esmaié".

LXXXIII

L'anchanterre s'an torne si an porte l'espee.
Onques ne s'aresta si descent an la pree,

[2628] apelé]apela. — [2629] Mutilated by binder's knife. — [2636] After B araisnié] molt mercié. — [2647] m'en eschapa] ne meschapa.

Et a trait Durandart si l'a Basin mostree. 2655
Comme li dus la voit si l'a bien avisee,
Il a trait le branc nu s'a la targe levee.
"Or me dites, vasauz, sanz nule demoree:
Molt avez [contre moi bataille desiree;]   [A13v]
Por quoi l'avez fait? gardez n'i ait celee". 2660
"Vassauz", ce dit li lerres, "tu as grant renomee
Se voel que ta vertuz soit vers moi esprovee".

LXXXIV

"Vassauz", ce dit Basins, "molt fus et fos et bris
Qui ça venis anbler an cest palais de pris,
La barbe et le grenon me coppas et tondis. 2665
Or te garde a cel cop que ja seras requis!"
A icele parole ont tost les escuz pris;
Li gloz tint Durandart dont li pont est massis.
Granz cos s'antredonerent sor les escuz voltiz;
Les cartiers an abatent atot le cuir jointis. 2670
Basins douta l'espee si est au luitier pris.
Trois foiz s'antrabatirent, a genols se sont mis.
Adonc se porpansa li boens lerres Basins;
Un anchant li geta dom il fu bien apris
A la cit de Tolete quant fu anfes petiz. 2675
Ce fu celui avis qui contre lui s'iert pris
Qu'il ert en un palais lïé a un jarris.
Am plus de mil parties est li palais espris;
Li chevol li ardoient et li fronz et li vis.
Cil g[u]erpi Basin quant se vit antrepris; 2680
Por estaindre le feu est an l'eve sailliz;
La dut estre noiez quant au noer s'est pris.
Comme Basins le voit, s'en a geté .i. ris.
"De Dieu", ce dit Basins, "soit beneïz Baudris,
Mes meistres de Tolete qui m'a ce cherme apris; 2685

---

²⁶⁵⁹ Mutilated by binder; restored from *B49r*. — ²⁶⁷² s'antrabatirent *written in margin by another hand]* santrabiterent. — ²⁶⁷⁵ Tolete] torete.
²⁶⁸⁰ *B* quant] qui.

Maint avoir an ai puis gueangnié et conquis".
L[i] .xii. per de France an ont mervoigle ris.
"En non Dieu", dit Rolanz, "diables est Basins!
Veez con a [celui anchanté et malmis!"]   [A14r]
Cil resaut fors de l'eve correceus et marris.   2690
"Sire Basin", dit il, "trop fustes bien apris
Qui peeschier m'avez fait et si n'ai naiant pris!
Se ne m'en puis vangier, j'en anragera vis!"

LXXXV

L'anchanterre Jehan ot molt le cuer iré
De ce que Basins l'ot si faitement gabé.   2695
Par l'art de nigromance a .i. sofflet geté
Que li aprint Honbauz, uns Turs de Duresté.
Ce fu avis Basin par fine verité
Que il fust an une aigue an un chalant ferré
Toz seulz sans maronier, n'avoit sigle levé.   2700
Uns oraiges venoit qui tant l'avoit grevé
Que si ot son chalant a la roiche hurté
Que trestot porfandi et de lonc et de lé,
Et anplissoit toz d'eve: ez le vos afondré.
Basins voloit noer se s'avantrolloit el pré;   2705
L'anchanterre l'esgarde s'en a .i. ris geté.
Quant noz François le virent, s'en sont tuit effraé,
Et dit li uns a l'autre: "Veez Basin vergondé!
Se tost n'est secoruz, ja l'ara desmanbré!"
A icele parole sont li anchantemant finé;   2710
Lors saut Basins an piez si a celui conbré;
Ou il volsist ou non, l'a a terre geté.
Durandart li toli par vive poesté,
L'iaume li deslaça, le chief li a coppé.
Li cors jut a la terre, son tans a afiné.   2715
Puis saisist les espees qui gisoient el pré;
An la nef les geta quant li a amené.

---

²⁶⁸⁹ *After C* celui encanté et malmis] *cut off by binder.* — ²⁶⁹³ ne] nen.
²⁶⁹⁴ L'an. Jehan] Lan. ot Jehan.

84   JEHAN DE LANSON

Quant li dus de Lançon ot tot ce esgardé,
[En une nef entra, o luy de gens plenté;   [C153r]
Aprés Bassin singlerent et moult se sont hasté]   2720
Qui ont le duc Basin hautemant escrié,   [A14v]
Si l'ont conseü au de[vant] la cité.
Ja l'eüssent ocis et trestot desmanbré
Quant Rolanz lor saut fors o Naimon le barbé
Et tuit nostre François des armes acesmé.   2725
Le duc Basin rescceurent par vive poesté;
Les chalanz lor afondrent a picois acerez;
Iluec perdi Jehanz .iii.c. de ses privez.
Tantost a son effort par sa terre mandé;
Vienent i prince et duc et vavasor chasé,   2730
S'asaillent le chastel chascun jor ajorné.
Diex garisse nos contes par la soe bonté!
S'il ne sont de Charlon secoru et tansé,
Jamais ne s'an riront an trestot lo[r] aé.

LXXXVI

Or sont li .xii. per el chastel de Lançon;   2735
Li dus les a assis a grant ost anviron.
Li prince sont laissus an la plus meistre meison.
Olivier en apele et Ogier et Naimon
Et toz les .xii. pers qui sont de grant renon.
"Baron", ce dit li cuens, "dites quel la feron.   2740
Ceianz somes anclos ausi comme larron;
Chascun jor croist la force a ce cuivert felon.
Car mandons le seccors au riche roi Charlon;
Esgardon l'un de nos et se li anvoions".
"En non Dieu", dit Rolanz, "je n'i voi nul si boen,   2745
S'il le viaut otroier, con Basin le larron,
Car il set meint langaige et mainte region".
Come li dus l'antant, si crosla le manton.

2719-20 One verse cut from top of *A14v* by binder; restoration requires two verses from *C*. — 2722 vant *of* devant *superscript by another hand*.

"Segnor baron", dit il, "ne sai quel celison 2749
Vos [volez toz jorz faire de moi vostre garçon]; [A15r]
Je ne sui mie dus ceianz an cez donjon,
Ainçois me demenez a guise de garçon.
Rolan, vos i alez, ou Ogier, ou Neimon!"
Lors s'an rient formant li .xii. conpegnon
De ce que dit Basins, li dus de grant renon. 2755
Mais il ne l'avoit dit se par gaboisois non,
Car il ne laissast mie por l'anor de Mascon,
Desque tuit l'an proient, qu'il ne feïst lor boen.

LXXXVII

"Segnor", ce dit Basins, "je irai ou veiaige.
Gardez le chastel comme preudome et saige, 2760
Et g'irai au secors Charlon au fier coraige,
N'i lairai a semondre viegl home né d'aaige.
Mais ne m'en irai pas a sigle ne a naige;
Par le mileu de l'ost m'en irai ou veiaige
Por parler a Jehan le duc ainz que m'en aille. 2765
Ça portez m'esclavine qui est an cel estaige
Que je toli l'autrier au pelerin sauvaige.
Se je sui arestez par home qui m'i saiche,
Je li dirai tresbien que je vieng de Saint Jasque".
Adont fist Basins rire duremant le barnaige, 2770
Mais mar vit l'esclavine qu'il i laira le gage.
Li paumiers que Basins l'avoit tolu an l'erbaige,
Il avoit anz anclois .c. besans d'or d'Artaige;
Icés laira Basins sanpres por son ostaige.
Basins a prins une herbe que il avoit sauvaige 2775
Si an a oint son col, son front, et son visaige;
Lors sanble qu'eit esté .vii. ans en hermitaige.

---

²⁷⁵⁰ *After C* vollez tousdis faire de moy vostre garchon] *cut off by binder.* — ²⁷⁶² N'i] Nil.

LXXXVIII

Basins a prise l'erbe, son viare an frie;
Lors ot la color palle, tote descolerie. 2779
"Segnor", *ce dit Rolanz*, "*veez* ci *grant* deablie: [A15v]
N'est home qui lo voie qui lo conoisse mie!"
Basins prant son bordon s'a sa guinche saisie;
Aus barons prent congié et boenemant lor prie
Que bien gardent la tor que il ont an baillie,
Que ja ne finera, se Diex li done vie, 2785
S'amanra Charlemeine, se Diex li done vie,
O li cez de Bergoingne et cez de Normandie.

Or commance chançons boenne et efforcie
S'il est qui deniers doint, et qui la chançon die.
Del [role] Seint Denis est la chançons saichie: 2790
Longuemant a esté, pieç'a ne fu oïe;
Jogleor ne la chantent car il ne la sevent mie.
Uns clers la recommance qui Jesus beneïe;
Les vers a establiz et mis en escripturie
Con Charles secorut la riche baronnie, 2795
Et il conquist Lançon, la fort cité garnie.
Mais ainçois an i ot mainte targe croiss[i]e,
Et se print Jehanz Charle, mais il n'est quenut mie,
An la forest de Luque an une praerie.
Tot ce fist Guenelons qui France ot puis traïe, 2800
Qu'il est paranz Jehanz, estreiz de sa lignie.
Basins ist de la tor qui ne s'atarge mie;
Ancontre l'ajornee fu la porte saichie
Et li ponz deffremez, la chaenne saichie;
Atant s'en vait li dus par la herbergerie. 2805
Cil qui gaitoient l'ost dient: "Ce est espie!"
[Il viennent droit a lui, maintenent l'o[n]t saisie. [B43r]
Au tref Jehans l'en mainne[nt] ou l'aigle d'or flanbie.]
Li dus s'estoit levez s'aloit a l'abeïe, [A15v]

[2780] *After B* Signor, ce dist Rollant, ves ci grant diablie] *mutilated by binder.* — [2790] B role] MS *omits, leaving space.* — [2798] n'est] nen. — [2807-08] Lacuna in text of A.

Anviron lui grant part de sa chevalerie. 2810
"Sire", font li gaitant, "Jesus vos beneïe!
Ci avons prins .i. home; quidons ce soit espie. [A16r]
Demandez qui il est, et don, et de quel vie".

LXXXIX

"Pelerins", dit li dus, "ne me devez noier.
Dont estes? de quel terre? Ja n'ammerai paumier 2815
Por solemant Basin, .i. larron pautonier,
Qui m'enbla Ysoré l'autrier, mon prisonnier".
"Sire", ce dit Basins qui sot molt bien plaidier,
"Pelerins sui seint Jasque si vieng de son mostier.
Quatre mois ai jeü an chartre a Monpeellier; 2820
Ne mangai qui vausist .i. sol denier.
Hui m'an ving an cest ost por mon pain porchacier,
Or m'an vois droit a Rome por Damedieu proier;
Mais por l'amor Dieu, me donez a mangier!"
"Pelerins", dit li dus, "s'an aroiz sanz dongier!" 2825
Atant prinst s'aumoniere s'an a trait .c. deniers;
Aprés se commanda au meistre boteillier
Que li pelerins soit conreez tot premier.
Quant Basins ot mangié, si se met au frapier;
Toz les a anclinez con ce fust au moutier. 2830
Des herberges s'en ist si aquiaut son santier;
Et lors se print Basins par lui a conseglier:
"Hee! Diex", ce dit li dus, "qui tot as a jugier,
Con il fait mal aler a pié nul chevalier!
Commant irai an France a Charlon au vis fier? 2835
Ge n'i seroie pas devant .i. an antier!"
Atant si regarda Basins vers un vivier
S'a veü chevax paistre contreval .i. santier.
Li dus Jehanz i ot Afilart son destrier;
Enz an pré le gardoient .xvii. escuier. 2840
Molt fu riches li freins, la sele, et li estrier.

---

²⁸³³ Hee] Et.

Li chevaus se desroie si prent a heniier [A16v]
Que tuit an retantissent li val et li rochier.
"Hee! Diex", ce dit Basins, "qui avroit ce destrier,
Il seroit bien an France dedanz .i. mois antier; 2845
Or ne pris mon savoir vaillisant .i. denier
Se ne puis ce cheval anvers ces gueangnier!"
Basins prent son bordon, prent soi a apuier;
Des .ii. hanches commance duremant a clochier.
Li escuier le voient venir tot le santier, 2850
Et dit li uns a l'autre: "Veez la .i. pautonier!
Certes an sa clavine a cosu meint denier.
Or le laissiez venir, foi que doi seint Richier;
Nos le revercherons et devant et derrier".

XC

Li escuier s'an vienent contre le duc Basin; 2855
Li dus les voit venir se tint le chief anclin.
Foiblemant s'apuia sor son bordon frainin,
Puis lor a demandé vers Rome le chemin.
Li plus maistres d'ax toz respont an son latin:
"Ahi! con sanblez or pautonier et tapin! 2860
Je croi qu'il a sor vos meint denier estellin".
"Dom iestes? De quel terre?" font il au pelerin.
"Segnor", ce dit Basins, "merci por seint Martin!
Ça d'outre vers Tolete me pristrent Sarradin;
An prison m'ont tenu des feste seint Martin. 2865
An ma terre m'an vois el regne Costantin".
Et cil ont respondu: "Il mant, par seint Martin!
Tolons li l'esclavine si l'anvoions au vin!
Daheit qui li laira vaillant .i. romesin!"

2849 Des] Del. — 2861 estellin] estellim.

XCI

Li escuier Jehan ont Basin abatu; 2870
S'esclavine li tolent se le laissent tot nu.
.C. besanz i troverent qui i furent cosu   [A17r]
Qui furent au paumier cui Basins l'ot tolu.
"Segnor", ce dit li dus, "por amor de Jehu,
N'en i savoie nul, par Dieu qui fait vertuz! 2875
Randez moi l'esclavine si aiez l'or molu!"
"Oez!" font li gloton, "quel pautonier chenu!
Ja n'en vestiroiz mais; vos avez tot perdu!"

XCII

Basins lor fait sanblant que molt soit adolez,
Dont s'est assis li dus se s'est molt dem[a]ntez. 2880
"Hee las!" ce dit Basins, "con sui acheitivez!
Je soloie molt estre mananz et asazez,
S'avoie an ma meison mes chevax sejornez;
Chevauchoie a rivieres, an forez, et an prez!
Ne montai sor cheval bien a .vii. anz passez!" 2885
Et cil ont respondu: "Paumiers, or i montez
Sor le cheval au duc; ja peor n'i arez!"
"Segnor", ce dit Basins, "por Dieu ne me gabez!
Longuemant ai esté an granz anfermetez;
Tant sui foibles et vains, ja seroie versez!" 2890
Et cil ont respondu: "Par mon chief non serez!
Nous vos tanrons molt bien par flans et par costez".
Lors li fu Afilarz li destriers amenez;
Jehanz ne le donast por l'or de .ii. citez.
Bien fu la sele mise et li poitraus fermez, 2895
Et li freins de fin or bien mis et acesmez.
Dont fu Basins saisiz et es arçons montez,
Puis li fu ses bordons bailliez et delivrez.
"Tenez!" font il, "paumiers, voiant nos bohordez!

---

²⁸⁷⁷ *After B* Oiés] Oent.

Tenez vos aus arçons; gardez que ne chaez!" 2900
Nes les esperons d'or li ont es piez fermez.
"Faites nos .i. eslais, puis nos an retornez!" [A17v]
"An non Dieu", dit Bassins, "si con vos commandez".
Bassins fait .i. eslais tot contreval les prez.
François virent le duc si en ont ris assez, 2905
Et dit li uns a l'autre: "Basins est ja montez;
Bien a les escuiers cointemant anchantez".
"Certez", ce dit Rolanz, "ains ne fu tes maufez!"
A iceste parole est li dus retornez,
Et cil cceurent vers lui si dient: "Descendez!" 2910
"Par mon chief", dit Basins, "de folie parlez,
Que jamais del cheval jor saisiz ne serez,
Ainz l'an manrai an France, si en aiez maugrez,
Ou fort roi Charlemeine qui est nostre avoez,
S'amanrai le secors de François adurez! 2915
Et se li dus Jehanz en est vers vos irez,
Dites que c'est Basins de Ganes li senez
A cui dona jehui .c. deniers moneez!"
A icele parole fu li bordons levez;
Les escuiers aquiaut, molt les a bien frapez: 2920
L'uns fu feruz el chief, li autres es costés.
Li escuier s'an fuient, chascuns s'en est tornez;
Dont anforce la noise et li criz est levez.

XCIII

Basins fu el cheval si l'a esperoné;
Les granz galoz s'en va tot le chemin ferré. 2925
Et cil vienent an l'ost si ont le cri levé.
Devant Jehan an viennent li .xii. ansanglanté:
"Sire dus de Lançon, mal nos est ancontré:
Basins s'en est issuz dou chastel a celé;
Afilart ton destrier nos a la fors anblé; 2930

---

²⁹⁰¹ es] el. — ²⁹²¹ es] el.

S'*an* va querre seccors a Charlon le barbé.
Tel ost nos amanra, ce nos a il conté, [A18r]
Don vos et tuit vostre home seront desherité".
Come li dus l'antant, tot a le sans mué;
Il est sailliz an piez s'a "Lançon!" escrié: 2935
"Baron! or tost aus armes, franc chevalier manbré!
Qui Basin me randra, le traïtor prové,
Tant li donrai argent, avoir, et richeté,
Jamais ne sera povres an trestot son aé!"

XCIV

Li oz est estormie et derrier et devant, 2940
Et sonent ces buisines et cis cor d'olifant,
Et montent es chevax chevalier et serjent.
Et Basins esperone le destrier afilant,
Et li chevax li saut .xv. piez d'un tenant.
Li François de la tor vont Basin regardent. 2945
Olivier en apele son conpeignon Rolan:
"Basins est a cheval, or li soit Dex garanz!
Veez con cil l'anchauce sor ce pui la devant!
S'i[l] le puet tenir, n'ara de mort garant!"
"Ne vos chaut", ce dit Rolanz, "or les leissons atant: 2950
Li dus a boen cheval, nel crient ne tant ne quant".
Ez vos par mi un val le conte Galerant:
Sires fu de Pleisance de ci qu'a Seint Ament;
Niés fu au duc Jehan, fiuz son frere Moran.
Le duc Basin escrie a sa voiz qu'il ot grant: 2955
"Basin de Genevois, tornez cel auferrant
Par la foi que devez Olivier et Rolan!
N'en alez mie an guise de larron soudoiant!"
"Par mon chief", dit Basins, "je l'otroi et creant!"
Basins li trestorna le destrier a itant. 2960
Cil le cuida ferir de son espié tranchant,
Mais Basins li guanchi qui le cuer ot vaillant; [A18v]

2942 es] el.

Il hauce le bordon sel fiert an trespassent.
Tel col li a doné an son le front devant,
La cervele li chiet, li fuz va tronçonant; 2965
Cil cheï morz a terre delez un desrubant.
Basins prant son escu et son espié tranchant;
Par desor l'esclavine tantost au col le pant.
Quant li François le voient, antr'ax s'en vont riant,
Et dit li uns a l'autre: "Veez con fait marcheant! 2970
Charles n'a nul mellor fors son neveu Rolant;
Ja ne sera mais prins par nul home vivant".

XCV

Desor s'en va Basins sor le destrier gascon;
La gent au duc Jehan l'anchaucent a bandon;
Li dus lor a ocis et Antiaume et Guion. 2975
Tant a Basins coru a coite d'esperon
Qu'il perdirent le duc a l'antrer d'un boisson,
Lors retorna chascuns droit a son paveillon.
Li dus Jehanz en a au cuer molt grant friçon,
Car set bien c'a cort terme verra il l'o[s]t Charlon. 2980
Et Basins s'en antra an un grant bois parfont
Que bien dure .vii. lieues antor et anviron.
La converse Serveins, .i. lerres d'Avalon,
O lui .xxx. larrons, s'avoit molt fort maison.
Les trespassant roboient par la terre a bandon. 2985
Antre lui et Basin furent ja conpaignon
A cel tens que Basins guerroia roi Charlon,
Mais il se correcierent par une mesprison
Que Basins li ocist .i. suen frere Sanson,
Puis n'en firent antr'ax pais ne acordison. 2990
Ancui orra Basins une tele leçon,
Se Diex ne li aïe par son seintisme non, [A19r]
Dont il perdra le chief par desoz le manton.

XCVI

Desor s'an va Basins, de l'ost est eschapez;
De mal pas est issuz si est an pire antrez. 2995
Tant chevauche li dus, solauz fu esconsez
C'onques ne pot trover viles ne fermetez
Fors que la fort maison son anemi mortel.
En icelui boscaige ot son recet fermé
De boen pont et de mur et de doble fossé. 3000
Marcheanz desroboient et autre genz assez,
O lui .xxx. larrons cuiverz et parjurez:
Se Basins le seüst, ja la ne fust tornez.
Basins vint cele part si les a saluez.
Serveins le regarda se le conut assez. 3005
Li dus n'en quenoit, point ne s'est garde donez.
Li lerres sospira si a le vis cliné;
De Sanson li sovint, son boen ami charnel.
Or oiez de Servein con il fu desfaez:
N'en voloit desfier car il s'en fust tornez; 3010
An traïson li dit: "Biax amis, descendez.
Vos seroiz annuit mais ceianz bien otelez,
Et quant il vos plaira, le matin an irez".
"Diex le vos mire, sire", dit Basins li senez.
Atant est descenduz, leianz en est menez. 3015
Iluec vit armes panre et boens brans acerez,
Cotiaus, misericordes, et gaveloz barbez,
Maçües, et fausarz, et quarriax anpannez,
Angaignes et pilez, hauberz, hiaumes gemez.
Adonques s'est Basins li dus aporpansez; 3020
Des François li manbra dont il estoit tornez:
"Ahii! sire Rolan, jamais ne me verrez, [A19v]
Ne vos, sire Olivier, ne Neimes li barbez!
Ja par moi ne sera li secors demandez,
Ne verrai Charlemeine ne cez don ge sui nez!" 3025

XCVII

Or fu Basins dolanz, tot ot le sanc mué.
Coiemant en a dit an son cuer son pansé:

"Par mon chief, vif deable m'ont ceianz aporté
Qar j'ai ici Servein mon anemi mortel.
Mais par icel apostre c'on quiert an Noiron Pré, 3030
Ainz qu'il aient le branc qui me pant au costé,
An seront si li quart ou li quint ancontré,
Ja ne mangeront mais a nul jor par santé;
Car puis que li om voit que il est trestot alé,
Se doit estre plus fiers que lions effreez". 3035
Or oez con il est au duc bien ancontré:
Serveins fu sor le pont de la meistre ferté.
Ses conpaignons trestoz a devant soi mandez,
Et laissierent Basin leianz tot esgaré.
"Segnor", ce dit Serveins, "or oez mon pansé: 3040
Cil vasauz que j'ai ci avec moi otelé
Un mien frere m'ocist, ce sachiez par verté;
Moi et lui fusmes ja conpeignon et privé.
Saichiez que il est dus de Ganes la cité,
Et se n'a tel larron an la crestianté; 3045
Maintes tor a fausee et mainte fermeté;
Ne se garde de moi ne m'a pas avisé.
Or esgardons comant nos l'arons mort geté".
Et cil ont respondu: "Il nos vient molt a gré".
Antretant que cil ont ce consoil devisé, 3050
Atant ez vos, Basins trait le branc aceré;
Li larrons s'estoient sor le pont aresté, [A20r]
Et Servein lor segnor a Basins escrié:
"Gardez! je vos desfi, fil a putein prové!"
A icele parole a le branc antesé; 3055
Cil doterent l'espee s'ont le pont avalé.
Basins prent la chaeinne si a le pont levé;
Au lever que il fist chiet Serveins ou fossé
Et quatorze avec lui, tot de son parenté.
Li fossez fu parfonz si ot aigue a planté. 3060
"Baigniez vos", dit Basins, "a vostre volanté!
Servein, sire conpeinz, bien vos ai avisié;

3032 *B* quart ou li quint] .iiii. ou li .v. — 3048 Or] Ort.
3059 tot] *MS repeats.*

J'ai conquis le chastel et la grant fermeté".
Quant li larron l'antendent, l'un l'autre a regardé:
"Bien somes par cestui honi et vergondé; 3065
Quanqu'avians conquis an trestot nostre aé,
Et armes, et argent, et deniers moneez,
Est leianz tot o lui an cele fermeté".
Servein cuident aidier et tirer dou fossé,
Mais li lerres noia, ez le vos afondré. 3070
A la rive de fors l'ont pleint et regreté.

XCVIII

Or est Serveins li lerres afondrez et noiez.
Si home an font grant duel si ont lor chevoz tirez
Et dit li uns a l'autre: "Bien nos a vergondez!"
Et Basins fu leianz si a le pont drecié. 3075
Del mangier aus larrons s'est molt bien aaisi[e]z;
Tant a beü del vin qu'il an fu toz haitiez.
As batailles del mur s'est Basins apoiez,
Voit les larrons la fors dolanz et correciez:
"Que vos sanble, segnor? Est chascuns de vos liez? 3080
Par la foi que doi Charle de qui tieng toz mes fiez,
Se demein atandez que jor soit esclarciez, [A20v]
Chascuns de vos sera panduz et detranchiez!"

XCIX

Li dus fu el chastel mais n'osa reposer;
Tote la nuit gaita de ci qu'a l'ajorner 3085
Que il vest .i. haubert et lace .i. hiaume cler,
Et a ceinte .i. espee dont li brans reluit cler,
Et a prins .i. escu qui molt fist a loer.
De l'avoir as larrons ne volt nes point porter.
Ainz que li dus montast, cort le pont avaler, 3090
Puis monte isnelement sans point de demorer,

96   JEHAN DE LANSON

Et a traite l'espee ces prent a escrier.
[Et ly laron estoient lez le castiel planier   [C158v]
Pour awarder Bassin quant il vora widier.
Et Bassin leur escrie: "Fil a putain lanier!   3095
Trestous voz ochiray!" puis fery le premier;
Entresiquez ez dens ly embaty l'achier,
Et le .ii.ᵉ oussi fist il mort trebusquier,
Et le tiers et le quart, ne le vot espargnier;]   3099
Des .xv. a fait aus .viii. les chiés del bu sevrer. [A20v]
Dont veïssiez les autres par le bois trestorner,
Et Basins s'en torna si aquiaut son errer.

C

Va s'an li dus Basins armez sor son destrier;
De ci qu'an doce France ne se volra targier.
Par mi le Genevois se prant a adrescier,   3105
Et vint tot droit a Gannes qu'il ot a jostisier.
La trova Erchanbaut, le segnor de Poitier,
Qui sa fame amenoit esposer au moutier.
Or en avoit chacié Berangier et Renier;
Cil ierent fil au duc, si les avoit molt chier.   3110
Qui lor veïst ces borjois escrier:
"Ahi! sire Basin, con mortel anconbrier
D'Archanbaut le veiglart, le cuivert losangier,
Qui voz anfanz a faiz de cel regne chacier,
Et panra vostre fame hui cest jor a moiglier!"   3115
Li dus antant la noise si broiche le destrier.
Archanbaut ancontra an mi le borc plenier
Qui sa fame an menoit esposer au moutier.
Et la dame se pasme que le cors ot legier   [A21r]
Et regrete Basin son segnor droiturier.   3120
"Taisiez!" dit Aschanbauz, "por Dieu le droiturier!
Miauz vau je que Basins ne tel .x. millier,

---

³⁰⁹² escrier] escriez. — ³⁰⁹³⁻⁹⁹ Lacuna in text of A.
³¹⁰³ sor] son. — ³¹¹⁹ que] or qui (mutilated by binder).

Fors que por tresor anbler ou por gent angingnier.
Se jamais vos en oi devant [moi] plus pláidier,
La teste vos toldrai, foi que doi seint Richier!" 3125
Atant ez vos Basin, si commance a huichier:
"Metez jus ma moillier, danz cuverz pautoniers!"
Lors a traite l'espee dont li ponz fu d'ormier;
Par devant toz ses homes li va le chief tranchier.
"Genevois!" escria, "mar en iront antier!" 3130
La veïssiez borjois d'armes apareillier;
Quant il reconu[rent] lor segnor droiturier,
[Les home Erchenbaut corurent de tranchier.] [B1r]

CI

Or est morz Archanbauz et tuit si home ocis. [A21r]
La dame fait grant joie, par foi le vos plevis; 3135
[Ses bras li gete au col, molt l'ai bien conjoï. [B1r]
Li dus est decendus si li baisai lou vi[s],
Et ele lui auci, la dame qu'est gentis.
Si home li font joie et l'ont molt signori.
Au palais retornerent qui fu de marbe bis; 3140
Laiens firent grant joie de lor signor Basin.
Ses enfens demenda a la dame gentis:
"Dame, ou sunt mi enfant, par Deu de paradis?"
"Sire", dist la duchoisse, "je vos avrai tost dis:
En Puille en sunt alé a Simon mon amin; 3145
Icil est mes parens, a lui se sont fui. [B1v]
Les enfans garde, par vertu le vos di,

[3124] moi] *superscript by another hand.* — [3133] Lacuna in text of A. — [3136] In order to restore the following excised episode, six verses of A had to be omitted at this point:

> Ses bras li giete au col si li baise le vis.
> "Biau sire, descendez!" font li baron de pris.
> "Nel ferai", fait li dus, "foi que doi seint Denis,
> Ainz m'en irai a Charle, qui tant est poestis,
> Le seccors demander a nos barons gentils
> Qui el maistre chastel de Lançon sont assis".

[3146] Icil] Ilcil.

Car Erchanbaus li fes cui vos avez ociz,
S'i[l] les poïst tenir, les eüst malbaillis".
Quant Basins l'entendi, liés en fu et joïs 3150
De ce que si enfant furent bien garentis.
Lors a fait crier l'aigue, au mangier sont assi:
Or ne demandés pas si furent bien servi.
Quant il orent mangiet trestout a lor devis,
Basins se lieve en piés que pris fu et gentis. 3155
A ses barons parole si lor dist son devis:
"Signor", se lor a dit li riche duc Basins,
"Je vint droit de Lansson, .i. molt riche cit.
La sunt li .xii. pers en .i. chastel assi;
Jehan les a assis, li traït[res] faillis. 3160
Or m'en voie au roi de Sain Denise
Que lor face cecor por Deu de paradis.
Et c'il ne les secort, par foit le vos plevi[s],
Jamais arie[r]s .i. jor ne les revera vi[s].
Anuit mais remanra qant sui en mon païs, 3165
Et demain en vien san nule autre devi[s].
Pansé[s] de mai moilier et de tot mon païs[s];
Ne sai quant revenrai, par Deu de paradis". [*B*2r]
Atant se departire[nt] li chevalier gentis;
Li vepres fu venus si a on fait les lis. 3170
La nu[i]s jurent ensamble et la dame [et Basins]
De ci que l'endemain que jors fu esclarcis;
Adonques s'est levez li chevalier gentis.
Quant se fut atornés, s'esclavaine a repris;
La cohorde et l'escharpe, ja les a son col mis, 3175
Que lou bordon fairé qui fu gros et fraisis,
Son cheval li amainent, adonc est su saillis.
Mais il ot ainsçois tant a son col et son vis,
Quant si baron lou voient, s'en o[n]t merveile ris.
Mantenent a sa fanme a li ber congiet pris; 3180
Doucement la baisai donc c'est au chemin mi[s];
La dame sopira, de iex plore devis.

---

³¹⁵¹ ce] ci. — ³¹⁶² face] sace. — ³¹⁷⁰ on] ont. — ³¹⁷⁵ les] leus. — ³¹⁷⁸ Mais] Maus. — ³¹⁸¹ donc] done. — ³¹⁸² sopira] so poa.

Et li bers chevauchai qui fu de mot haut pris;
Si home le convoient; n'i ot ne geu ne ris,
Quar molt en sont dolant quant si les a gueris. 3185
Li duc se tresto[r]nai ses a ai raison mis:
"Signor", ce dist li dus, "por Deu de paradis,
Retornés en arieres a ma fame au cle[r] vi[s];
Ne venré[s] plus an, par foi lou vous plevis!" 3189
Et cil ont respondu: "Tot a vostre devis!"] [B2v]
Ses homes a baisiez si s'est au chemin mis [A21r]
Qu'il n'en mena o lui chevalier ne marchis;
Ja ne finera mais se vanra a Paris.

CII

Desor s'en va Basins sans nule demorence;
Il a passee Luque, Lonbardie et Plaisence. 3195
Tant a erré li dus, qu'ainz n'i fist demorance,
Qu'a Paris est venuz un jor de diemanche.
La trova Charlemeine, le riche roi de France,
Qui por les .xii. pers avoit grant esmaiance. [A21v]
Por son neveu Rolan tire sa barbe blanche; 3200
Quant noveles n'en ot, molt en [a grant] pesance:
"Ahii! biax sire niés, de la vostre vaillance
Ne fu onques nus hon, ne de vostre puissance!
Ogier et Olivier, dus Naime barbe blanche,
Mi gentil chevalier, granz est vostre puissance! 3205
Qui dontra mais destrier, hiaume, escu ne lance,
Palefroi ne cheval, fenon ne conoissance!
Diex! si mar acointai de Lançon la vantance;
Toz vos a morz Jehanz se il en ot puissance!
Quant a lui vos tramis, molt par fis grant anfance!" 3210

[3189] vous] vois. — [3201] a grant] *superscript by another hand.*

CIII

Molt par fu Charlemeines et dolanz et iriez.
Huon de Mans apele et Odon de Poitiers,
Salemon de Bretaigne et maint vassauz prisiez:
"Segnor", dit Charlemeines, "tant par sui correciez
Des .xii. pers de France que j'ai la anvoiez". 3215
"Sire", dit Guenelons, "de quoi vos esmaiez?
Li sires de Lançon, li dus Jehanz mes niés,
Se mon consoil viaut croire, ja n'iert vers vos iriez.
Ancor tanra de vos ses terres et ses fiés.
Rolanz est or lore a Orliens repairiez; 3220
Tote jor chaceroit por panre .ii. plouviers.
Tant par est orguelleus et outrageus et fiers,
Ne de vos ne d'autrui ne li prant or pitiez;
Je cuit qu'ancor por lui seroiz molt damagiez".
Et li rois le regarde se fu molt correciez. 3225
"Teis toi, Gannes!" dit il, "trop iés malveziez!
Ja tu ne tes lignaiges ne seroiz nul jor liez
Si avrez cez de France honiz et vergoigniez.
Par seint Denis de France a cui je sui bailliez,   [A22r]
Se li pires d'aus toz en estoit atouchiez, 3230
Et tu et tes lignaiges seroit toz essilliez!"
"Sire", ce dit Gannes, "or ne vos esmaiez:
Onques ne fu par moi mauvais consoiz bailli[e]z".

CIV

Charlemeines de France a son duel demené.
Atant ez vos Basin tot le chemin ferré, 3235
Et a tant chevauchié et par bois et par pré,
Venuz est a Paris si antre an la cité;
De ci que el palais n'a il son frein tiré.
La descendi li dus soz l'olivier ramé;
Son cheval commanda si monta le degré. 3240

3219 Ancor] Aíncor.

Quant il vint el palais si a le roi trové,
Por son neveu Rolan ot molt le cuer iré.
Basins vint Charlemeine si l'a bien salué:
"Cil Damedex de gloire, de seinte maieté,
Saut et gart Charlemeine de France l'alosé!" 3245
Et li rois li respont, ne l'a pas avisé:
"Diex beneïe toi, li rois de maeté!
Quant fus tu au sepulcre? ne me soit pas celé".
"Sire", ce dit Basins, "ja en orrez verité:
Je fui an Jherusalem a la Nativité; 3250
Par mer fusmes chacié et formant tenpesté.
L'autre [soir] arivammes soz Lançon la cité.
La trovai molt grant ost et molt gent asanblé;
Li dus Jehanz avoit son barnaige mandé.
An son chastel estoient .xii. prince monté; 3255
Par effort de lor armes l'avoient conquesté.
Par le mien esciant de France furent né;
Ce ne sai qu'il se furent ne l'ai pas demandé.
Et li dus de Lançon avoit sor seinz juré [A22v]
Qu'il ne s'an partiroit por vant ne por oré 3260
S'avoit prins le chastel et chascun desmanbré".
"Hee las!" dit Charlemeines, "ce sont mi avoé!
Par le mien esciant ja sont tuit decolé".
Come Gannes l'antant, si a le chief levé:
"Sire fiers anperieres, ne cre[e]z ce maufé! 3265
Cil paumiers est truanz qui ce vos a conté;
Por vostre aumosne avoir a ce pleit contrové.
Mais se n'estoit por vos, par la foi que doi Dé,
Ja li donroie .i. cop, s'il m'estoit commandé!"
"Par mon chief", dit Basins, "ja ne sera pansé! 3270
Ja vos donroie tele de cest baton plané
Que trestot ce visaige verroie ansanglanté!
Onques mais ne vos vi an trestot mon aé,

3252 *B* soir. — 3269 donroie] donrai.

Mais bien sanblez felon et traïtor prové!"
Come François l'antendent, grant joie en ont mené, 3275
Et dit li uns a l'autre: "Cist paumiers est desvez!"
"Non l'est!" ce dit li autres, "ains ce dit verité!"
Li parant Guenelon an sont au roi alé:
"Sire frans anperieres, par la vostre grant bonté,
Gardez que cil truanz ne soit plus escoutez, 3280
Ainz soit delivrement fors de ta cort getez,
Car de mançoinges dire est trop anloquinez;
Ja devant gentil home ne doit estre amenez.
Ja li donroie .i. cop, s'il m'estoit commandé!"
"Nenil!" ce dit li rois, "il n'est ja devisé! 3285
Par ceste moie barbe dont j'a le poil mellé,
Il n'en a ceianz prince ne demanne chasé,
S'il avoit le paumier ne feru ne boté,
Que mais tenist de moi chastiau ne fermeté!" [A23r]
A iceste parole l'a li rois si gardé, 3290
Onques n'i ot celui qui puis l'ait regardé.

CV

Charlemeines apele joste lui le paumier,
Puis li a demandé: "Ne me devez noier:
Viens tu donc de Lançon que j'oï tant prisier?
Veïs tu la mes homes Rolan et Olivier, 3295
Ne Naimon, ne Tierri, ne Basin le g[u]errier?"
"Sire, je n'en vi nul", Basins li respondié,
"Mais j'oï le segnor de Lançon molt irier;
Son chastel ont porprins ne sai quel chevalier.
Li dus les a assis a grant anpire fier, 3300
Mais formant les oï contreval l'ost prisier.
De quel part que il soient, de seccors ont mestier".
Come li rois l'antant, print soi a anbrunchier.

3294 donc] dons. — 3303 anbrunchier] anbruschier.

CVI

Basin a regardé nostre anperieres droiz;
Ce li fu vis qu'i[l] l'ait veü par meinte foiz;   3305
Bien le conut au vis et au nes qui fu droiz.
"Paumiers", dit Charlemeines, "par la foi que Dieu doiz,
De quel terre iés tu nez? Di moi toz tes adroiz.
Tu me sanbles tresbien Basin [de] Genevois".
"Si sui je", dit Basins, "par mon chief, sire rois!"   3310
Lors osta l'esclavine et trestoz les adroiz
Si remest trestoz nuz an un bliaut d'orfrois;
Devant le roi s'estut si s'escria .iii. foiz:
"Segnor, or faites pais, se vos plaist, si m'orroiz!"

CVII

"Sire droiz anperieres", dit Basins, "antandez: 3315
Ge vieng droit de Lançon, ja mar le mesquerrez.
Li vostre niés vos mande saluz et amistiez,
Et aprés vos saluent tuit li .xii. chasez.
Li traïtes Jehans les eüst malmenez   [A23v]
Se ne fust uns frans dus qui a non Ysorez   3320
Que vos getastes fors de France le regné
Por Honbaut qu'il ocist qui dou Liegez estoit nez.
Tant ont fait par lor armes, tant s'est chascuns penez,
Qu'il ont prins de Lançon les maistres fermetez
Et le maistre chastel de viel antiquité   3325
Qui fu Julin Cesar quant il [l]'ot conquesté.
Li dus Jehanz les a ou palais anserrez;
A .l. mil homes est li sieges jurés
Qu'il ne s'an tornera, ainsi l'a afié,
Por noif ne por tanpeste, por vant ne por oré,   3330
S'avra vostre neveu ocis et decoppé.
Seccor les, anperieres, par la toe bonté;
Et se tost ne le faiz, tuit sont a mort livré.

---

³³⁰⁹ de] *written by another hand above an erasure.* — ³³¹⁹ B eüst] a.

Jamais ne les verras car trop sont apressé".
Charlemeines l'antant s'en a des iauz ploré. 3335
Il a beissié le chief si a .i. po pansé,
Et quant il se redresce si a dit son pansé,
De joste lui la s'est sa grant joie mené.
Son chapelein apele se li a commandé
Que il face des briés et soient seelé. 3340
Ses barons mandera par trestot son regné,
Et cil qui n'i vanra, ainsi l'a devisé,
Se[ve]ra de son chief an trestot son aé.

CVIII

Charles tramet ses briés tost et isnelemant:
Salemon de Bretaingne mande premieremant 3345
Que si chier con il a lui et son tenemant
Que il veigne a Paris tost et isnelemant,
Et se n'i veingne mie tant escheriemant
Que .x.m. chevaliers n'ait an son tenemant, [A24r]
Que tant an doit li fiez par droit esgardemant. 3350
Salemons vit le brief s'ot le commandemant;
Il mande chevaliers si asanble sa gent,
Et nuit et jor chevauche, ne fist arestemant,
Venuz est a Paris sans nul delaiemant;
Es prez par desoz Seine prinstrent herbergemant. 3355
Charlemeines s'estut aus fenestres au vant
S'a veü ces barons qui se vont herbergent.
"Beneoiz soit", dit Charles, "de Dieu onipotent
Salemons de Breteingne qui m'ameine tel gent!
A Lançon an irons se Diex le nos consant. 3360
Tre[s]tot lor abandone son or et son argent,
Ne la garra li dus, se Diex le me consent,
Se je le puis tenir, que je nou mete au vant,
Si ferai dou chastel tot mon commandemant".
Charlemeines devise, mais il est autremant: 3365

---

³³³⁸ s'est] *or* fest.

Ainz an seront percié meint escu a argent,
Que Jehanz fait mander toz ces de Bonevant,
De Pavie et de Rome et toz cez de Melant,
De Boloingne la grasse ou il avoit molt gent,
Cez de Luc et de Luque, le segnor Galerant. 3370
Tuit veignent a Lançon par grant efforcemant:
A bien .lx. mil sont esmé an present.
Or puet dire rois Charles son boen et son talent,
Ainz qu'il ait de Lançon le maistre tenemant,
I avra tel bataille et tel tornoiemant 3375
Dont il seront percié mil escu a argent.

CIX

Charles tramet ses briés au duc de Normandie
Que il veingne a Paris a grant chevalerie,
Et si ameint o lui molt grant chevalerie, [A24v]
S'en iront a Lançon la cité segnorie. 3380
Richarz ot la novele si ne s'atarge mie:
Par Normandie mande sa riche baronnie.
La poïssiez veoir tante targe florie,

Bien furent .vii.m. de mout jente mainnie.
Normant ont tant erré et lor voie acoillie 3385
Qu'il vindrent a Paris a une aube esclarcie.
Sor Sainne herbegierent en mi la praerie;
Mout dezirent Lanson por la grant menandie.
Challes fu as fenestres de la grant tor antie;
Ces hommes voit venir, Demmedieu an mercie: 3390
"Par saint Denis de France qui nous a en baillie,
Mout est preudom Richars li dus de Normandie!
N'i garira Jehans qui mes hommes guer[r]ie;
Lanson li abatrai, la fort cité garnie!"
Guenes a la raizon escoutee et hoïe; 3395
Coiemant en jura le fil sainte Marie:
"Ains en arois soufert mainte dure hachie!
Or Jehans est mes niés de ma serour Florie;

Manderai mon linnage et ma riche mainnie;
.M. en envoierai a Lanson en aïe". 3400

CX

Challes tremet ces briés au preu conte de Flandres
Que il vigne a Par*i*s a sa riche conpaigne,
S'en ira a Lanson, la f*o*rt *c*ité soutainne,
Por Rollant delivrer et sa riche conpaigne.
Li quans mande Flammans sans n*ul*e demourainne, 3405
Et furent bien .vii.m. a lances et as ensaignes.
Et paserent Aras et puis Roie et Con*p*iaigne,
Et v*i*ndrent a Paris et se logent sor Sainne.
Challes fu as fenestres de la g*ran*t tour haut*ainne* [A25r]
Et voit Flamans logier, de Demmedieu les sa*i*gne. 3410
Mout menace Jehan qu'il li toura son regne.
Guenelons dist en bas qui fu de pute ouvrainne:
"Challemaine; ainz avrois eü mainte soufrainne!"

CXI

Challes envoie ses bri[é]s a Tierri l'Ardenois
Que il vigne a Paris o ses riches conrois, 3415
Et s'ira a Lanson ou grans iert li derrois
Desor le duc Jehan qui a asis François.
"Je irai", dist li dus, "volentiers, qu'il est drois,
Et si menrai o moi mes chevaliers courtois".
Il asanble ses os et mande demanois, 3420
Et furent bien .viii.m. as hiaumes coulourois;
Et passerent Brebant et le Qui[n]tienois,
Et trestout Quanbrezis et trestout Vienois;
A Paris se logierent sus Sainne ou sablonnois.
As fenestres de mabre fu Challes nostre rois. 3425

[3402] vigne] vigni. — [3403] *After* B fort cité. — [3406] B .m.] .c. — [3407] puis] pº (pous). — [3413] Challemaine] .Kl'm. (*scribe expands only as* Challes *and* Challon). — [3416] iert] ierent.

Il lieve sa main destre ces saigne .iiii. fois,
Et manace Jehan qui tenoit nos Fransois;
Et Guenes respondi belement en recois:
"Ains en avrés soufert engouisses et destrois!"

CXII

Challes nostres enperreres, Diex ne s'esmaie mie, 3430
Il a mandé ses hommes de Sire et de Pavie
Qu'i[l] vaigne[n]t a Paris o sa grant conpaignie,
S'ait chascuns .x.m. hommes de sa chevalerie,
Si iront a Lanson la cité seignourie
Por Rollant delivrer, lui et sa conpaignie, 3435
Que li dus de Lanson tient en sa tor antie.
Desier, il s'atourna a sa grant conpaignie,
Si a tant chevauchié o sa grant baronnie
Qu'il vindrent a Paris sans point d'atarderie;
Sor Sainne se logierent ains l'eure de conplie. 3440
Challes fu as fenestres de sa grant tor antie;
Il a levé sa main, de Dieu les beneïe.
Mout menace Jehan qui si le contralie, [A25v]
Si en a juré Dieu le fil sainte Marie
Qu'il ne s'en tournera a nul jour de sa vie 3445
Si avra pris Lanson et la tour pesoïe.
Guenelons respondi bas et a vouis cerie
Q'ainsois en seront mort de chevalier .x. mile.

CXIII

Challes mande par briés au riche duc Orsaire
Que il vign[e] a Paris san point d'atarge faire. 3450
Cil oï la nouvele qui ne se vout retraire;
Il a mandé ces hommes et pourquiert son afaire.
A Paris sont venu sans querir point d'essoine;

[3431] ses] sed.

Sor Sainne se logierent qu'il ne vourent el faire.
Challes les voit venir s'a drecié son viaire; 3455
Voiant François en jure le vrai cors saint Ylaire
Que au duc de Lanson toura tout son repaire.
Guenes respont en bas, li cuivers deputaire:
"Ains arois de vos jens grant ennui et contraire,
Car ains que revigniés, cuit je tel choze faire, 3460
.X.m. de vos barons ferai a la fin traire!"

CXIV

Challes tremet ses briés au roi Yon de Gascoigne
Que il vigne a Paris a .xiiii.m. hommes,
Si ira a Lanson qu'il en a grant bezoigne.
Quant sil out la parole, tel joie n'out il onques; 3465
Il s'est acheminnés qu'il n'i quit autre essoine,
Et trespasse les terres et les contrees longues,
Et out an sa conpaigne et maint duc et maint conte.
Mout menase[n]t Jehan qu'il li feront grant honte;
Ne le porra garir li ors de tout le monde. 3470
Trespasse[n]t le païs et la contree toute;
C'est avis qui les garde que ce soit tous li mondes.
Challes les voit venir si lor va a l'encontre.

CXV

Challes li rois de France ne se va atargant.
Il tremet a Baiviere son mesaje Bertran, 3475
"Que tost vaigne a Paris sans nul delaiement,
Et s'amaint a Paris .iiii.m. conbatans, [A26r]
Si irons a Lanson, que trop vois demourant,
Aidier as .xii. pers qui mestier en ont grant".
Bertrans ot la parole, ne se va atardant. 3480
Il a mandé ses hommes par mesages courant
Que il vigne[n]t a li, ne voizent atardant,
Et il si firent tost quant oient son commant:
.Xii.m. en i vint, tuit furent conbatant.

A la voie se mestent, ne vont plus atardant, 3485
Et ont ja tant erré et par bois et par chans
Qu'il vienne[n]t a Paris o le barnage grant;
Par de devant sor Sainne, la ce vont atirant.
Li rois les voit venir, mout en out joie grant.
Mout menace Jehan qu'il l'ira requerant 3490
Et ses hommes ocire que il paraimme tant.

CXVI

Quant Challes out sa gent mandee et aünee,
A .iiii.c.m. hommes fu mout bien aesmee,
A lances, a espees, et a hiaumes dorees.
Chascuns a bon cheval et targe bien doree. 3495
Les herberges en durent plus d'une grant lieuee;
Ne fu mais si grans hos veüe n'esgardee,
Ne qui mieus d'armes fust garnie et aprestee.
Challemaines de France n'i a fait arestee
Ains s'en va par mi l'ost que il avoit mandee. 3500
Va veoir ses barons tout contreval la pree;
Il les baize et acole s'a grant joie menee.
Puis fist crier son ban sans nule demouree:
"De par toutes les terres soit vitaille amenee
Et aconduite en l'ost et soit chier achetee, 3505
Que .vii. deniers i vaille une seule denree;
Et sil qui rien toura ne fera mezeree,
Pendus sera en haut par la geule baee!"
Mout furent chieres armes qu'il i ont aportee: 3509
.C. sous vaut une broigne quant el est bien *safree*, [A26v]
Uns esperons .x. sous qui ne vaut pas denree,
.X. sous uns hiaumes, .xxx. sous une espee,
Et adonques fu l'ost richemant atornee.
.Iiii. jours sejournerent no baron en la pree:
Mout dezirent l'errer en estrange contree 3515
Et Lanson a veoir que tant ont deziree.

[3501]{.smallcaps} ses] sed. — [3510]{.smallcaps}*After B safree*] *mutilated by binder.*

Challes se fu levés a une matinnee
Si out a Saint Denis une messe honnouree,
Puis repaire en la sale que estoie honnouree.
Li rois pensa un pou s'a la chiere enclinee: 3520
Que il ait a Lanson sa grant ost amenee,
Passer li convendra mainte estrange contree.
Atant s'en vint a Guene en la sale pavee.
Vestus estoit li glous d'une pelisse lee,
Et desous .i. samis que fu a or ouvree, 3525
Si out enple le vis, la coulor figuree:
Il n'eüst plus bel homme en toute la contree
Se il ne fust si plains de mauveize pensee.

CXVII

Guenes estoit montés ou palais ancesor.
Mout het les .xii. pers por Rollant le contor, 3530
Car Rollant heit de mort il a passé maint jour,
Si voudroit que [Jehans] le meïst a dolor.
Ou que il voit le roi, sanblant li fait d'emmor:
"Sire, [que] pensiés vous, por Dieu le creator?"
"Guenes, je vous dirai, je vous ain par emmors. 3535
Je ai mandé mes hommes de par toute m'onnour;
Venu i sont sergant et prince et vavasor,
Et mi homme sont la en painne et en dolor,
Si les a cil traïtes acegiés tout entor,
Et ce il les puet penre, mis ceront a dolor: 3540
Haster me couvenra pormener le secors".
"Sire", se a dist Guenes, "de cui avés paour?
Li .xii. per sont la si ont tres bonne tor, [A27r]
Et ont asés vitaille, ce dient li plusor,
Et si sont tel vasal et si bon poigneor 3545
C'on ne les porroit pas el mont trouver meillors:

[3532] Jehans] Jeh (*written in proper place by another hand*). — [3534] que] *superscript by another hand.*

Jamais n'averiant garde li nostre poigneor.
Asés povés atendre de ci au tans pascour
Que vous verrés es prés l'erb[e] vert et la flor:
Dont porra l'en mener ost a enpereor 3550
Quant il porront jezir en l'erbe et en la flor.
Comment chevaucherés? Ja fait il tel froidor,
Quant venrois a Mongieu ou a tant de dolor,
Lors recroiront vos bestes et la nuit et le jor.
Toz tans i fait froidure, se sachiés sans doutor: 3555
Ez vous l'ost desconfite et tornee a dolor;
Ne se porront aidier por la tresgrant froidor:
Jamais n'avront cecors li vostre poigneor".
Basins ot la parole si en out grant paor;
Il a dist a Challon: "Laissiés sel traïtor! 3560
Sire, se le creés, par Dieu le creator,
Bien sai que vous mettra en mout tresgrant freor".

CXVIII

"Sire", se dist Basins, "ne creés Guennelon!
Je vous pri por selui qui soufri paission
Q'au plus tost que porrés, secourés vos barons 3565
Qui sont a grant destroit el chastel de Lanson,
Et si i sont asis entor et environ
De la grant ost Jehan, dont il i a foizon,
Que ne lor puet venir ne pain ne garizon,
Et si sont asegié entor et environ. 3570
Por Dieu, drois enpereres, ne creés Guennelon!
Encor serés par lui a grant destruission!
Bien sai que il voudroit avoir quis la pouizon;
Dont fussent enerbé li .xii. conpaignon.
Je voi bien son corage que il a mout felon". 3575
Et quant Guenes l'entant, c'en ot au cuer frizon;
Il a dist a ses hommes: "Baron, quel la ferons? [A27v]

---

³⁵⁴⁷ n'averiant] naveriait. — ³⁵⁴⁹ es] et; l'erbe] *final* e *added by another hand.* — ³⁵⁵³ BC Mongieu] Lanson. — ³⁵⁵⁴ recroiront] recroitront (*cf.* B recerront).

Berart et Berengier, oués de se laron:
Mout m'a mis mon linnage a grant destruission
Quant uns lerres prouvés me met en grant frizon   3580
Qui onques ne vesqui ce de laresin non.
Il a tant esfondrés et palais et donjons,
Hermités desrobés et grans relegions,
Pies'a que deüst estre a grant destruission:
Or l'ont fait vif deable consilleor Challon!"   3585
Et sil ont respondu: "Orendroit l'ocirons!"
Adonques gietent jus les vermaus singlatons;
Il escrient Basin clerement a haut son:
"Fix a putain traïtes, ce as poins vous tenons!
Blamé avés a tort le conte Guenelon,   3590
Le millor chevalier de ceste region!"
Lor corrent a Basin sans point d'arestizon;
Plus de .xxx. le prenne[n]t maintenant de randon;
Et Basins escria maintenant a haut ton:
"As armes! s'ont couru cil de sa region: 3595
La ce sont entrepris devant le roi Challon,
Deronpe[n]t ses bliaus et ses fors auquetons.
Ja fust grans li demmages, cui qu'en poit ne qui non,
Qant Challes en jura le cors saint Simion
Ne par la foi qe doit les pans de son grenon,   3600
S'uimais en i a nul de si riche renon
Qi face nul meschiés par nesune achoison,
Il forjurra Challon a tous les jors dou mont,
Ne li ne son lignage jamais n'avera bon;
Dont ce traient arriere si laissent la tenson.   3605
"Guenes", ce dist li rois, "mauvais gré vos savon
Q'ici nous delaiez la voie de Lanson.
Vo n'amez mie saus qi la sont en prison".
"Sire droiz emperere", dist Guenes li felons,
"Par la foi qe vos doi, jamais n'en pallerons.   3610
Mouvés quant vous plaira; atant nous en tairon.   [A28r]
Voirement fui ge nés de trop male saizon
C'onques ne fui creüs de nul ce mauveis non;

[3599] Challes] K' (cf. 3610 pallerons). — [3603] Challon] K'm.

Toz jorz me met on sus ou blame ou traïzon".
Lorz se departi Guenes si laissa la tenson, 3615
Et dist entre ces dens que ne l'entendi hon:
"Par ma foi, enpereres, mout avés grant frizon,
Mais ains que aiés prize la cité de Lanson,
Vous avrai je bastie une tele leson
Que je vous rendrai pris au seignieur de Lanson. 3620
Encor serei ge rois, qui qu'en poit ne qui non,
Et tenrai riche cort a Rains ou a Loon,
Ne ja n'avrai o moi se tous traïtes non.
Je ne seroie [u]n an sans faire traïzon
Qui me donroit tout l'or d'une grant region: 3625
Itiex sui, itiex erent trestuit mi conpaignon".
"Par mon chief", dist Hardrés, "sire, se sommes mon!
Ainsi fu destinné a nostre estracion.
Partout ou nous porrons, ne ferons se maus non".
Ainsi s'en retorna dizant dans Guennelon; 3630
Et Challes l'emperere fait crier a bandon
Que le matin au jor au chans de l'oi[s]elon
Chevauchera li rois ou non saint Simion.
Dix conduie son ost en lointain region
Que il puisse venir a Lanson a honnour, 3635
Et cecoura iluec les .xii. conpaignons
Qui sont la asegié par .i. mauveis glouton.
Fransois oient le ban et la commandizon,
Et dist li uns a l'autre: "El nous ne demandon
Mais que puisson veoir la cité de Lanson!" 3640

CXIX

Mout par furent François baut et lié et joiant
Quant sevent que mouvront droit a l'aube aparant,
Et trouse[n]t et apreste[n]t et font joie mout grant;
Les sommiers et les cofres trouse[n]t isnelement. 3644

---

³⁶²⁴ un an] i nan (i *in lighter ink above an erasure*). — ³⁶²⁹ *BC* Partout ou] Par tout lan. — ³⁶³² de] des.

Mout se vont tuit par l'ost tresbien aparillant, [A28v]
Et li un et li autre vont souvent escriant.
Fransois se vont par l'ost mout bien aparillant,
Car demain en iront por secoure Rollant.
Il dient lor voloir, lor bon, et lor talent,
Mais encore ne sevent con lor est couvenant, 3650
Car Guenes li traïtes ira l'ost atargant;
De qanque il puet onques, va engin porquerant.
Mout a deziré Guenes la mort au duc Rollant;
Bien set ce Challes tarde et il va demourant,
Tuit seront pris no conte, ja n'en aront garant. 3655
Il en a apelé Yzoart et Hermant,
Mauvoisi et Roart, et Malegrape errant,
Et aprés en apele son neveu Maucuidant,
Mausion son couzin que il paremmoit tant;
Car tuit sont si couzin et si apartenant, 3660
Et si sont d'un linnage qui si fu maupensans.
"Baron", dist Guenelons, "or soiés tuit taizant
Si ourois ma parole et mon commandement:
Volentiers conquerroie aucune rien plaizant
Par coi je destruiroie Olivier et Rollant. 3665
Je hé mout mon fillatre, bie[n] le seve[n]t auqant,
Qui m'a fait mainte fois courecié et dolent;
Mout a esté ver moi orguilleus et puissant.
Bien sai qui porroit faire Challes fust retornans,
Bien seroie vengiés par mon n[e]veu Jehan, 3670
Que Rollant het de mort plus que homme vivant.
Ja n'averian[t] de mort li autre per garant,
Puis seroit Challemaines enerbés maintenant.
Lors seroie enperere et couronne portans,
Et vous qui estes si devant moi en prezent, 3675
Tuit seriés mi per et tuit mi bon vaillant.
Aroit il nul de vous tant soutil ne vaillant
Qui seüst plait trouver cortois et avenant
Que sist os demourast, Challes fust demourans? [A29r]

[3648] iront] irons. — [3652] porquerant] porquerait. — [3658] *After BC and elsewhere in A* Maucuidant] lacuidant. — [3677] *After B* vos] nous.

S'esteroit mout bien fait, par le mien essiant".. 3680
["Certes, nos ne savons, sire", ce dist Morant.] [*B*12r]
"Merveilles voi", dist Guenes, "mout vous voi
         [esmaiant, [*A*29r]
S'i a tant traïtor devant moi en estant,
Si n'en i a .i. seul qui en sache noient;
Dont sai ge plus de vous, par le mien essiant. 3685
Baron", dist Guenelons, "vous ne savés nient!
Je sai plus que vous tuit! Or escoutés comment
Je ferai demourer Challon si faitement
Que il ne secoura Rollant devant .i. an".
Quant li traïtor l'oient, s'en vont formant riant; 3690
A Guenelon escrient hautement en oiant:
"Dites donc, sire cuens, vostre grant essiant!"
"Baron, or faites pais si oués mon talent:
Il couvendra louer .xx. ribaus maintenant,
Si lor donrons asés et or fin et argent 3695
Mais qu'il feront a nous mout bien le serement
De faire noz voloirs, n'escondiront noient,
Ne ne descouverront a nul homme vivant.
Puis les atornerons saiens si faitement
Que de Jehruzalem venissent maintenant: 3700
Les chevous lor taindrons de pui et d'arement,
Si sanbleront hallé, je di veraiement;
Bordons avront ferrés et a lor couz portans.
Quant atorné [seront] tout ainsi faitement,
Barbes avront de lin taintes si faitement 3705
Que ne s'en puit nus hons apercevoir noient.
Devant Challon iront mout ordonneement,
Salueront le roi mout acoreement,
Et puis si porront dire mout afichiement
Qu'il viennent dou sepucre qui est en oriant, 3710
Puis entrerent en mer et les chasa tes vens
C'au port desoz Lanson les ariva courant,
Puis trouverent Rollant son neveu maintenant,
Et tous les .xii. pers ou maistre mandement, [*A*29v]
Et tant avoient fait par lor esforcement 3715

---

³⁶⁸¹ Lacuna in text of A. — ³⁷⁰⁴ seront] *superscript by another hand.*

Que il prist[r]ent Jehan par lor souduizement,
Et si n'en voudrent penre ne or fin ne argent,
Ne penre raanson, mais pendre maintenant.
Quant cil de Lanson virent icel esforsement,
Bien sevent que ver aus n'aroient tensement; 3720
La devindrent si homme de gré et bonnement,
Et ainsi ont conquis et terre et chazement;
Or s'en doivent venir en seste terre errant.
Et quant Challes oura icetui mandement,
Ce sachiés vous de voir et n'en doutés noient 3725
Que lors departira ceste ost et seste gent.
Ainsi morra Rollans a duel et a tourment,
Et puis enherberons Challon de maintenant,
Si serai rois de France, qui qu'en plort ne qui chant.
Ves ici l'achoizon et le traïsement 3730
Et la dolor de France et la mort de Rollant,
Dont n'a si mout fier plait et fier engienment:
Ainsi m'en vengerai auques soutivement".
Li traïtor respondent trestuit communement:
"Par foi, sire quans Guenes, mout par este vaillans! 3735
N'a millor traïtor de ci en oriant!
Con vous estes biaus, sire, par le mien essiant,
Ne qui miex bastir sache .i. grant enconbrement
Et .i. homme honnir, c'il en plaist vous atant.
De ce qu'avés ci dist, n'i ait arestement, 3740
Car bien povés errer ainsis faitierement,
Mout sont li douze per mis en tresgrant torment".

CXX

Quant li quans Guenelons la choze ot devizee,
Hardré en apela cui la raizon agree.
"Guenes", dit li traïtes qui out male pencee, 3745
"Jamais iseste choze ne seroit bien celee
Se as estrenges gens l'aviés racontee.
Encor le savroit Challes a la chiere menbree. [A30r]
Et en seroit vo geste honnie et vergondee.
A saus de son linnage soit la raizon contee, 3750

Que par .xx. ou par .xxx. sera mout bien celee.
Soient aparillié demain a l'enjornee
Ains que Challes ait s'ost menee n'atornee".
"Hardrés", dist Guenelons, "or soit ainsi ma gree!"
Berengier en apele a la chiere menbree, 3755
Et Giriaume et Rouart et Guichart de Valpree,
Maucuidant et Aliaume, Tiebaut Torteschinnee:
.Xx. en ont asanblés coiement a celee.
A seus a Guenelons sa parole contee
Si con il out devant et dite et devizee. 3760
Adonc a a chascun l'esclavinne aportee,
Et a chacun la face tainte et encharbonnee:
Lors sanble que il vignent d'outre la mer salee.
Et puis a a chacun une chartre livree;
D'un faus seel les a maintenant saellees. 3765
Challes va au moutier s'a la messe ecoutee,
Et puis a commandé que l'en sont la menee,
Si iront a Lanson la cité honnouree
Por secoure Rollant en estrange contree.
Ez vous les pelerins: sans point de demouree 3770
Trés devant Challemaine ont fait lor arestee;
Chascuns des traïtors li a fait enclinee.
B[e]rars parla premiers, ja dira sa pensee:
"Cil Damediex de gloire qui fist la mer salee,
Qui nous donne la char, le vin, et la blavee, 3775
Il gart le roi de France qui a grant renommee
Comme le mieudre prince qui ain sainsit d'espee;
De par Rollant le duc qui a chiere menbree,
De par les autres princes de France la louee:
Rois, vessi une chartre que je t'ai aportee; 3780
De par le tuen neveu t'est issi prezentee.
Rois, fai brizier la cire qui si bien est serree [A30v]
Tant que la chartre soit leüe et esgardee,
Si ourés que vous mande, verités est prouvee,
Qu'il a conquis Lanson au trenchant de c'espee, 3785
Et toute la contree qui si est longue et lee;
Et quant Jehan out pris de Lanson la louee,

N'en vout raanson penre vaillant une denree;
Tout maintenant li ourent la hart ou col nouee.
Tel paor orent tuit icil de la contree 3790
Qu'il lor orent tantost toute l'onnor livree.
Li quans out le congié et sa conpainne armee;
La ont pasee Romme de sa une jornee.
Ceste chartre nous fu de sa Romme livree
Que vous avrois les contes ains quinzainne passee". 3795
Challes out la nouvele, mout formant li agree.

CXXI

Challes oit les nouveles, fait resevoir les briés,
Et a dist as mesages: "Seignor, grant bien aiés!
Tes paroles portés dont je sui mout fort liés.
Se puet estre vertés, grans mersis en aiés!" 3800
"Ce est voirs, par mon chief, sire", dist Berengiers.
"Par ces lestres meïmes le vous mande vos niés.
Desqu'il ait si tresbien erré et esploitié,
En estrange contree, a qui serés iriés?
Car en ceste qui[n]zainne, de verté le sachiés, 3805
Avrés les .xii. pers, avec iert vostre niés".
"Seignor", dist Challemaines, "Diex en soit graciiés!"
Son chanbrelain apele si li a dist: "Lisiés!"
Et voit que ce est voirs que il lor a lancié,
Tout ainsi comme Guenes lor avoit ensaignié. 3810
Il a dist a Challon: "Or vous faites haitiés,
Car voirs est, se me sanble, ce que il ont noncié".
"Sire", ce a dist Guenes, "de verté le sachiés,
Se mes consaus estoit loiaus ne droituriers,
Que ce seroit demain que vous retorneriés. 3815
La merci Damedieu, or ai bien esploitié! [A31r]

3803 *After B* Des qu'il ait si tres bien erré et aploitié] Desques il va si bien con avés esploitié. — 3804 serés] feres. — 3805 de verté] le vertes.
3808 *B* Lisiés] laissies.

Las! or ne serai mais creüs ne tenus chiers!
Tex est ma destinee, mont suis correciez!
Ce n'est pas grant merveille car Jehans est mes niez."
"Guenes", dist l'emperere, "or ne vos correciez. 3820
Ce por lui vos haoie, ne vos en mervelliez.
Ce perdisse Rollant, jamais ne fusse liés".
"Non, sire", ce dist Guennes, "certes droit eüssiez.
Desormais commandés que l'ost soit desrangiez
Et que chascuns s'en voit, li demourers est griez. 3825
Mout i ont despendu d'avoir, ice sachiez,
Et ce n'est mie droiz que si grant gens meniez;
Et si faites donner por Dieu a ces paumierz
Trois mars de vostre avoir, si les ferés mont liez,
Si vos en delivrés si lor donés congiez. 3830
Espoir qu'il ont encore et enfans et moillierz;
An lor païs ont il de l'aler desirrier
Dou reveoir lor fames et lor anfans plus chierz".
Challes voit Guenelon qui mont est enplaidiez;
Mout li poise quant fu onques ces concellierz, 3835
Et a dist a Basin: "Sez me tu concillier?
Je ne sai que je croie ne ne sai que laissier
Quant je n'ai avec moi duc Naimmon de Baivier;
Car ne puet estre, ce dient li princier,
Que doze home puissent iceste terre plegier". 3840
"Sire", ce dist Basins, "ne vos sai concillier,
Mais je vos veil loer, a celer ne vos quier:
[Vos feriés en vos cor[t] retenir ces pamie[rs]; [B16v]
Bien soient retenu et fierement liés
Tant que de si a Rome .i. mes tremescissié[s]; 3845
Tant que fust revenus, tenir les porriés; [B17r]
Il venront a cort terme se c'est voir, ce sachié[s];
Que vos tenés vostre ost con ci l'ai porchacié,
Puis si faites crier et vostre ban noncier:
Qui a buef nen genice, si l'amaint au marchié. 3850
Se ele vaut .xx. sous, .xxxii. l'en paiés:

3837 ne ne sai] ne me sai. — laissier] laissierz. — 3843-73 An abridgement of A. — 3846 porriés] porrier. — 3847 terme] tiííie. — 3849, 55, 56, 69 et] 9 (*often used in B for* et *as well as for* con).

Enci verrois vitalle a l'ost acharoie[r].
Si faite effronde[r] vostre argent, vostre ormie[r];
Tant que li mes revigne, lor doné[s] a maingie[r].
Qui tel gent veut mener et il viut esploitie[r], 3855
De son or li covint despendre et desploier:
Qu'en done que aime, n'en a son desirier".

CXXII

"Sire", ce dist Basins, env[er]s moi entendés:
Faites crier ton banc par trestoz vos regnés:
Qui a bués ne genisse, ne vaiche ne anniés, 3860
Ne grais pors ne motons, au marchiet soit menés,
Et s'il en veut .xx. sous, .xxxii. l'en doné[s].
Vos tresor an[c]eissors desormais effondré[s];
Don[é]s ent a vos home, quar faire le devé[s],
Tant que vostre masaiges soit venus et alé[s]. 3865
Ce c'est voir que Rollans soit ja en No[i]ron Prés,
Et qu'il ait si Lançon par armes conquesté, [B17v]
Sachiés se il est voir que il ait ci erré,
Que entre ci et Rome les avrait encontré".
"Basins", dist Charlemaine, "por Deu, car i alé[s]! 3870
Je n'ai home çaiens ou tant me puis si fie[r]".
"Sire", ce dist Basins, "si con vos conmandeis,
Mais tant vos velz proier por Deu de maïsté]
Que ce tant demourés que termes soit passez [A31r]
Que je puisse estre a Rome et venus et alez, 3875
Et vos et vostre gent a Lanson en irés,
Que jamais sa a vos ne serai retornés
Se entre ci et Rome ne les ai encontrez,
Ains avrai a Rollant et as autres parlé.
Se je suis avec eus, ce sachiés par verté 3880
Que Jehans nes pendra en trestout son aé". [A31v]
"Basins", ce dist li rois, "por Dieu, car vous hatez!"

3852 verrois] venrois. — 3855 Qui] Que. — 3857 n'en a[nen na. — 3859 crier] cries. — 3869 avrait] avrais.

"Sire", ce dist li dus, "ja serai aprestez!"
Tantot monte ou cheval, ne s'i est arestez;
De Paris est issus, s'i est acheminez; 3885
Il trespasse les terres et les amples regnez.
Tant a esté Basins et par puis et par prés
Qu'a un lundi matin a Monjeu trespassé.
Tant a passé chaitaus et murs et fermetez
Q'il est venus a Rome, la mirable cité. 3890
Assez i a Basins les contes demandés;
Il ne trueve nului qui l'en die verté.
Lors set tresbien li dus de fine verité
Que Challes estoit ja deseüs et matez
Par les faus pelerins qui la furent alé. 3895
"Hé Diex!" ce dist Basins, "comment porrai errer
Quant je ne puis ici les doze pers trouver?
Se je retor en France Challon ice conter,
De la saison dou tans porrai mont trespasser,
Et je plevi Rollant quant je m'en dui torner 3900
Que plus tost que porroie, seroie retornés!
Mont me crien envers l'ost mentir et parjurer!"
[Demantres que Bazins ier enci fait mene[r]   [*B*18r]
Qu'il ne savoit que faire, de venir ou d'ale[r],] [*B*18v]
Estes vos .i. paumier qui venoit d'outre mer;   [*A*31v]
A Orliens aloit de la ou il fu nés, 3906
Et quant Basins le voit, cele part est tornez.
"Paumiers", ce dist li dus, "de quel terre fus nés?"
"Sire", dist li paumiers, "de Lanson la cité;
[Je fui au tref Jehan .iii. jors enprisoné.]   [*B*19r]
Rollans li niés Challon et tuit li doze per   [*A*31v]
Sont laians ou chatel forment emprisoné, 3912
Ne n'avront de coi vivre dedens .i. mois passé;
Pain ne vin ne vitaille n'i ont, foi que doi Dé.
Un mardi s'en issirent, si con moi fu conté, 3915
La ou Jehans menjoit a trestot son barné.
La les durent avoir Fransois tous desmenbrés.   [*A*32r]

---

³⁸⁹¹ i a] va. — ³⁸⁹⁶ errer] errez. — ³⁹⁰³⁻⁴ Lacuna in text of *A*. — ³⁹⁰⁹ paumiers] dus. — ³⁹¹⁰ Lacuna in text of *A*. — ³⁹¹³ *After B* moi] an.

.X. sonmiers lor tolire[n]t qui tuit erent trossé
De pain et de vitaille et de vin et de blé.
Quant je oï la noise et la grant cruauté, 3920
Si m'en foï, biau sire, et issi fors dou tre[f].
Toute nuit me tapi et jui en un fossé
De ci que au matin quant i[l] fu ajourné
Que Jehans asailli au palais principe[l].
Tant i a ces perrieres et ces engins jetez 3925
Que tous lor a les bailles par dehors craventés:
Riens n'ont fors que la tor, li barnages loez.
Je vos di que il sont malement afolé,
Et le secors atandés trop lor a demoré.
Mais Basins si les a durement obliez, 3930
Et si est envers eus mentis et parjurez.
Jamais rois Challemaines ne sara tant haster
Que il soient vers li garanti et tansé".
"Paumiers", se dist li dus, "tant sui je plus irés!
Certes je suis Basins dont vos parlé avés! 3935
Je vain de Challemaine et s'ai a li parlé.
J'eüse pies'a lui et Fransois amené
Mais par .i. traïtor fui forment destorbez:
Guenes est, de Plaisance, an la vostre regné". 3939
[Quant Basin ot tout dit ce que dire m'oés, [C170r]
Au paumier demanda: "Ou serés vous tournés?"
Et ly paumiers ly dist quy bien fu enparlés:
"Sire, je m'en irai par les Dieu vollentés
Ou roialme de Franche ou a mainte chités".
Quant Basin l'entendy, se ly dist tout soués:] 3945
"Tenés ici .i. brief, frans pelerins menbrez, [A32r]
Cel porteras a Challe a Paris la cité
Ou il a son barnage garni et apresté.
Di li que face tot c'on brief avra trouvé,
Et qu'il ocie les faus paumiers barbez, 3950
Car il sont envers lui menti et parjuré.
Je te di loiaument, bien en seras loé,

---

³⁹³⁹ de] a. — ³⁹⁴⁰⁻⁴⁵ Lacuna in text of A. — ³⁹⁴⁷ Challe] Rome.
³⁹⁴⁹ c'on] 9.

Et g'irai a Lanson la mirable cité.
Se je suis avec eus, je di par verité
Que li dus nes penra en trestout son aé.   3955
Mais je vos veil prier por sainte charité,   [A32v]
Preste moi t'esclavinne et je la porteré;
Plus sauvement porrai entrer en la cité;
Et tu avras ma robe qui est de grant bonté:
Je l'achatai .x. mars bien a .i. an passé".   3960
"Sire", dist li paumiers, "ice me vient a gré".
L'esclavine et la gone li a mont tost livré,
Et li paumiers l'en a mont tost araisoné:
"Sire", dist li bons hons, "ja ne vos iert celé:
Je dot que n'en soiés malement enconbré".   3965
"Amis", ce dist Bazins, "or ne vos dementés".
A itant ce despoille que nu est demoré.
Trestous ces garnemens a au paumier livrez,
Les lestres et le brief en cire seelé,
Et puis prist l'esclavine et le bordon ferré,   3970
Et les hueses chauciés et les solers tenez,
Et le chapiau de fautre a en son chief boté.
Li paumiers le regarde s'en a .i. ris gité.
"Por quoi as ris, paumier?" Bazins a demandé,
Et cil a respondu: "Ja ne vos ert celé: 3975
Merveilles vos avient ce qu'avés endossé.
Bien resamblés truant, par ma crestienté;
Onques d'el ne vesquites, ice me resamblez".
Adont s'en rit Bazins puis l'a acolé,
Et dou mesaige faire l'a mont amonnesté,   3980
Puis l'a baisié en foi, atant sont desevré.
Li paumiers s'en ala en France le regné
Si en porte le briés en cire seelé
Dont tuit li faus paumier seront a mort livré.
Et Bazins ist de Rome si c'est acheminés;   3985
Jamais ne finera, ainsi l'a il juré,
S'avra veü Rollant et tot l'autre barné.

[3967] nu] iíí.

CXXIII

Desor s'en va Bazins sen chemin droiturier;
L'esclavine a vestue, bien resamble paumier; 3989
Ne vout en .i. vile c'une nuit herbegier. [A33r]
A .i. lundi matin ens ou mois de fevrier
Pas[sa] .i. grant destroit et .i. grant bois plenier.
Par .iiii. fois le jour li cheï ces destriers.
Ce fu senefiance de mont grant enconbrier
Que .v. larron le voient delez .i. grant rochier. 3995
Vin*t* estoient juré qu'il ce doivent aidier.
La conpaignie a seus cui Diex doint enconbrier
S'en furent tost alé par le bois espier,
Et li .v. sont remés por garder le sentier.
.X. marcheans avoient ocis et detranchiés; 4000
A force lor avoient tolu lor .x. sommiers
Toz charchiés de viande et de pain a mangier,
Car a Lanson aloient en l'ost por gueainnier.
Li .v. larron estoient ou pendant d'un rochier;
Voient venir Basin tot le chemin plenier, 4005
Le grant bordon au col, corant par le santier,
Et disoient entr'aus, li gloton pautonier:
"Je voi en ce chemin venir ci .i. paumier.
Or le mainnent deable a tot son enconbrier.
N'a pas tot despendu, encor a bon destrier, 4010
Et si cuit que il a o lui maint bon denier.
Bon eschac avons ci; or sivons le paumier.
Bien le mainnent deable par mi cel bois plenier;
N'a coutiau ne espee dont il se puisse aidier".
Li .v. larron le voient, cel prenent a huchier: 4015
"Ci lairez le cheval, faus truans pautoniers!
Emblé l'avés vostre oste, or le covient laissier!"
"Non ai!" ce dist Basins, "ce Diex me puisse aidier!
Mains por l'amor de Dieu que n'i ait destorbier,
Et por le saint sepucre que je vain de baisier! 4020
Certes tant ai alé n'i a mais que baisier;
Je ne me puis a vos conbatre ne aidier".
"Par Dieu!" font li larron. "Ce ne vos a mestier, [A33v]
Que ja n'eschaperez sains ne saus ne antierz!"

Basins voit que parole ne li avroit mestier; 4025
Se il puet, il ferra avant *tot* le premier.
Lors hauce le bourdon tant con il pot haucier;
Tot droit vers les larrons a brochié le destrier.
Basins gita avant por son cop avancier,
Et fier .i. des larrons par mi le hanepier 4030
Que la teste li fist et fendre et pesoier.
La cervele li fist h*ors* dou chier trebuchier
Que mort le trebu*cha en* mi le sablonier.
Puis lor a escrié: "N'en irés, pautonier!"
L'autre a escervelé de son bordon plenier. 4035
Quant li .iii. larron voient les .ii. si meheinniez,
Et dist li uns a l'autre: "Bien sanblons aversié
Quant sans nos armes penre venimes au paumier!
Sachiés qu'il est bons hons et vaillans chevaliers;
Ja n'en tornerons mais sain ne sauf ne antier! 4040
Nostre orguieus nos a mors, n'i avrons recovrier!"
Lors corrent a lors armes et lors brans d'acier,
Et Basins lor a dist: "Ce ne vos a mestier!"
Maintenant les enchace car ne vot atargier,
Et atot le plus coi[n]te a fait grant a[n] conbrier 4045
Q'a ses piés la cervele en fist jus trebuchier.
Lors descendi Basins de son corant destrier
Et dist que jamais n'iert pelerins ne paumier;
Marcheans sera bons s'en menra les sommiers
Que li larron avoient robé et gueainnié. 4050
Bien sanble que il soit mout tresbons chevaliers,
Mais c'il puet tant errer ne esploitier
Que dedens le chatel se poïst enbuchier,
Dont avroient li per a boivre et a mengier,
Car assés en avroient jusqu'a .i. mois entier 4055
Et porroient atendre lor seignor droiturier. [A34r]
Basins n'i aresta ains va sans atargier,
Et puis a les somiers l'un a l'autre lïé.
Droitement a Lanson c'est Basins adreciés;

---

⁴⁰²⁶ *After* 5838 tot le premier. — ⁴⁰³⁷ aversié] aversier. — ⁴⁰³⁸ *After* B venise au paumier] ne vi mais pautonier. — ⁴⁰⁵⁶ droiturier] troiturier. — ⁴⁰⁵⁹ Droitement] Troitement.

Bien sanble marcheans qui vainne de marchié. 4060
Ne finera d'errer, tant con il soit entiers,
Si avra les barons secorus et aidiés.
Mais ai[n]sois li venra uns mortex enconbriers,
Car li home Jehan li toudront les sommiers.

CXXIV

Bazins antre ou chemin si a son chemin pris. 4065
Quant il out les somiers que il avoit conquis,
Devant lui les mena, li riches dus Basins;
Bien sanble marcheant qui de ce soit apris;
Mais ains qu'i[l] vaigne en l'ost, sera si entrepris:
Encontera li dus .c. foretiers vestis 4070
Qui tuit queront vitaille contreval le païs.
Bazin voient vers aus venir tot le chemin,
Les .x. somiers charchiés et de pain et de vin,
De char salee et fresche, de malars, de poucins.
Quant il le voient, cele part sont verti; 4075
Les somiers li tolirent et les chevaus de pris
Dont il cuida servir les barons signoris.
"Vos faites grant pechié, seignor", ce dist Bazins,
"Car je suis marcheans, d'autre choze ne vif!"
Et cil li respondirent: "Ne vos doutés, amis; 4080
Ainsis le nos comande Jehans li posteïs
Por son ost qu'est destruiz car trop ja i a sis.
Or venés aprés nos belement le chemin
De ci au pavillon ou l'aigle d'or est mis.
Venés a mon seignor si li criés merciz, 4085
Et se il les vos rant, de ce soiés toz fis,
Ja par moi n'en serés destorbés ne maumis,
Que povres hons sanblés; vo chatel i est mis.
Il feroit grant pechié qui vos touroit ainsis". [A34v]
A iceste parole ce sont au chemin mis. 4090
Or le garisse Diex que il ne soit honniz,
Car il tost s'aresta ens en mi le chemin.

---

⁴⁰⁸⁶ *B* les] ne. — ⁴⁰⁸⁹ Il] Iil.

Mout par fu correciés, ce sachiés vos de fi.
"Que ferai", dist li dus, "biaus rois de paradis?
Se je vois a Jehan por lui crier merci 4095
Et je suis perseüs, jou en serai honiz,
Car je suis de Jehan trop durement haïs.
Se il me tient aus poins, n'en eschaperai vis
Que ne soie tantost afolés et maumis".
Puis dist a l'autre mot: "Or ai dist que faillis: 4100
Se je ainsins i lais et mon pain et mon vin,
Je seroie musars et malement faillis.
Par icel saint apostre que quierent pelerin,
Je ravrai mes somiers ou j'en enblerai .x."
Or desandi li dus ou mileu des larris 4105
Si a trové une herbe qui mout est de grant pris,
Puis en a son visage mont durement nerci,
Puis s'en vient par mi l'ost si est levés li cris.
Au duc Jehan se vient si l'a a raison mis;
Devant [lui] c'est assis c'esgratina son vis 4110
Et sache ses chevox, puis si c'estoit maumis
Que petit s'en failli que il ne fu ocis.
Jehans le regarda qui fu mautalentis.
"C'as tu", ce dist Jehans, "vilains, qui ci t'ocis?"
"Sire, j'estoie issus l'autrier de mon païs 4115
Atot doze somiers de vitaille garnis.
Mon chatel et l'autrui, las! i ai je tot mis.
An vostre ost l'en menoie por vendre, vos merciz;
Vos en ferés, biau sire, trestout a vo plaizir.
Vostre forrier le m'ont tolu en ces larris; 4120
Or le me faites randre s'i[l] vos vient a plaizir.
Por amor Dieu, biau sire, qui en la crois fu mis, [A35r]
Car le me faites [rendre], frans chevaliers de pris,
Que moi et mes anfans averiés traïs.
Et se les me tolés, qu'il soit a vo plaizir, 4125
Par foi que doi Dieu, a l'ost en sera pis:
Quant marcheant l'orront d'autre part le païs,
Ja puis n'i amarront ne le pain ne le vin,

---

⁴¹¹⁰ *B* lui. — ⁴¹¹⁵ j'estoie] iestioe. — ⁴¹¹⁶ garnis] garmis. — ⁴¹¹⁸ *B* l'en menoie] lont mene. — ⁴¹²³ rendre] *superscript by another hand.*

Si en seront vostre [ost] afolé et maumis".
"Par mon chief!" dist Jehans, "vos este bien apris 4130
Car savés bien parler, n'estes pas entrepris.
Je cuit que vos l'avés de pies'a bien apris;
Dou vostre demander n'estes pas esbahiz".
Puis apela Hernaut et Guion son ami
Et les autres barons qui les lui sont assis: 4135
"Ne sai ou l'ai veü, cest home qui est ci.
Autre fois l'ai veü, ce m'est il bien avis.
Li cuers me dist mout bien, car n'est pas mes amis,
Mais ne me puet menbrer en quel lieu je le vi".
"Sire", dist Agraïn, "par le cors saint Denis 4140
Que nus miex ne me sanble de cestui a Basin,
Selui qui vos enbla vostre destrier flori!"
Lors s'en vient a Basin si l'a mont tot saisi:
"Avec nos an venrés, fiz a putain faillis!
Dans felons mesdizans qui ainsi nos traïs, 4145
Que ainques puis n'en soi novelles ne apris!"
"Par mon chief!" dist Jehans, "vos n'avés pas menti!
Cist le resanble miex que home qui soit vis;
Par le mien esciant je cuit que ce est ill!"
"Non est!" dist Amicars, uns haus hons dou païs. 4150
"Basins est chevaliers mais ce n'est mie cist,
Quar c'est ci uns vilains qui de sen labor vist.
S'on li toloit le suen, il seroit malbaillis;
Mais faites li tost rendre, sire, je vos en pri". 4154
Li dus dist a ces homes: "Faites tost! Randés li!" [A35v]
Ses somiers li rendirent, et il les a saisis.

CXXV

Deable fist Basins qui ot tel hardement,
Qui devant Jehan vint plaindre si fierement,
Chalangier ses somiers devant lui et sa gent,
Car c'il [le] conneüsent, il alast malement; 4160

---

⁴¹²⁹ ost] *superscript by another hand*. — ⁴¹³¹ *After* savez *superscript by another hand*] cees. — ⁴¹⁶⁰ *After* B lou. — il alast] al alast.

Il ne fust rachetés por .x.m. mars d'argent
Que il ne fust pendus devant la tour au vent.
Basins loe .i. estal tot et delivrement;
Par guile mest pain sus et vitaille ansement.
Uns hons en bargina si ne fina grenment   4165
Quant out tant barginié par son afaitement.
Basins vieut la darree vendre bien largement:
Qui ne vaut c'un denier, [fait] bien .i. marc d'argent,
Ci li dient laidure por ce qu'il la vent tant:
"Va t'an!" font il a lui; "deable te cravent!   4170
Maufé ont amené en [l'ost] tel marcheant;
Se li autre sont tel, il ira malement:
Ves vos l'ost afamé ce li dus nou deffent".
Tote jour demora Basins si fierement
Que nus ne bargina et il ne vent noient.   4175
Tot en menra de l'ost, se il puet, le froment
As .xii. pers laissus qui sont si faitement,
Ne mangerent de pain .ii. jors a, voirement.
Il n'i a mais sor piés qu'Olivier et Rollant
Et Ogier le Danois et Naimmon, voirement: 4180
Li plusor sont de fain estordi malement.
Et Jehans [fait] garder son ost estroitement
Que au soir ne au main n'i a monté nus nient.
Tuit i fussent destruit, con sai a esciant,
Ne fust li dus Basins qui [en] l'ost estal prent.   4185
Sa via[n]de i ofri, mais n'i vendi noient.
Nus ne bargine a lui ne voit repentant.
Li doze per maudient Basin mout durement,   [A36r]
Et par desor les autres le maudisoit Rollans:
"Basins, Diex te confonde li peres roiaument   4190
Qui menti m'as ta foi par ton afaitement!
Tu me deüs Challon cui toute France apent
Amener en cest regne mout trés prochienement.
Se jamais repairoie en France la vailla[n]t,

---

⁴¹⁶⁸ *B* fait. — ⁴¹⁷⁰ deable] deabla. — ⁴¹⁷¹ *B* l'ost. — ⁴¹⁷⁶ de] en. — ⁴¹⁸⁰ le Danois] lardenoes. — ⁴¹⁸² *B* fait. — ⁴¹⁸⁵ *B* en. — *B* estal] ostel.
⁴¹⁹³ *After B* raine] ost.

De ta grant traïson te feroie dolant!" 4195
Mais Rollans en a tort quant si le va blasmant,
Car Basins est en l'ost tot por aus marcheans.
Le soir a l'avespree li dus leva beant
Que laiens ce mestra, c'il puet, prochienement
Au plus tot qu'il porra, ce Jhesus le consant. 4200

CXXVI

Or est Basins en [l'ost] s'a son estal levé
Devant la viande et la char et le blé.
Nus hons de mere né n'a a lui achaté,
Car il fait la darree deus mars d'argent pesé.
Mout par l'ont toute jour et laidist et blamé, 4205
Et par mai[n]te foïe "fiz a putain" clamé.
Basins a cele nuit et cel jor si mené
Tant que solaus baisa et il fu avespré.
Li conte sont laiens en la maistre ferté
De fain et de mesaise durement apressé. 4210
Rollans en fu dolans et si en a ploré;
[La nu[i]t ga[i]tait la tor et la grant farmeté, [B26v]
Olivier avec lui au gent cor honoré.]
A[u] plus maistre crenel sont la nuit acoudé, [A36r]
Si ont fermé la porte et le portau levé: 4215
"Hé! Ollivier, conpains, con par a mal erré
Basins nostre conpains qui si nos a gabé,
Car il nos a traïz et convenans faussé
Qu'il ne nos a Challon mon chier oncle amené,
Et tuit sommes saiens honni et vergondé. 4220
Rendre nos convenra nos cors et la cité,
Ou il nos convenra fuir par haute mer".
"Conpains", dist Ollivier, "trop par vos dementés; [A36v]
Par le mien esciant vos en seroiz blamés.
Je connois tant Basin que ne l'ozast penser. 4225

[4201] B l'ost. — [4212-13] Lacuna in text of A. — [4216] B par a] avont.

Il n'a mie Challon, ce cuit, si tot trové,
Et se il le trova, je di par verité,
Il n'a mie son plaist ansi tot atorné.
Espoir il ont Challon autre choze conté.
Aucune choze a il quant il n'est retornez". 4230
Dement[r]es qu'il parloient et il fure[nt] torné,
Es vos Basin de l'ost venu et eschapé,
Son pain et sa viande et charchié et trossé.
Sanblant fait qu'il ne puet vendre ne acheter;
Ses .x. somiers charcha si c'est acheminés. 4235
A une viés poterne qui desoz le chatel ert,
La est venus Basins et ses sors a gitez:
Maintenant sont li huis overt et defermé,
Et aprés a laiens les .x. somiers menés.
A iceste parole c'est Rollans regardez: 4240
Les somiers voit venir ou palais pri[n]cipel,
Et si les conduisoit Basins li desreez;
Et quant il out la porte et les huis rebarez,
Rollans le voit venir, tous en fu effraez.
Ollivier apela, tantot li a monstré: 4245
"Conpains", ce dist Rollans, "avez vos esgardé?
Veez vos .i. marcheant en cest palais li[s]té!
Mout par est gentis et plains de grant bonté
Que ci a amené et son pain et son blé.
Certes buer il l'a fait, bien ert guerredoné! 4250
A fin or li sera a double sorpesé;
De l'avoir de Lanson avra a grant planté!"
"Comment", dist Ollivier, "est il saiens entrés,
Et je avoie ja si bien les huis fermés
Que je cuidoie bien par fine verité 4255
Que n'i poïst entrer nus hon de mere né [A37r]
C'il ne poïst desus ou saillir ou voler?
Ce est enchantemens que vos ici veés!
Mais par la foi que doi au roi de maïté,
C'il n'aportast vitaille, en mal an fust entrés; 4260
Mais por ce que aporte, sera bien honorez!"

---

⁴²²⁹ il ont] il a (*cf.* B Ce puit estre qu'a Charle l'oren aucun loé). — ⁴²⁴³ B rebarez] defermes. — ⁴²⁵⁰ il l'a fait] le feites (*cf.* B l'a fait).

A icelle parole ce sont andui levé
Et vienent a l'encontre le branc nu entesé.
Premierement parla Rollans li alosez:
"Cil Damediex de gloire qui maint en Trinité, 4265
Qui nos done tous tans et le vin et le blé,
Il gart le marcheant, de quel terre soit nez!
Ce se est vins ou pains ou vitaille ou blés,
Ne nul home qui soit en cest siecle charne[l],
Trois fois sera a or ou a argent pesé". 4270
"En non Dieu", dist Basins, "j'en ai a grant planté!
De ci jusqu'a .iii. mois en avroiz a planté.
Je n'en averai or ne argent a planté;
Ne suis pas marcheans, ne m'avés avisé,
Ains suis li dus Basins qui [de] Genes fui nés: 4275
Ansi m'apele l'an ou fui crestiennés".
Quant Rollans l'entendi et il l'ot escouté,
Ainques mais n'ot tel joie en trestout son aé.
Basin en apela, ces bras li a gité:
"Gentis cuens debonnaires, Diex te croisse bontés, 4280
Li glorieus dou ciel qui maint en Trinité.
Mout vos avons saiens atendu et baé!
Ou est or Challemaines et ses riches barnés?
Ou l'avés vos laissié? ne me [soit] pas celé!"
"Sire", ce dist Basins, "n'en soit or plus parlé, 4285
Mais faites descharchier et le pain et le blé,
Et ceste char salee dont nos avons planté,
Ces poucins et ces grues, ces poons enpevrés,
Et toute la viande que je ai amené. [A37v]
Et quant nos avrons senpres mengié a grant planté, 4290
Et tuit no conpaignon en seront asazé,
Adont me ferai je oïr et escouter;
Car home qui jeüne n'a cure de faubler".
"Par mon chief", dist Rollans, "mont savés bien parler!"
Ollivier en monta sus ou palais pavé, 4295
Les barons esveilla qui furent adolé:
"Or en venés, baron, tantost et si lavés,

---

⁴²⁷⁷ l'ot] lost.

Que Basins est venus s'avons viande assez!
.X. somiers en avons et charchiés et trossez;
Assés en averons jusqu'a .iii. mois passez!" 4300
Quant li baron l'entendent et il l'ont escouté,
De la joie qu'il ont, ont la fain oublié;
Onques n'i ot celui ne corut au degré.
Diex! par tantes foïes fu Basins acolés;
Mout par fu grant la joie que il orent mené. 4305
Riches fu li mengiers c'on i ot apresté:
Cierges et luminaires ot as tables assés;
Richement sont servi li baron naturel;
Et quant orent me[n]gié [et] beü a planté,
Rollans palla premiers, li gentis honorez: 4310
"Dites, sire Basins, por Dieu ne soit celé,
Con faitement avés esploitié et erré".
"Volentiers", dist Basins, "ja orrés verité:
Tant alai que je vin ou regne dont fui nés;
Je trovai mes barons dolens et abomés, 4315
Car on voloit ma fame a moillier esposer.
Ne vos merveilliés mie se j'ai tant demouré:
J'ai ocis le glouton qui se voloit merler;
Je n'i jui c'une nuit, bien le puis afier.
Tantot que j'oi mon [regne] dou glouton delivré, 4320
Onques puis ne finai s'oi a Challon parlé
Et contai le mesaige que vos aviés mandé; [A38r]
Assez le hastai, voir, quant li oi devisé.
Guenes vostre parrastres s'en fu a moi merlez;
Sus me coru laiens voiant tot le barné. 4325
Onques ne vout vostre [oncle] un bon conseil doner
Qu'il vos venist secorre en estrange regnez;
Tantost li desloa de ses barons mander.
Tant fis vers Challemaine, ses os fist arouter;
De ses homes .c.m. fist devant lui mander. 4330
Par la foi que vos doi, quant deümes errer
Et venir tot droit sa le secors amener,

---

⁴³⁰¹ l'entendent] lendendent. — ⁴³¹⁴ que je] et. — ⁴³²⁰ *After* B raigne.—
⁴³²⁶ B oncle.

Ne sai se Guene ou autres pensa dou desloer
Por le faire tardier, demorer, et cesser;
Fist devant Challemaine .xx. paumiers amener, 4335
Et chascuns d'aus avoit .i. bon brief seelé,
Et dient que il viennent de Lanson la cité,
Et qu'il erent par ci repairié d'outre mer,
Et que vos aviés tot Lanson conquesté,
Le duc Jehan pendu et afolé, 4340
Et que tot le païs aviés conquesté,
Et tuit erent a vos rendu et delivré,
Et que vos aviés saisie la cité,
Et si estiés ja a Rome retorné,
Et les briés lor aviés bailliés et delivrez 4345
Que Challe les portassent, vostre oncle le sené.
Quant Challes oï ce et il ot escouté
Que vos deviés venir ensois un mois passé,
Ne [set] Challes vos oncles que dire de l'errer.
A Rome m'envoia oïr et escouter 4350
Se je ja ou chemin vos poïsse encontrer.
Assez en demandai mais n'en oï paller.
Or ne soi je comment en France retorner,
Que je savoie bien qu'estiés apressé. 4354
Ainsis estoie mout durement esgarés, [A38v]
.I. pelerin trovai, cui Diex croisse bontés,
Qui me dist et conta qu'il avoit [ci] esté,
Et me dist qu'estiés durement afamé,
De fain et de mesaise durement atorné:
Se n'aviez secors, ne porriés durer. 4360
Lors li baillai .i. brief que Challe dut porter,
[Et qu'il deïst au roi que il vos ai trové], [B29r]
Et que les faus paumiers feïst a mort livrer, [A38v]
Et je vin ci por vos aidier et atanser.
Or en soit Diex loés quant vis vos ai trovés! 4365
Or revendrai Challon, a cort terme l'avrés.

---

⁴³¹⁴ *B* Rome] lanson. — ⁴³⁴⁷ *B* escouté] commandé. — ⁴³⁴⁹ *After B* soit. — ⁴³⁵⁰ *B* oïr] por dire. — ⁴³⁵⁴ apressé] apreste (*cf. B* encerré). — ⁴³⁵⁶ B .I. pelerin trovai] Uns pelerin me dist. — ⁴³⁵⁷ qu'il] que il. — *B* ci. — ⁴³⁶² Lacuna in text of *A*. — que il vos] quil vos.

Le secors amanrai car il es ja mandez,
Et vos soiés preudome et le chatel tenez,
Et je vos aiderai le chatel a garder,
Si m'en irai lahors et irai a lor trez. 4370
Assez penrai dou lor, et en aient maugrés,
Ou a tort ou a droit en avraie assez:
S'il ont ne pain ne vin, nos en avrons assez".
Et puis dient li prince: "Nos en avrons assez",
Et donc dient tuit: "Buer fussiez onques nez!" 4375
L'endemain au matin quant solaus fu levés,
Vint tantot la novele au duc Jehan conter
Que li marcheans qui er fu desrobés,
A cui avoit fait rendre ces .x. somiers trossez,
Que ce estoit Basins li lerres deffaés 4380
Qui de France venoit, ja estoit retornés.
Quant Jehans l'entendi, a poi n'est forcenés:
"Dites moi donques voir, frans chevaliers menbrés,
Que ce fu li traïtes qui si nos a gabé.
Onques mais ne feümes trestuit si enchanté, 4385
Et que je ne l'oi conu ne ravisé!
Certes pendu l'eüsse voiant tot le barné,
Mais trop bien li aïdent deable et maufé!
Comment le porrai penre, chaitis maleürés?" [A39r]
"Sire", dient si prince, "bon conseil en avrés: 4390
Asailliés le chatel, orendroit l'aseés.
Si que de toutes pars soiés .x.m. armés,
Tous les penrons laiens car tuit sont afamé".
Et li dus lor respont: "Soient li cor soné,
Et criés tot l'asaut, que n'i soit demouré!" 4395
Et cil ont respondu: "Si con vos commandés!"
Il asaillent la tor par vive poesté.

CXXVII

[Bones fut li assaut en haut a la bondie. [*B*29v]
La gens au duc Jehan s'arma par baronie,
Et François de la tor entendent la bondie; 4400
As armes sunt coru si on[t] la tor garnie.
Cis li ont assailli par terre et par navie;
Molt fut grant li assaus et grande l'enveïe.
Cel jor se sont issu par grande chevelerie
Rollans et Olivier et Ogier en s'aïe, 4405
Si ovrirent la porte el non sainte Marie,
Et Basins s'en issi par une sousterrine
Que est venus la fors e[n] une preerie. [*B*30r]
.Xxx. destrie[rs] enbla au duc Jehan meïsme,
Mais il fut parceüs, nes en menra toz mie. 4410
.Xviii. l'en recostoient la gens cui Dex ma[u]die,
Mais .xii. en mena il laiens a garentie:
Or ont chascuns destriers, devant nes orent mie.
Li assaux est remés et les grans envaïe.
Molt est Jehans dolans qant n'ai la tor saisie; 4415
De son chief li osterent lou hiaume de Pavie,
Mais ains c'on li eüst la broigne fors sachie,
Li dist on la novele et li fut aco[i]ntie,
.Xii. destrie[r]s de pris cui li dus miex se fie
En ra Basins menés dedens la tor antie. 4420
"Par foi", ce dist li duc, "nos n'i garirons mie!
Diables est Basins que ensi nos guerr[i]e!
Alés et si me dites Rollant et sa ma[i]nie,
Si me vuelt Basin metre dever moi en baillie,
Je l'en larai ale[r] en France la garnie, 4425
Et cels qui lassus sunt en conpaignie,
Que ja n'i pardront denree ne demie".
Li dus prist .i. mesaige a nos barons longuie;
Venus en est a als, sa parole a noncie.
Qant Rollans l'entendi, si n'en fist el q[ue] rire; 4430

4398-4443 An abridgement of *A*. — 4398 li assaut] lífíassaut. — 4403 assaus] assais. — 4404 jor] ror. — 4406 non] mon. — 4425 *C* Je] Il.

Au mesaigies respont molt biel san vilonie: [B30v]
"Biax amis", dist Rollans a la chaere hardie,
Or dites vos signor que no nel ferien mie
S'il quite nos clamoit trestote lo bondie!"
Qant li mes l'entendi, iluec plus ne [de]trie; 4435
A son signor revint et ne li çoile mie
Ce que Rollans li mande et l'autre baronie.
Qant Jehan l'entendi, si fist chiere marie:
"Hez las!" ce dist Jehan, "del larron n'avrai mie!
Molt par en sui dolans por Deu lou fil Marie! 4440
Se lou tenoie, voir, toz li or d'Amarie
Ne lou guerentiroie ne tote Romenie
Que nel fesise mettre en chaude pois bolie!"]
Or lairai des barons a iceste foïe [A39r]
Si dirai dou pamier qui ne s'atarge mie, 4445
Qui porte le seel qui est selés en cire
Que les faus pelerins face Challes destruire
Qui ont fait traïson de si tresgrant boidie,
Et ont deseü l'ost s'ont fait grant felonie.
Et a passé Verone et la grant tor antie; 4450
A Saint Bernart herberge qui ne s'atarja mie;
L'endemain s'achemine quant l'aube est esclarcie.
Il trespasse Bergoinne et Chanpainne meïme;
Antre ci a Paris ne s'atarja il mie.
La ataint Challemaine qui muse par folie. 4455
Iluec detient l'o[s]t qui mout est esgramie;
La viande est gastee et forment enchierie.
"Hé! [Diex]", ce dit li rois, "dame sainte Marie,
Que demore Basin qui targe et destrie?"
"Sire", dist Guenelons, "vos parlés de folie: 4460
Ne connoissiés Basin le felon, le traïstes,
Le Normant, le lichierre qui est de male orine?
Bien puet estre qu'il est remés en Lonbardie
A Boloinne la crasse, sachiés, ou a Pavie;

---

⁴⁴³⁶ revint] *MS repeats*. — ⁴⁴⁵⁰ *After B* Verome] Jerone *or* le Rone.
⁴⁴⁵⁸ *After B* Dex. — ⁴⁴⁶³ *After B* remé] venus.

138 JEHAN DE LANSON

La le fait sejorner luxure et lecherie; 4465
Que il a .c. larrons o lui en conpaignie,
Et desrobent qui puent par tot en Lonbardie,
Que il n'ot onques cure de mener autre vie
Fors puis que li donastes un poi de seignorie [A39v]
Avec les .xii. pers ou a vo baronie. 4470
Le feïtes aler et avoir seignorie;
Or vos fait correcier et baer a folie,
Si avés por noient asanblé ost bennie".
"Sire", dist Challemaines, "vos savés grant boidie,
Et ce que vos me dites, ce est tot par envie. 4475
Basins vaut miex de vos, par ma barbe florie!
Mieus doit avoir honor que vos et seignorie,
Car de vostre conseil ne puis amender mie.
Alés a vostre ostel car je ne vos ain mie;
De ton conseil n'ai cure ne de ta flaterie!" 4480
"Sire", dist Guenelons, "se m'en poise et ennuie.
Pies'a que ne m'emmastes si nel vos deser mie".
Lors s'en departi Guenes s'a la teste baissie;
Bien voit sa traïson est auques achoisie.
Es vos le pelerin qui ne s'atarja mie; 4485
Il ne demorra gaires noveles ne lor die.

CXXVIII

Tant a li pelerins esploitié et erré
Qu'il est venus au roi a Paris le cité.
Au perron Challemaine es le vos aresté:
Son mulet atacha et monta le degré. 4490
La trova Challemaine dolent et trespensé
Por Basin qui ne vient, qui tant a demoré.
Atant es le paumier qui bien l'a salué:
"Cil Damediex de gloire qui maint en Trinité,
Qui nos done dou ciel et lumiere et clarté, 4495
Saut et gart Challemaine et son riche barné

---

⁴⁴⁷⁵ B e[n]vie] boidie. — ⁴⁴⁸⁴ *After* B aquoisie] abaissie.

De par le duc Basin qui tant a de bonté!
Savés vos que vos mande par fine verité?
Je le trovai a Rome la mirable cité
Ou il cuidoit avoir noveles escouté 4500
De vostre niés Rollant et de l'autre barné.
Par la foi que vos doi, n'en fu onques parlé, [A40r]
Ne Rollans ne se mut bien a .iii. mois passé
Dou chatel de Lanson dont on a tant parlé,
Que Jehans l'a assis et son riche barné. 4505
Tant i a de ces homes, que je i ai esté,
A plus de .c.m. homes sont prisié et esmé:
Une grant leue durent et pavelon et tref.
Rollans est si assis et si tresfort serrés
Que il n'en puet issir au soir n'a l'avesprer, 4510
Si sont fort de famine soupris et apressé
Que il cuident por voir, et bien me fu conté,
Que Jehans les avra ains quinze jors passez
Se Damediex n'en pense et il n'en a pité.
Vos avés mout malfait, trop avés demoré, 4515
Si vos mande Basins: faites ces brief garder,
Et si ne laissiés pas les paumiers eschaper
Que n'en faciés jostice si grant con vos porrés,
Et ce ce ne trovés escrist et seelé,
Adonc me faites pendre et a vent encroer. 4520
Mais envoiés vos os et avec eus alés,
Et secorés vos homes ce de riens les amés!"
"Par mon [chief]", dist Challes, "pelerin, bien parlés!
Onques mais ne vi home que si fust desirrés!
Dites vostre mesaige, bien esterés loés. 4525
Vos remendrés o moi, ce vos le commandés,
Et conduirés mes os, que savés le regné,
De ci que a Lanson dont vos ci me contés".
"Sire", dist li paumiers, "merci por amor Dé
Et por le saint sepucre ou Jhesus fu penés. 4530
De Jherusalem vain travilliés et penés,

---

⁴⁵⁰⁷ *After B* sunt] et. — ⁴⁵⁰⁸ *After B* endurent et pavillon et tref] dure et pavelons et tres. — ⁴⁵¹⁴ n'en a] nen na. — ⁴⁵²³ *B* chief.

Et tornai de ma terre .ii. ans a ja passés.
De veoir ma moillier sui forment desirrés
Et de mes enfansons que je ai tant amés". 4534
"Par mon chief!" ce dist Challes, "ja avront a
 [planté, [A40v]
Car je lor troverai pain et vitaille assés
Et chevaus et destriers et austres richetés!"
"Sire", dist li paumiers, "des qu'il vos vient a gré,
Je conduirai les os a Lanson la cité".
"Par mon chief", dist li rois, "je vos donrai assés!" 4540
Challes fait le brief lire et c'il i a trové
Ainsi comme Basins li avoit seelé.
Il asanble entor lui ces drus et ces privés;
Meïmes Guenelons fu avec aus alés:
"Seignor", dist Challemaines, "ci vos ai ajostés; 4545
Cest jugement me faites au miex que vos porrés:
L'autrier oi m'ost mandee ainsi con vos savés
Por aler a Lanson la mirable cité
Quant li paumier me vindrent a l'encontre apresté:
D'esclavine et de paume estoient apresté; 4550
Si m'aportoient briés escris et seelés
Et distrent que venoient de Lanson la cité,
Et que Rollans mes niés et tuit li doze per
Par lor armes avoient et pris et conquesté
La cité et la vile et la grant fermeté, 4555
Et qu'il estoient ja a Rome retorné
Et toute lor mainnie, si con vos ai conté:
De ce portoient briés escris et seelés.
Concilliés moi, baron, ainsi con vos savés,
Comment je les porrai plus vilment demener, 4560
Car il [ont] tant meffait que l'en les doit tuer.
Esgardés entre vos comment seront mené,
Et comment les porrons honir et vergonder.
Par saint Denis de France cui mes chiés est donés
Ne par les miens grenons qu'ensanble sont merlé, 4565

---

⁴⁵³³ *B sui]* fui. — ⁴⁵⁵⁷⁻⁵⁸ Order inverted in Ms. — ⁴⁵⁶¹ *B* ont.

Je n'en penroie mie .i. mui d'or mesuré;
Mar m'ont or en tel point escharni et gabé
Et mes os atargiés que devoie mener. [A41r]
Ne remet pas en aus, ce poés esgarder,
Que mi home ne sont a Lanson afolé. 4570
Je ne sai que il font; or en ait Diex pité,
Li glorieus dou ciel qui en crois fu penés,
Qu'i[l] les me laist baisier et encore acoler,
Et mon neveu Rollant sain et sauf retrover!"
"Sire", dist Guenelons qui premiers c'est hastés 4575
De respondre premiers et de seus delivrer,
Car tuit sont si ami et de son parenté,
Et il parla en haut que bien fu escoutés:
"Sire drois emperere, vers moi en entendés:
Se vos en voliés croire mon cuer et mon penser, 4580
Por amor Damedieu qui en crois fu penés,
Hors de vostre contree les en faites aler,
Car il sont pelerin si vienent d'outre mer.
Par povreté le firent si n'en furent loé,
Ains il en ont entr'aus et dist et devisé. 4585
Se il vos ont meffait, si lor soit pardoné,
Que vos l'avés oï, et Diex l'a commandé,
Que l'en doit por le mal rendre bien et doner".
"Par mon chief!" ce dist Challes quant il ot escouté,
"Guenes, vos avés bien vostre afaire conté; 4590
Vos fussiés mout bons prestes por le miex sermoner.
Mais ce vos en parlés por lor cors delivrer,
Jamais jor de ma vie a moi ne parlerés,
Et huimais devant moi un mot ne sonerés!"
"Sire", dist Guenelons, "durement me heés, 4595
Que je ne puis riens faire dont je n'aie maugrez.
Jamais de vostre afaire je ne me merleré.
A itant m'en irai, or m'en laissiés ester".
"Guenes", dist Challemaines, "or avés dist que ber!"

4585 Ains il en ont] Ainsi lemont (*cf.* B S[i] l'orent).. — 4594 ne] en.

CXXIX

Aprés Guene se dresse Bertrans li fiex Naimmon 4600
En piés devant li roi si s'escrie a haut ton: [A41v]
"Sire drois emperere, ne creés Guenelon!
Trop seriés blamés de vostre region
Se vos de ces paumiers ne preniés vengison,
Car il ont vers vos pers demené traïson. 4605
Rois, faites les ardoir en feu ou en charbon;
Faites bone jostice si vos dotera l'on:
Ne jamais autretel li autre ne feront".

CXXX

Aprés Bertran ce dresce Berars de Mondidier:
"Sire drois emperere, or laissiés le plaidier 4610
Et si faites destruire le[s] felons pautoniers
Qui vos font detenir vos os et vos targier
Et oblier vos pers cui vos deviés aidier.
Par droit les deveriés destruire et essillier".

CXXXI

Aprés parla Estous, cil qui fu fiz Oton: 4615
"Sire drois emperere, trop nos aseürons
De mener le secors au chatel de Lanson.
Prenés les faus paumiers sans nulle arestison,
Si lor faites coper et les piés et les poins,
Et lor faites tot ce par contralieson: 4620
Plus vilment ne puet on demener .i. gloton".
Aprés Estous ce lieve Auberis li Bergoins:
"Sire drois emperere, por coi nos destrions
De secorre les pers qui sont en grant prison?
Prenons ces pautoniers dont tex est li renons; 4625
Chacuns soit despoilliés maintenant a bandon,
Et puis tresbien ensanble mont forment les lion,

Si les metons lah*ors* et puis si les pendon:
Ce sera dure fins s'ainsi les destruisons".

CXXXII

Ce dist Guiz de Borgoigne: "Or me suis je teüs 4630
De ces faus pautoniers dont cist p*lais* est t*en*us:
Sire drois emperere, por Dieu n'atargiés plus;
De plus honteuse mort *me* su*i*s *a*perseüs:
Or faites la fors traire les glotons mescreüs, [A42r]
Et si les faites batre de batons et de fus, 4635
Et puis aprés si soit chascuns tantot pendus
A toute les clavine et les chapiaus desus".
"Par foi", dist Challemaines quant il a entendu,
"Bien dist Guiz de Borgoigne et il sera tenu!
Faites moi amener le[s] glotons mescreüs!" 4640
Et François sont levé puis que commandé fu;
Les faus paumiers amainnent ou palais la desus,
Et quant li rois les voit, mont en fu irascus:
"Gloton! cil vos confonde qui ou ciel fait vertuz!
Mont ai esté par vos durement deceüs! 4645
Ou preïstes ces briés? chaitis et malotrus
Qui deïtes Rollans avoit Jehan pandu
Et que si home estoient et pris et retenu.
Dont estes? De quel terre? Dont estes vos venu?"
"Sire", dist Aloris qui tos fu esperdus, 4650
"Nous somes de Bretainne de la contree Artu".
"Par foi", dist Challemaines, "tuit estes confondu!"
Dont vint avant Berars qui de Mondidier fu,
Alori regarda puis si l'a conneü
Se que est; dist Berars: "Alori, ce es tu! 4655
Ja es tu parens Guene, ces cosins et ces drus;
De mont tresgrant folie as or cest plaist meü!"
Quant l'entent Aloris, grant honte en a eü.

---

⁴⁶²⁸ *After B* lafors. — ⁴⁶³¹ *After B* est plais tenus. — ⁴⁶³³ *After B* me sui aperceüs. — ⁴⁶⁴⁵ *B* deceüs] irascus. — ⁴⁶⁴⁶ *B* briés] las.

CXXXIII

Il vint as piés le roi, n'i a plus demoré,
Car il voit mont tresbien que il est avisé. 4660
As piés le roi Challon c'est li glous enclinés:
"Merci, drois emperere, por Dieu de majesté,
Je ne soie orendroit, c'il vos plaist, afolés!
De tant con vos plaira, vos sera amendé;
Nos somes gentil home, prainne nos en pité!" 4665
"Vasaus", dist Challemaines, "onques ne m'en parlés!
Ne vos lairoie a pendre por l'or de .x. cités!   [A42v]
Guenes", dist Challemaines, "ves ci vos parentés;
Tot ce as tu bati, Guenes, par fauceté".
"Sire", ce a dist Guenes, "vos dites vostre gré, 4670
Mais ce il vos plaisoit, ne l'oi onques pensé.
Je donroie por aus mil mars d'argent pesé
Et .lx. destriers et .c. hiaumes gemez".
"Guenes", dist Challemaines, "onques mais nem parlés!
Ja puis ne puissé je veoir les .xii. pers 4675
Ne seoir en chaere ne seur cheval monter!
Or tot! li mien sergent, et si les me prenés!"
Et cil ont respondu: "Si con vos commandés!"
Tantot les ont saisis, gaires n'i ont esté.
A son ostel s'en va Guenes li deffaés 4680
Et jure Damedieu qui en crois fu penés
Qu'encor fera Challon correcié et iré.
"Ce sera mon! biaus sire", se li respont Hardrés.
Li sergant ame[ne]rent toz les paumiers barbés,
Tot contreval Paris les en ont traïnes; 4685
De ci que au gibet ne se sont aresté,
Si les pendent en haut et au vent encroez.
Dont a fait Challemaines tantot ces cors soner
Et commande a ces homes qu'i[l] pense[nt] de l'errer;
De ci jusqu'a Lanson ne voudra arester. 4690
Dont veïssiés en l'ost toz ces somiers trosser,
Destriers mener en destre quant les ont enselés,

4660 *B* est] a. — 4665 pr. nos en] pr. vos en. — 4670 *B* vostre gré] verité. — 4682 fera] sera.

Haubers, targes, et hiaumes, et fors escus boclés,
Pain et char et viande, de vitaille planté,
Trestoute garison c'on doit en ost po[r]ter, 4695
Vaiches et bestiailles c'on a fait achater.
De Paris issi Challes li fors rois coronés
A toutes ces grans os, ces fist bien arouter.
"Guenes", dist Challemaines, "e[n]vers moi entendés: 4699
Par foi ce poise moi quant avec moi venez; [A43r]
De maus et de corrous m'avés vos fait assez;
Mais demourés arriere, avec moi ne venrez".
"Sire", dist Guenelons, "vers moi en entendés:
Je ne vos meffis onques, ce dire le volés,
Ains pris vostre seror par mont grans amitez. 4705
J'en ai .i. mont biau fil, Bauduins est només,
Et mont vos amera se il vient en aé,
Et si serés par lui essauciés et loez.
Par moi n'estes vos gaires, ce m'est vis, avillez,
Et si savés mont bien et si est verités, 4710
N'i a nul parenté ou n'ait des maussenés.
Se il a des glotons nés en mon parenté,
Je ne[s] prains pas sor moi, ja mar le mesquerrez.
Ja o moi nes avrai puis qu'il font foletés,
Dont avés vos grant tort ce vos plus me blamez". 4715
Li rois de France a donc chevachié et erré,
Et Guenes chevaucha tosjors lés son costé:
Qui que soit loin de Challe, Guenes fu apressé.
L'emperere chevauche et son riche barné
Et passa les contrees et les anples regnés, 4720
Les chastiaus et les marches et les grans fermetez;
Tot droit par devers Rome a son chemin torné.
Mont par fu grant la noise environ et en lé;
Des cors et des buisines et de tabors sonés
Retantissent cil mont environ et en lé. 4725
Aprés l'ost va tosjors et li pains et li blés,
La char et la vitaille et viande a planté.
A cui on toudra riens a Challon soit livré,
Li rois fera a double et rendre et delivrer.
Mont doit bien avoir ost qui si le set mener. 4730
Challes ne lor veut pas faire les mons passer;

El val de Moriene, par la les fait aler
Que li mons ne les face recreans au monter.   [A43v]
Ne vos sai les noveles dire ne raconter,
Ne par quante foïes il se sont ostelés,   4735
Mais tant [ont] esploitié au soir et l'avesprer,
C'onques ne s'aresterent mais adés sont alé,
Tant qu'il vinrent a Rome cele noble cité.
Illecques a li rois le service escouté;
L'apostoles li a de verai cuer chanté.   4740
Challes li a offert .i. somier d'or trossé
Et .xxx. pailes blans por recovrir autez.
Ou grant palais Saint Pol est li rois sejornés;
.Vii. jors il sejorna tos entiers et passés.
Cil qui sont travillié se puent reposer;   4745
La ont fait lor chevaus sainnier et ventouser,
Lor espiez et lor armes de novel enarmer,
Et lor espee[s] laides forbir et randoser;
Tuit li home Challon ce sont bien apresté.
Guenes n'atarja plus ains apela Hardré: 4750
"Biau niés", dist li traïtes, "je vos ai mont amé:
Alés tost a Lanson coiement en enblé;
Dites a duc Jehan salus et amitez:
Il est de mon parage, bien li ramentevés.
Dites que Challes vient et li et son barné;   4755
Sor lui chevauchera a cort terme nomé.
Li dus sera mauvais et de mont fol pensé
Se il le lait entrer, certes, en son regné
Qu'il [n]'ait devant son ost garni et apresté.
Dites li, biax dous niés, ne li soit oblié,   4760
Que ce onques puis a nulle part aler,
Que je li aiderai Challon a enserrer.
Mais por Dieu li priés et por humilité,
C'il puet Challon tenir, nel laist lonquez durer,
Ainsois l'ait maintenant pendu et afolé,   4765

---

⁴⁷³⁵ *After B* qante] .iiii. — *B* il se sont ostelés] icest os est alés. — ⁴⁷³⁶ *B* ont. — ⁴⁷³⁷ s'aresterent] sa restures (*cf. B* sejornerent). — ⁴⁷⁴¹ *After B* Charle i a offert .i. somier d'or trossé] Challes .i. somier fait lia tot trosser. — ⁴⁷⁵⁰ *After B* ne.

Que de lui tout destruire s'en est Challes vantés, [A44r]
Et se il ce ne fait, il ert desiritez".
"Seignor", ce dit Hardrés, "or vos ai escouté;
Assés miex li dirai que n'avés devisé".
"Biau niez", ce a dist Guenes, "or tot si vos hatés; 4770
Ains que Challes revainne, serai arrier tornez.
Mais ainsois que l'ost mueve, si vos forvierés,
[Et a vo revenir, soiiés bien avisé [C178v]
Que ne soiiés congnu d'omme de mere né,
Car se Charles avoit vostre fet avisé,] 4775
De tot l'or de cest mont ne seriés rachatés [A44r]
Que ne fusiés as forches pendus et encroez".
Et Hardrés li respont: "Ja mar en douterez!"
Il monta ou cheval quant il ce fu armez,
Dont a saisi l'espee s'a l'escu acolé, 4780
Et est issus de Rome coiement a selé.
Tant a point le cheval et tant esperoné,
Les chemins et les voies esploitié et erré,
Qu'il ert pres de Lanson, le chatel honoré.
Li home au duc Jehan l'ont le jor encontré: 4785
"Qui estes vos, biau sire, qui ainsinques alés?"
Et Hardrés lor respont: "Vos le saurois assez;
Je vois au duc Jehan, a lui ai a parler.
Ce c'on li mande, veil a selee aconter".
"Qui li mande?" font il, "ja ne nos soit celé, 4790
Challes li emperere, li vieus au poil merlé?"
Et Hardrés lor respont: "Seignor, ne me hastez;
Je ne vein pas a vos mais au duc me menez".
Et cil li respondirent: "Si con vos commandés",
Dont en mainnent Hardré tot droit au maistre tref. 4795
Quant voit le duc Jehan, si l'a mont encliné,
Et puis l'a d'une part coiement apelé:
"Sire dus de Lanson, envers moi entendés:
Je suis vostre parens et si ne [le] savés,
Et suis niés Guenelon qui est vostre avoés. 4800

---
⁴⁷⁶⁸ Hardrés] Herviz. — escouté] esconte. — ⁴⁷⁷³⁻⁷⁵ Lacuna in text of A.
— ⁴⁷⁸⁰ B Dont a saisi l'espee] Et monta ou destrier. — ⁴⁷⁹⁰ B Qui] Que. —
⁴⁷⁹⁹ After B lou.

Vo parent somes nos, ne sai ce le savez".
"Oïl", ce list li dus, "bien l'ai oï conter. [A44v]
J'en ai oï mon pere soventes parler
De Grifon d'Autefeille qu'est de mon parenté,
Et Guene, .i. suens fiz, .i. chevalier menbré: 4805
Mont estoit bien de France et forment honorez.
Amis, vos qui en estes, bien soiés vos trovés.
Que fait Guenes li quens qui de moi est amés?
Onques voir ne le vi, si l'ai mont desirré".
Et Hardrés li respont: "Mont est preus et senez, 4810
Et si est mont de vos aidier entalentez.
Challes vos tendra pris car il s'en est vantés.
Car par moi le vos mande li miens oncles senés,
De Challe l'emperere, ne soiés effraés,
Car ainsois ne verrons certes .i. mois passé 4815
Que il le vos rendra pris et enchaïné,
Et si en porrés faire totes vos volentés.
Et ce le poés penre, ice vos entendés,
Gardés que a nul fuer reanson n'en prenés,
Car se il estoit mors, rois seriés clamés: 4820
Dou roiaume de France seriés rois coronés.
Et si vos mande bien que demain vos armés
A .lx.m. homes coiement a selé,
Si issiés de cest ost coiement et soef.
Venés a Challemaine au pui de Baleguez; 4825
Illuec vos enbuchiés coiement a selé.
Il vos avra Challon, se il puet, delivré,
Qu'a Lanson l'en marrons con serf enchaïné".
"Biauz niés", ce dist li dus, "s'ainsinc est atorné,
Guene donrai Lanson, la mirable cité. 4830
Je serai rois de France, formant l'a[i] desirré".
"Sire", ce dist Hardrés, "mont tot vos aprestés
De cest agait batir ainsi con vos oés".
"Biauz niez", ce dist li dus, "grans mercis en aiés. 4834
Portez icest anel a Guene d'or pesé: [A45r]
La pierre en vaut .m. mars de fin or esmeré,
Et se il veut or fin et deniers moneez,

[4807] *After B* Ains (*or* Am[i]s) qant en estes] Amis et vos qui estes.

JEHAN DE LANSON

Par .i. petit mesaige le me face mander,
Et il en avra tant con voudra deviser".
"Sire", ce dist Hardrés, ".v.c. mercis et grés! 4840
Mais ce vos prenés Challe, erramment le pendés,
Et Rollant son neveu estroitement gardés
Si que il ne s'en isse par terre ne par mer.
Mais de[s]or m'en irai que j'ai trop demoré;
Ainsois que Challes isse de Rome, i veil entrer". 4845
"Biauz niez", ce dist Jehans, "a Damedieu alez;
Je vos convoierai a .iiii.m. armés".
Et sil li respondi: "Biau sire, non ferez,
Car ne veil que je soie parsus ne avisez",
Et Hardrés s'en torna que ne c'est arestez. 4850
Mais ainsois que il soit a Rome retornez,
Sera il de Challon mont durement irez,
Car Challes ist de Rome, ne c'es[t] aseürez,
Et trestuit si baron rengié et arouté,
Ci les conduit Berars li preus et li senés, 4855
Salemon de Bretaigne qui mont fait a loer.
Guenes vait a Challon, li cuivers deffaés.
Berars de Mondidier ce fu de l'ost tornez;
Droitement vers Lanson c'estoit acheminez 4859
[A .l. vassau, chevalier ferarmeit,   [B40v]
Si fut for del chamin et venus et alés
Proie prendre et conquerre por l'ost a garenter,
S'ont trestos lor escu[s] changié et remués,]
Et tot ansi lor vint a l'encontre Hardrés.   [A45r]
Devant aus l'ont veü .i. grant val avaler; 4865
Berars le connut bien con il [l]'ot avisé.
"Seignor", ce dist Berars, "mi conpaignon, gardez!
Par la foi que vos doi, je voi venir Hardré,
Le neveu Guenelon le traïte prové.
Je ne sai quel deablé il ont or enpensé 4870
Entre lui et dant Guene li cuivert deffaé.
Jou voi devers Lanson venir tot abrivé;   [A45v]

---

⁴⁸⁴⁴ Appears in MS after 4840. — After B desor. — ⁴⁸⁶⁰⁻⁶³ Lacuna in text of A. — ⁴⁸⁶¹ venus] nevos. — ⁴⁸⁶² proie] proiei. — ⁴⁸⁶³ remués] reiíiies. — ⁴⁸⁶⁶ After B l'ot.

Or me laissiés a lui acointier a parler,
Et si m'otriez tot quanque dire m'orrez".
Et cil ont respondu: "Si con vos commandés". 4875
Berars point le cheval si a choisi Hardré;
Au plus biau que il pout, l'avoit cil salué:
"Cil Damediex de glore qui maint en Trinité,
Qui nous done dou ciel et soloil et clarté,
Il vos [saut], chevaliers, par la soie bonté". 4880
"Baron, et Diex vos gart", ce lor respont Hardrés;
"Dont estes? de quel terre? ne me soit pas selé".
"Sire", ce dist Berars, "orendroit le savrez:
Nous somes de Navarre et conneü et né.
Par la foi que vos doi, l'en nos a desmoblez; 4885
Droit as mons de Monjeu la fumes aresté
Et si nos toli an quanque aviens mené.
Or n'avo[n]s que despendre, foi que je doi a Dé,
Si nos convendroit bien .i. haut home trover
A cui nos servirons de nos armes porter; 4890
Que puis que revendra as armes oblier,
Les chevaus et les armes nos covendra oster.
Or ne nos voudra l'en veo[i]r ne esgarder
De tant de remenant con nos est demoré,
Avons nos cest hernois porquis et enprunté. 4895
Anvoie nos a prince ou haut home chasé
A cui puissons gueainnier et dou pain et dou blé.
Queus hons est Challemaines, qui tant est redoutés?
Retient il soudiers? Est il de grant bonté?"
"Certes nenil! seignor", ce lor respont Hardrés. 4900
"Je vos dirai de Challe tote la verité:
Forment aime son or si n'en veut point doner.
Traïtors et larrons veut touzjors acointer.
Ja n'emmera preudome se nel puet anginier. [A46r]
Ains ne veïstes home qui tant face a blamer: 4905
Toujors aimme preudome sanz nulle riens doner;
Plus de .m. sodiers a il fait retorner,
Et si ne les vieut pas paier ne aquiter:
A plus mauvais de lui ne poés vos aler.

---

⁴⁸⁸⁰ B saut. — ⁴⁸⁸¹ After this verse, MS repeats 4877.

Mais alez a Lanson, ce volez gueainnier, 4910
Au riche duc Jehan qui tant a de bonté.
Nus hons n'est entor lui qui ne s'en puit loer;
Vos avrés entor lui tot ce que vos voudrez.
Quant vos serés a li, de ma part li direz
Que il toz vos retainne volontiers et de grés, 4915
Car mont aimme preudome et plain de loiauté,
De par Guenelon et son neveu Hardré
A icelles ansaignes, ne l'aiez oblier,
Qu'i[l] m'ot ore convent en l'ost dedens son tref,
La ou nos concillames coiement a selé, 4920
Moi et lui seul a seul que n'i ot home né,
Qu'il seroit le matin garniz et aprestés
A .lx.m. homes fervestiz et armés,
Et vendra contre Challe es plains de Balleguez.
Illec atendra Challe, le vieu chenu barbé, 4925
Por mene[r] en prison, se Diex l'a destiné;
A Lanson l'en menra par vive poesté.
Tex enseignes li dites c'esterez bien loez;
Alés seürement car retenu serez".
Berars ot la parole s'a les dis escoutez; 4930
A ces conpaignons dist: "Baron, or escoutez
Con Guenes a fol plaist vers Challe porparlé.
Mont tresgrant traïson avés oï conter;
Encontre Challemaine nos convenra aler,
Et trestout cest afaire et dire et raconter 4935
Comme li dus Jehans le cuide maumener
Par le conseil de Guene cui Diex puit mal doner. [A46v]
Demain porrés oïr ruste noise mener
Et de seus de Lanson pendre et encroer
Se li rois prent le duc ou point n'a de bonté". 4940
Si conpainnon respondent: "Bien l'avons enchanté!"
Hardrés ne s'aseüre ne ne c'est arestés;
Ou chemin de Lanson a Challon encontré.
Es vaus sous Ipolice c'est Challes ostelez;
La avoient tendu et pavillons et trés. 4945
Qui que soit loin de Challe, Guenes i est remés;

---

⁴⁹⁴³ *After* C a Charlon] lavoient.

As plais et as consaus est maintenant alez
Que Guenes ne l'en puet laissier le plaist ester:
Por ce, se il c'est teüs, ne l'a pas oblié.   4949
[Atant est vous Hardré quy est en l'ost bouté;   [C181r]
Droit au tref Gennelon s'en est tout droit allé.]
Quant Hardré a veü, si l'a araisoné: [A46v]
"Dites moi, sire niés, comment avés ovré?
Futes vos a Lanson? ne ce soit pas selé".
Et Hardrés li respont: "Oïl, sire, en non Dé,   4955
Et demain sera prés, quant il ert ajorné,
A .lx.m. homes es vaus de Ballegués.
Ce vos poés tant faire et tant esperonner
Que vos poés tant Challe et dire et anchanter
Que il alast avant a .xx.m. ferarmés,   4960
Illuec seroit il pris, n'en seroit eschapés.
Lors averiés vengié toz vos amis mortez
Que Challes vos a mort, ocis, et afolés".
"Hardrés", ce dist fel Guenes, "or ne vos dementez
Que bien sera li rois et conduis et menez.   4965
Diex m'otroit que je face de lui ma volenté!"
Et Berars descendi, a Challon va parler
Dedens sa maistre tente quant il orent soupé,
Et Berars a Challon a une part torné.
Aï! traïtes Guenes, con les as esgardés!   4970
(Celle part est venus qu'il voloit escouter.)
"Guenes", dist Challemaines, "alez voz en, alez!   [A47r]
Il n'est mie grans sans a cui conseil alez
S'on ne vos fait avant premerain apeler.
Je veil ci a mon home priveement parler   4975
Et dire mes consaus, mes bons, et mes secrés".
"Sire", dist Guenelons, "forment me redotés.
Onques mais ne fui je a tort si avillez;
A poi que ne me vois ocirre et afoler".

---

⁴⁹⁴⁶ *After C* Quy qui soit loings de Charle, Genne s'en fait privé *and* 4718 Qui que soit loin de Challe, Guenes fu apressé] Qui que ce soit logiés, .K'. i est remés. — ⁴⁹⁴⁸ Guenes] .K'. — ⁴⁹⁴⁹ teüs] tais. — ⁴⁹⁵⁰⁻⁵¹ Lacuna in text of A. — ⁴⁹⁵⁶ C sera prés] par matin. — ⁴⁹⁶⁹ *After C* Berart sy va Charlon] Et Berars l'Ardenois.

"Sire", dist Challemaines, "faites vos volentés". 4980
"Biau sire", dist Berars, "or laissiez ce ester;
Oez ceste parole que je vos vueil conter:
Hier matin quant nos fumes de Rome dessevré
Por viande et por proie conquerre et demander,
Ainz n'en seümes mot, je vos di par verté, 4985
Quant nos nos regardimes si veïmes Hardré
L[e] neveu Guenelon seur son cheval armé
Qui venoit de Lanson, ja i avoit esté.
Je oi mes conpaignons toz ensanble apelez,
Si lor priai et dis que il fussent sené 4990
Et que il otriassent tote ma volenté
Por ce que je voloie oïr tot son penser.
Dis que nos estians chevalier esgaré
Et querians seignor por nos a demorer.
Demandames de vos por li miex enchanter, 4995
Queus hons vos estiés, c'estiez point grant ber,
Et nos respondi que de vos nul bien n'ert,
Et tozjors prometiés sans nulle riens doner;
Preudome ne vaillant ne poiez vos amer;
Traïtors et gloutons voliés vos asanbler. 5000
Onques ne nos loa de riens a vos aler
Ensois nos commanda a Lanson retorner, [A47v]
Au riche duc Jehan qui tant a de fierté,
Car il estoit preudon et de grant verité,
Et a lui alassians s'averians bon loier, 5005
Et a celle anseignes nos retaigne a bon gré
Que au demain matin au point de l'ajorner
Ce fist li dus Jehans fervestir et armer,
A .lx.m. homes garnis et aprestés,
Et a fait son agait es vaus de Balleguez: 5010
La serés a Jehan de par cestui livrés.
Et vos apareliés et si vos aprestés,
Et si faites a Guene toutes ces volentés,
Et menés tant des vostre que n'en soiés blamés;
Et ce ice n'est voirs que veille ainsis ovrer, 5015
Dont me faites tantot de vostre cort oster:

---

⁵⁰⁰⁶ nos] vos. — ⁵⁰⁰⁹ *After* 4923 *and* 4957 A .lx.m.] Avec lui .x.m.

Ne vos blamerai pas, sachiés de verité".
"Berars", ce dist Challes, "bon conseil me donez.
Onques Tierris d'Ardene li preus et li senez
Ne loa traïson nul jor de son aé. 5020
Certes", dist Challemaines, "je i voudrai aler,
Et .v.c. de mes homes faites bien aprester.
Berars de Mondidier, aprés moi en venrez
A .xl.m. homes, que ja mains n'en marrés.
Hardiement venés se mon besoin veés; 5025
Apensés vos mont bien et si me secorés;
Et quant il vos plaira, biau sire, si *rantrez*
Que Hardrés ne le sache ne ces grans parentés".
"Sire", ce dist Berars, "si con vos commandés".
La nuit se sont couchié tot contreval les prés. 5030
Guenes sonja .i. songe dont mont fu effraez
Et apela Hardré: "Biauz amis, sa venez! [A48r]
Seez vos pres de moi, oez et escoutés:
Je ai songié .i. songe dont mont sui effraez,
Orendroit que Challes, se m'est vis, est levez 5035
Et si venoit a moi dedens mon maistre tref;
Certes il m'apeloit con home deffaé;
Et tout ce me faisoit uns otoirs forcenés
Qui de sa devers Rome venoit toz enpennés
Que il m'estoit avis que a toi fust mellez; 5040
A toi se conbatoit en .i. champ delivré.
Car il t'avoit conquis et si fort apressé
Et t'eüst maintenant ocis et desmenbré
Quant .i. aigle venoit qui tenoit tel fierté
Qu'i[l] t'en portoit o lui et si t'avoit sauvé. 5045
Je crien mont durement ne soiés enconbré.
Gardés qu'aiez mont bien vo mesaige aporté
Que Challes ne le saiche en dist ne en pensé:
Bien en porrions estre honi et vergondé.
Je redout mont forment ne soiez enconbré. 5050
Biau niés, je n'irai pas a cest plaist porparlé;
Ne je ne vos n'irons avec l'ost remenrez.

---

⁵⁰²⁴ *After* 5233 .xl.m.] .x.m.

C'il mescheoit a Challe, mal serions mené".
"Sire", ce dist Hardrés comme hons effraez,
"Jehans amenra tant de sa gent ferarmez 5055
Que Challes n'en ira ces avra aterrés".
"Biau niés", dist Guenelons, "ainsis en vueil errer".

La nuis est trespassee si vint a l'ajorner.
Jehans fu a Lanson par defors la cité
S'ot assis le chatel et tous les .xii. pers. 5060
O lui ot son empire et ces homes mandez:
A plus de .c.m. furent il bien nombré;
Et oient le mesaige que eut noncié Hardrés
Ainsis con *li* afaires ot esté devisez 5064
De par Guene, qui est de par Jehan privez,   [A48v]
Con Challes porra estre ocis et atrapez.
Li dus Jehans ce haste, n'i est plus demorez;
Il apele Agravain et Hertaut et Houdré,
Sinagon de Vaucaire et Guion et Forré,
Robert de Torcovaine et son frere Aïmer, 5070
Doon de Cornuaille et son cosin Guimer,
Et trestoz ces barons et trestoz ces chazés.
"Baron", ce dist Jehans, "envers moi entendés".

CXXXIV

"Baron", ce dist Jehans, "or oiez sanz plaidier:
Il avient or que Challes me vient ci guerroier; 5075
Ains que passe .iii. jors, ce voudra il logier.
Nos avrons la bataille, ne vo quier a noier.
Un suen home a o lui que il mont m'avoit chier;
Es vaus de Ballegués, ce il puet esploitier,
M'amenra Challemaine, ce il puet, sans targier: 5080
La le porromes penre con autre pautonier.
Baron, prenés vos armes sanz point de delaier,
S'en menrons avec nos bien .lx. milliers

5080 M'amenra] Mamenre.

A lances, a espees, a bons haubers doubliers,
S'alons cest agait faire sanz plus de l'atargier, 5085
Et le faisomes tost sanz point de delaier.
Se je puis Challe pendre, ne quier autre loier;
Puis en irons en France conquerre le regnier
Et l'autre remenant par ma terre gaitier".
Et cil ont respondu: "Sens est dou chevachier!" 5090
Lors s'armerent par l'ost sanz braire et sanz crier
Que ne sache par l'ost Rollans ne Ollivier,
Dus Naimmes de Baviere et li Denois Ogiers.

CXXXV

Devant le jor issi Jehans li renoiez
A .lx.m. homes, les vers hiaumes laciés, 5095
Les ensaignes au vent, les confennons levez;
Passent puis et montainnes et forés et regnés;
N'i ot noise ne cri oï ne tanpesté. [A49r]
Sertainement s'en vont tot le chemin ferré,
Et ont tant esploitié ne finerent d'errer 5100
Que il entrent tot droit es vaus de Ballegués
A l'entree d'un brueil par delés .ii. viviers:
La est alés li dus, li cuvers renoiés.
Atant ez Challemaine qui tant fait a prisier:
Bien li voudra s'anor fierement chalengier. 5105
Jehans huche .i. sergent c'on apelle Fouchiers:
"Amis, tornez de ci por la vertu dou ciel;
Alez parler a Guene en l'ost Challon le fier,
Et si li dites bien que suis aparilliés,
Et si face tout ce qu'il m'a covenancié. 5110
Amis, gardez vos bien que ne vos forviés;
Demandés Guenelon, ne soiez esmaiez:
Bien en porriés estre honnis et vergoinniés.
Vos l'orrés bien nomer as barons chevaliers".
Et Fouchiers li respont: "Or ne vos esmaiez; 5115

---

⁵¹¹⁵ Fouchiers] forres.

Ains ne vi Guenelon ne dant Hardré son niés,
Mais je le cuit si bien et faire et esploitier,
Je le vos amenrai ains que soiés couchiez".
"Amis", ce dist Jehans, "pensez de l'esploitier".
Il l'ont aparelié en guise de paumier: 5120
Escharpe ot et bordon mervillex et plenier.
De l'ost Jehan s'en torne s'a forment esploitié;
A l'ost Challon s'en vint courant toz eslaissiez.
Challes ot oï messe c'est issus dou moustier;
Defors son tref estoit alez esbenoier. 5125
N'ot que lui et Berart, celui de Mondidier;
Entr'auz .ii. devisoient con se porrient aidier;
Atant ont regardé s'ont veü le paumier,
Et Berars dist au roi: "Biau sire, or esgardez:
Veés vos cel paumier envers vos adrecier? 5130
Je vos di sanz doutance et tot sanz destorbier   [A49v]
Que il vient de Lanson tot por vos espier.
Vos verrés ja mont bien ne finera de gaitier
S'avra Guene veü et a soi concillié.
Or li alons encontre tot por li acointier, 5135
Et se il vos demande vostre non et requier,
Dites li, sire rois, par mont grant amistié
Que vos estes Guenes qui tant fait a prisier".
"Berars", dist Challemaines, "mont estes enseigniés;
Ainsi sera il fait con avés devisié". 5140
A itant est venus par devant le paumier;
De son bordon se va devant lui apoier.
"Baron", dist li paumiers, "vos estes chevalier?"
"Voire", dist Challemaines; "que veuz tu et que quiers?"
"Je ne veil ce bien non, sire", dist li paumiers; 5145
"Damediex vos garisse qui touz a a jugier
Et vostre conpaignie que tant avés or chier.
Or me dites por Dieu, ne me soit pas noié,
Comment avés vos non, sire frans chevaliers?"
Et respont Challemaines: "Je dirai volentiers: 5150
Je suis uns gentis hons des Challe chevaliers.
Amis, j'ai a non Guenes, ja ne te quier noier.
Ainsi me mit on non quant je fui batisiés
Et li prestes m'ot mis le cresme sor mon chief:

Nel di ce por bien non, par verté le sachiés". 5155
"Et vos qui de sa estes a cel drap entaillié,
Comment avés vos non? or le me racointiés".
Et respondi Berars: "Certes, mont volentiers:
L'en m'apalle Hardrés, si suis a cestui niés;
Assez a entre nos amor et amitiez." 5160
"Ce queroie je, sire", ce respont li paumiers;
"Et ou est Challemaines, vostre rois droituriers?"
Et Berars li respont: "A son tref, ce sachiés,
Ou se vait esbatant si est joiaus et liez. [A50r]
Mal[e]oite soit l'eure que il est si haitiés, 5165
Li maus, li desloiaus, qui est outrecuidiés,
C'onques n'emma preudome ce nel pot enginier!"
Quant Challes ot Berart ainsi plaidier,
Ne ce tenist de rire, si a torné le chief,
Qui li donast tot l'or qui soit en Monpellier. 5170
"Sire Guenelons", dist il, "plait vos a[i] a tancier:
Ne vos vi onques mais si n'ai oï plaidier,
Ne vos, sire Hardrés, frans chevaliers prisiés.
Jehans li riches dus de Lanson l'enforcié
Vos salue par moi comme ces amis chiers. 5175
Vos commandemens a toz fais et esploitiés:
Es destrois Ballegués qui sont si enforcié
Est Jehans des huimain venus et enbuchiés,
Et avec lui des gens certes bien afaitiés,
Que Puillois, que Lonbars, bien .lx. milliers. 5180
Envoiés li Challon; covent li aviés.
Durement ce merveille quant vos tant atargiés.
Li dus Jehans est bien arestez et rengiés;
Ja n'en retornera li rois, bien le sachiés,
Ains sera li villars si malement bailliez 5185
Que d'illec a Lanson l'en menront tot a pié
Con .i. larron prové estroitement lïé".
Et respont Challemaines: "Amis, grant bien aiés!
Bien est fait vos mesaiges, ralez vos an arrier;
Challon i tremetrai orandroit sanz targier". 5190
Et cil a respondu: "Pensés de l'esploitier";
Anz ou chemin s'en entre si aquieut son sentier.
"Sire", ce dist Berars, "por coi vos delaiés?

Pour Dieu or faites pendre orendroit cel paumier
Et ardoir en .i. feu et son cors graïllier!" 5195
"Non ferai!" ce dist Challes Berart de Mondidier;
"Ce jou pendoie et faisoie essillier, [A50v]
Guenes le savroit ja, li cuvers losangiers;
Tot le feroit savoir a .i. suen mesaigier
A Jehan de Lanson cui il aimme et tient chier". 5200
"Sire", ce dist Berars, "je vos veil dont prier
Que vos faciés vos os tantot aparellier".
"Non ferai!" dist li rois. "Ne me chaut d'esploitier;
Ainsois savrai se Guenes me voudra arainnier,
Que apeler l'en puisse senpres au repairier". 5205
Et Berars li respont: "Bien fait a otroier".
Guenes est a son tref et autre chevalier
(Mais d'escouter la messe ne d'aler au mostier
N'avoit point li traïtes talent ne desirrier),
Et Hardrés li suens niés le prent a arainnier: 5210
"Car bien le faisons, oncles, por Dieu le droiturier!
Malement vos remembre dou tans c'aviés chier
Que ne les secorés sanz point a atargier.
Guenes", ce dist Hardrés, "mal vos voi esploitier
Dou vengier vos amis que tant aviés chier; 5215
Dont menrez vos Challon concillier au mostier

CXXXVI

Que il voit en l'angarde il meïmes monter,
Bien conquerre que il fust afolés?"
"Biau niez", ce a dist Guenes, "tot ce laissiés ester.
Le soinge qu'ai songié me fait mont redouté. 5220
Je n'isterai huimais certes hors de mon tref,
Ne vos, biau niez, ausi, ce croire me volez,
Que Challes est deables et cuvers et maufés,
Et si pas tex hons c'on puisse a lui jouer:
Maintenant vieut la gent ocirre et afoler. 5225
Et d'autre part, biau niez, ne vos quier a celer,

Huimain getai mes sors quant il fu ajorné
Que tot ce nos puet bien a mont grant mal torner.
Mais or laissons en pais iceste chose ester, 5229
Car en autre menniere nos covient or errer". [A51r]
Et quant Challes ot tant atendu et baé,
Il a dist a Berart: "Amis, de ci tornez;
Preniés .xl.m. de mes homes armés
Si me sivés la fors et rengiés et serrés.
Bertrans fiz duc Naimmon et Estous li senez 5235
Nos sieurront par derriers, que bien seront armé,
S'irons veoir le duc qui la est arestés".
Illuec fu vestuz Challes d'un haubert josné
Que il conquit a Nobles, la ou fu mors Forrez.
N'ierent lances ne dart tant fust bien aceré. 5240
Puis li a tendu l'iaume qui fu au roi Fourré;
Une escharboucle i a qui mont reluisoit cler.
Puis li a saint l'espee au senestre costé;
Li pons en est a or et si est seelé
Dou baron saint Lorant et de saint Honoré, 5245
Car ains mais si bons brans ne fu mais esgardez.
Puis li ont Florentin son destrier amené,
Plus blanc que nule nois, sachiez de verité;
La crupe pomelee et fu gros et carrés;
Celle ot d'ivoire ou dos, li arson sont doré; 5250
Li estrier sont de soie, li anel d'or ouvré,
Et li frains si fu d'or dont il fu enfrenez:
De trés plus bele beste n'oï nus mais parler.
Challes i est saillis, as estriers n'en sout gré,
Puis li ont son escu a flors de lis doné 5255
Qui tant estoit bien paint, nus ne vit miex ovré.
Quant li rois fu montés et il fu acesmez,
Si durement s'afiche es estriers neelez
Que Florentins li blans est forment tressués.
"Baron", dist Challemaines, "or tot si me sievez!" 5260
Et cil ont respondu: "Si con vos commandez!"

---

⁵²³⁴ sivés] suies (*cf.* 5260 sievez).

Ensanble o lui en monte .xx.m. ferarmez,
Et Berars d'autre part s'en est issus des trés,   [A51v]
Et tote l'ost c'espant environ de toz lez.
Tant a erré li rois et ces riches barnés   5265
Que il est parvenus es vaus de Ballegués.
Et li dus de Lanson a errant escrié:
"Baron, or dou bien faire je vos ai tant amé,
Et en aprés vos ai tot le mien presenté,
Et ne vos vee chose que il vos vainne a gré,   5270
Et si vos ai tozdis paié de vostre gré.
Vez ici Challemaine qu'est en ma terre entrés:
Je le ferai encui, ce puis, desbareter.
Qui or bien m'aidera, il sera mes privés.
Tex soudees avrois con savrois demander,   5275
Car chacuns avra fame et mont grant richetez".
Et cil ont respondu: "Or avés bien parlé!
Poigniés, dus debonaires, or avés trop tardé!
Chalengiés vostre terre et le vostre herité,
Et nos vos aiderons con chevalier menbré!"   5280
"Seignor", ce dist Jehans, "Diex vos en sache gré!"
Lors desrangent Puillois les escus acolés;
Jehans dist a sa gent: "Baron, or de l'errer!"
Et il ont respondu: "Si con vos commandés!"
Lors sonent les buisines environ et en lé: 5285
Tel noise demenoient ains mais n'oïstes tel;
Une grant lieue plainne les oïst l'an corner.
Jehans cuide Challon avoir pris et lïé,
Mais il ne sest or mie coment est apresté,
Car il orra Berart Challon fort dementer   5290
A .lx.m. homes qu'il li voudra aidier,
Et Jehans point et broche le destrier sejorné.
A iceste parole a Challon encontré:
Vistement se ferirent et rengié et serré;
Tant sont fort li haubert, maille n'i a faussé.   5295
Jehans li a l'espié desous le piz froé,   [A52r]
Et Challes nostre rois l'a si bien avisé,

---

⁵²⁷³⁻⁷⁴ Order inverted in MS.

Par force dou cheval et par sa poesté,
A le duc de Lanson contre terre gisté:
Pou faut que n'a le cuer ens ou ventre crevé. 5300
Car si fort l'a feru et si bien asené
Que Challes traist l'espee, a pou l'eüst mort tué,
Quant Amaugons li vint secorre et Otré,
Et Guion de Pallerne et son frere Honoré,
Guilliaumes et Guimars et Gontié et Fourré: 5305
Plus de mil i corurent as vers hiaumes gemés.
Tot entor Challemaine es les vos aroutez:
Ja eüssiant le roi mien essiant versé,
Par le mien esciant et pris et enmené,
Ce ne fust la monjoie que il a escrié: 5310
"Saint Denis, aidiés moi! Ou sont mi home alé?"
Et je, que vos diroie? la ce sont encontré,
Et si home si sont de ferir apresté.
Les .x.m. ot li rois devant lui delivré,
Et cil de Lanson ont lor enseigne levé. 5315
Une coste ot Jehans ens el costé cassé;
A mont grant painne l'ont sor son cheval monté.
La poïssiés veoir .i. fort estor chanpé,
Tanz escus depeciés et tanz chevaus tuez;
Mort i gisent li un et li autre navré. 5320
Challes n'ot avec lui que .x.m. home armez;
.Lx.m. en a Jehans li deffaez.
Mont i fu Challemaines durement enconbrés,
Car i fu de .c. pars et ferus et boutez,
Et il et ces chevaus furent andui navré: 5325
Il n'est mie merveille se il est entrapez.
Li rois resaut en piés correciés et irés,
Puis a traite l'espee qui li pent au costé:
"Mauvais roncins faillis!" a son cheval clamé, [A52v]
Lors l'ont de mainte pars clos et environé. 5330
Li dus Jehans revint quant il l'orent monté;
Durement fu ferus ou flanc et ou costé.
Au povoir que il a, a Challon encontré:
"Vassaus, qui estes vos? Estes des .xii. pers?
Qui onques vos soiés, vos n'en estorderés! 5335
S'auques vos aimme Challes, de vos avra pité!"

Et Challes respondi: "Plus suis haus hons assez,
Car je suis emperere de Rome la cité,
De Rai[n]s et de Soissons et de l'autre regné,
S'ai desous moi Flamans et Bretonz renomez, 5340
Fransois et Borgueignons tot a ma volenté.
Sor Lanson suis venus prendre les heritez.
Un roi i voudrai faire quant l'avrai conquesté,
Et celui qui en est sires et avoés
Comme lerres sera pendus et afolés". 5345
"Par mon chief", dist li dus, "avant le conparrés!"
A iceste parole si c'est haut escriés:
"Baron, s'or vos eschape Challes li deffaés,
Ne serés envers moi ne prisié ne amé;
Et c'il est retenus que il en soit menez, 5350
Tot mon riche tresor vo iert abandonez!"
Et cil ont respondu: "Si con vos commandés!"
Adonc fu Challemaines asailliz et grevez,
Et li rois se deffent con chevaliers menbrés.
Qui la veïst a Challe maint ruste cop doner, 5355
Tranchier hiaumes et testes et cervelles voler!
Cui il consieut a cop, a la mort est livrés:
Nulle armeüre ne le puet pas tenser.
Qui la veïst Challon richement demener,
De preudome et vaillant li poïst remenbrer: 5360
Ains ne veïstes home plus fierement aler.
Une orison comence por s'ame sauver: [A53r]
"Damedieu sire pere qui me feïstes né,
Et en la sainte dame futes enonbrés,
Puis alastes par terre por vostre cors pener, 5365
Et daignas de ton cors les ames recheter,
Que il n'est hons ne fame tant se seüst garder
(Ainsinc conté fu voirs et jou sai sanz faucer),
Garisiés moi, b[i]au sire, que ne soie matez!"
Atant ez vos ces homes environ et en lés: 5370
Plus de .m. en descendent por le roi relever;
Florentin son cheval li orent amené,

---

⁵³⁴⁷ *After* 5379 si c'est haut escriés] ce sont haut escrié.

Et Challes en jura le roi de majesté,
Jamais n'i montera nul jor de son aé
Por ce que desous lui fu cheüs et versés; 5375
Ja li tousist le chief ce ne li fust vités.
Dont li fu .i. ferrans bailliés et aprestez:
Merveilles est corans, ains jor ne fu lassés,
Et Challemaines monte si c'est haut escriés:
"Glos! vos i morrés tuit! N'en poez eschaper!" 5380
Lors refu la bataille et li estors pleniers.
Atant ez vos Berart qui tant fait a prisier
A .lx.m. homes a batailllez rengiés.
Ja fust li dus Jehans maintenant correciés
Quant tot par mi l'estor en est venus Hardrés. 5385
Tant a quis et cerchié qu'il a Jehan trouvé;
Au dragon que il porte l'a il connu assez;
Hautement li escrie s'a le duc salué:
"Sire dus de Lanson, vos estes enchantez!
Je ne sai qui vos a a Challon encusé, 5390
Mais vez ici ces homes et rengiez et serrez,
Plus de .lx.m. fervestiz et armez;
Mors estes et destruis ce plus i demourez!"
Quant l'entendi Jehans, ainz ne fu si irés; 5394
Il escrie: "Lanson! Baron, car retornez! [A53v]
Franc home, je pri por Dieu que vos gardés!
Qui de foïr ne pence, tot a son tans passé!"
Es vos Berart venir ga[r]ni et conreé
Qui de bataille faire estoient apresté.
Cil de Lanson s'en tornent si ont les dos tornez, 5400
Et Fransois les enchassent les frains abandonez:
Ainz n'atendi l'uns l'autre tant fust ces privés.
Hé! Diex, tant veïssiés de ces Puillois tués
Et ocire et abatre et si fort malmenez,
Et tans chevaus foïr et lor regnes tirez, 5405
Et .iiii.xx. prisons ot en prison menez.
Par de de sa .ii. leues de Lanson la cité
Ce sont nostre Fransois arriere trestorné

---

⁵³⁷⁸ lassés] lasser.

A trestout lor eschec qu'il orent conquesté:
La sejorna la nuit Challes nostre avoé. 5410
Par dedens son tref l'ont noz Fransois desarmé
Correciés et dolens, ja mar le mesquerrez,
Por Jehan de Lanson qui lor est eschapés:
Mont fu le jor Challes correciés et irés.
Atant vint Guenelons devant lui a son tref. 5415
"Emperere", dist il, "comment vos contenés?
Deable ont Lansonois garandis et tansés.
Or ne vos chaut, biau sire, ce pris ne les avez;
Vos irés a Lanson et si les asaurrez:
Nes garira chastiaus ne murs ne fermetez 5420
Que vos et vos barnages nes aiés toz matés".
"Guenes", dist Challemaines, "vos en aiés maugrez.
Par la foi que vos doi, ja ne vos ert selé,
Vos orrez tex novelles ainsois .iii. jors passez
Dont vos arés le cuer correcié et iré: 5425
Assez sai grant partie coment avés erré!"
"Sire", dist li traïtes, "vos dites vostre gré,
Mais il n'a si haut home en la crestienté,
Vavasor ne borjois ne prince ne chasé   [A54r]
Que je crieme ne dote .i. denier moneé, 5430
Et c'il en i a nul c'avant s'ose monstrer,
Je li iroie ja mon gan presenter.
Ou par moi ou par autre le feroie mater
Et lui rendre vaincu ou mort ou afolé".
Atant ez voz Berart qui ce ot escouté: 5435
"Je doin gaige vers vos, danz traïtes provez,
Ce ne vos ren vaincu ou mort ou afolé!
Dont n'estes vos consant, maus traïtez provez,
Que Hardré envoiates a Lanson la cité
Au riche duc Jehan et dire et raconter 5440
Que Challe, qui est ci nostre droiz avoez,
Li renderiés prison et lïé et serré?
N'avez dont fait ce? N'est il ainsinc alé?"

---

⁵⁴⁰⁹ A] Et. — ⁵⁴²⁷ C vostre gré] verité.

"Berars", ce dist li rois, "un petit m'entendez:
Ainsinc ne sera mie con l'avés devisé, 5445
Car Guene n'i veïstes ne n'i fu encontrez,
Mais Hardré que veïstes celui en apelés,
Car celui qui mal fait, li covient conparer:
A lui donés vo gage, ne soit pas trestorné".
Et Hardrés li respont: "Vassaus, que demandés?" 5450
Dist Berars: "Je t'apel de traïson mortel,
Car je t'ai encontré la ou tu fus alez,
Et je suis cil cui deïs: "Or alez
Au seignor de Lanson; de ma part demorrés
A icelles enseignes que li alés conter, 5455
Qu'en Balleguez feïst trestot son ost aler
Que la porroit Challon penre et enprisoner'".
Et quant Hardrés l'entent, color prist a muer;
Il set bien qu'il dist voir, il ne le puet celer.
Illuec li covint gage, ou veille ou non, doner, 5460
Et Challes le resust puis fait aterminer
Le champ et la bataille jusqu'a .iii. jors passez
Qu'il seront a Lanson la logié et enserré, [A54v]
Et la ert la bataille et li chans atornez.
Son gaige en a doné Berars li bachelers, 5465
Et en aprés le suen li traïtes Hardrés.
[Gennelon raplega le sien nepveu Hardré] [C188r]
Desor totes les riens que il a esgardé [A54v]
Que c'il ne puet Hardré au tiers jor amener,
En trestoute s'enor ne se porra fier. 5470
"Ainsi le vos otroi", dist l'emperere ber.
Atant sont departi, ne l'ont pas oblié,
De ci que au tiers jor que il ert novelé,
Et la bataille en ert desous Lanson es prés.
L'emperere sejorne tant qu'il fu ajorné, 5475
Et commande c'on ait tot son hernois trossé
Aprés ce qu'il avra le service escouté,
Et il si firent tot quant il fu comandé:
"Si irons a Lanson la mirable cité,

---

⁵⁴⁶⁷ Lacuna in text of A.

JEHAN DE LANSON

Et si penrons la terre, se Diex l'a destiné, 5480
Et si deliverrons les prisoniers senez".
Lors sonerent les cors environ et en lés
Ausi tot con il orent tentes et trés trossés.
Eurent ja tant entr'ex esploitié et erré
Que il voient Lanson et la grant fermeté, 5485
Et ces hautes breteches contreval la cité,
Et totes ces richeces dont il i ot assez.
Quant ce voit Challemaines, un pou est arestés;
Ces homes en apele si lor dist: "Esgardés!
Qui onques mais parsut si trés bele cité!" 5490
Et li baron respondent: "Biauz rois de majesté,
Donés la nos conquerre, se il vos vient a gré:
Toz lez jors de nos vies en seriens loé".
Rollans et Ollivier son par matin levé
Et voient l'ost Challon, les cors oient soner, 5495
Et l'escharboncle d'or qui giete grant clarté,
Et les enseignes voient baloier et croler.
"Hé! Diex", ce dist Rollans, "peres de majesté, [A55r]
Or primes somes nos malement atorné!
Vez la les riches os que Jehans a mandé! 5500
Ahi! Challes, biauz oncles, trop poés demorer!"
"Sire", dist Ollivier, "por coi vos dementés?
Vez la vostre oriflanbe a cel dragon levé".

CXXXVII

"Rollans", dist Ollivier, "gentis dus seignoris,
Por coi vos dementés, por Dieu de paradis? 5505
Dont ne quenoissiés vos le roi de Saint Denis
Au dragon reluisant et au cor d'or bouli?
Vez ici Challemaine, par foi le vos plevis,
S'amainne le secors que nos desirrons si,
Et Normans et Bretons, Mancés et Engevins". 5510
"Hé! Diex", ce dist Rollans, "con or somes gari!"
"Voire", dist Ollivier, "la Damedieu merci!"
"Baron", dient li conte, "torno[n]s nos en de ci.
Or tost, sire Rollans au corage hardi,

Et vos, sire Ollivier et Naimmes li floris, 5515
Et Richars li Normans et tuit li autre ausi:
Alez jusqu'a vostre [oncle] et si parlés a li,
Et nos garderons bien ces grant palais vout[is]".
Lors est Rollans montez, li frans dus post[eïs], 5519
[Et se fu bien armés pour oster les peris.   [C190v]
Ly .v.^e monta, ne s'y est alentis.
Par le postergne yssirent et ou camp se sont mis;
Jusques a l'ost de France ne se sont alentis.
Charle le roy de Franche les a prumiers coisis;
Prumiers parchoit Rollant son nepveut le marcis, 5525
Et quant le roy le voit, son coer est atenris;
Moult doucement les a festés et conjoïs.
"Biaux nyés", ce dist ly rois, "sy me soit Dieux aidis,
Ne vous cuiday veoir tant que mon corps fus vis!
Moult vous ay desiré, or vous voy, Dieu merchis! 5530
Comment le fait Ogier et Nayme ly floris?"
"Bien, oncle", dist Rollant, "le Damedieu merchis,
Se nous a fait Jehan moult de griés et d'anuis".
"Par mon chief", dist le roy, "il en sera punis,
Car jamés ne seray en France revertis,] 5535
N'en irons mais en France si avrons Lanson pris   [A55v]
Et le duc de Lanson qui tant vos a asis!
Pies'a fuse venus, ce sachiés vos de fi,
Se ne fust Guenelons que vos haez ensi.
Il ne vos aime gaires, ce sachiés vos de fi". 5540
"Sire", dist Guenelons, "vos dites voz merciz;
S'uns autres le disoit, il i avroit menti.
Bien sai que me heez, je le sai tot de fi".
"Sire", ce dist Rollans, "oez que je vos di:
Mes parratres cuidoit pies'a fussiez ocis. 5545
France est mont bone terre si a et pain et vin,
Et a des beles dames as gens cors seignoris;

---

⁵⁵¹⁶ Normans] nornans. — ⁵⁵¹⁸ Seven complete verses and parts of seven verses have been lost from A by mutilation. — ⁵⁵²⁰ We have omitted the following mutilated verses of A: Li .v. baron aprés vestu ont va... une poterne ovrire par ... Onques de ci a l'ost n'i ... Charles li rois ... "He! Diex, quan...— ⁵⁵⁴² disoit] disois.

JEHAN DE LANSON 169

Et sachiés bien de voir, et je le vos plevi,
Par Guene sera France a touz anuis tozdis;
Il conquerra les terres et les amples païs". 5550
"Vasaus", dist Guenelons, "a pou n'enrage vis,
Car tu es mes fillastres et encor me laidis.
Ja Damedieu ne place, qui en la crois fu mis,
Que je muire de mort si en soie esclarcis".
Quant Rollans l'en[ten]di, si en geta .i. ris: 5555
"Parrastres, droit avés se vos estes marriz:
[Toz] tans vos ont Fransois mont tenu enpor vil.
[Vengiés] vos en, parrastres, des vostres anemis!"
["Sy ferai ge!" dist Gennes; "de ce soiiés tous fis!" [C191r]
Puis en furent par luy plus de .xx.m. ochis 5560
En le terre d'Espaigne, sy con dist ly escris;
Vendy au roy Marsille les .xii. pers eslis;
La furent mis a mort des Sarazins maudis. [C191v]
Mes de che me tairay sy en seray vertis:
A ycelle parolle laissierent les estris 5565
Et vinrent a Lanson sy ont les sieges mis;
Tendent trés et aucubes et pavillons de pris.
Le tref Charle tendirent a l'aigle d'or massis;
En la tente devant estoient les plus eslis.] 5569

CXXXVIII

Charles asist la ville qui tant fait a loer; [A56r]
Asaillir fait la ville et perrierres geter.
Li baron dou chastel viennent au roi parler,
Rollans et tuit li autre qui la erent remés.
Grant joie fait li rois, et il [et] ses barnés.
Jehans est a Lanson, la ville fait garder. 5575
Challes fu sa defors .i. jor aprés diner;

---

⁵⁵⁵⁷ Seven complete verses and parts of six verses have been lost from A by mutilation. — ⁵⁵⁵⁸ C Vengiés. — ⁵⁵⁵⁹ We have omitted the following mutilated verses of A: ... il par le cors saint Denis; ... li traïtes mentis; ...s de .c.m. ocis; ...rrabis. — ⁵⁵⁷⁴ rois] ror. — ⁵⁵⁷⁵ C garder] rober.

Plusors de ces barons comencent a parler.
Challes si lor a dist: "Je vos vueil aconter
D'une bataille faire oï l'autrier parler.
Car me mandés Berart, faites venir Hardré; 5580
Traïsons ne doit mie ainsis en pais aler.
Li jors de la bataille est a hui ajornez".
"Sire", dist Guenelons, "tot ce laissiés ester.
Trop volés vostre preu porquerre et conquester:
Ja home n'avra bien qui tot vieut eschiever". 5585
"Guenes", dist Challemaines, "trop savez bien parler;
Li drois venra avant ce Diex l'a destiné".
Atant ez vos Berart qui commence a crier:
"Sire drois emperere, vez me ci apresté
Por faire la bataille et ton droit conquester, 5590
Et par tele menniere con m'orrés deviser
Que au duc de Lanson vos vout traïr Hardrés.
Damediex vos confonde, li rois de majesté,
Ce la droite justice orendroit n'en prenez!"
"Berars", dist Challemaines, "le matin la ferés". 5595
"Et je m'en deffendrai, sire", ce dist Hardrés;
"Berars le conparra ce Diex me vieut aidier!"
"Hardrés", ce dist Berars, "trop prés me troverés!"
Ainsi fu li respis jusqu'au demain donez. 5599

CXXXIX

[Gennes en repaira, Hardré vot en mener. [C192r]
"Biaus nyés", dist Gennelon, "mal vous seustes garder
Quant au duc d'Alanson vous allastes parler
Et dire le mesage pour roy Charle grever,
Vous trouvastes Berart, c'est legier a prouver,
Et se ly racontastes vo coer et vo penser. 5605
Or fu che trop mal fet se poet a mal tourner,
S'en vesrés vostre corps demain en camp mater.
Or ne sai ge comment vous peussiés escaper,

---

⁵⁵⁹⁵ Berars] .H'. (Hardrés). — ⁵⁶⁰⁰⁻⁵⁶ An abridgement of A.

Mes se tu me voés croire, fui t'ent aprés souper.
Je ne voy autre tour que te puisse escaper, 5610
Car le tort en est tien; et ce me fet douter,
S'a Berart te combas, tu ne poras durer,
Car il est puissans hons et moult fait a douter.
Se Berart te conquiert et fet en camp mater,
Il n'est or ne avoir qui te peuist sauver 5615
Que le roy ne te fache a malle mort livrer.
On ne poet viers Charlon nul homme racater;
Puis que traïtour est, il n'en faut point parler".
"Oncles", ce dist Hardré, "laissiés tout ce ester.
Jou yray a Lanson au duc Jehan parler, 5620
Se prieray au duc quy tant fet a douter,
S'il me voit en ung camp recreant et mater,
Qu'il me viegne secoure et Berart afiner,
Et que layens me mette pour me vie sauver".
"Biaus nyez", dist Gennelon, "Dieus t'y a fet viser!" 5625
A yceste parolle que vous m'oés conter,
Ne vot Hardré le fel point ne pau arester.
Il monta a cheval, soy prist a cheminer;
Desy jusqu'a le porte il ne vot arester.
Le portier le congnut sel laisa ens entrer, 5630
Et Hardré sy alla duc Jehan demander.
Le portier ly ensaigne ou le pora trouver;
Ou pallais droitement alla Hardré monter.
La a trouvé Jehan qui estoit plain d'amer, 5634
Et quant Hardré le vit, biel l'ala saluer; [C192v]
D'une part le mena, son fet ly va conter:
Comment contre Berart le faut en camp entrer,
Et comment et pour quoy, tout ly vot deviser,
Le cause dont Berart l'a vollu encouper
Pour ce que il ly vot son mesage conter. 5640
"Or vous viens, nobles dus, ou nom Dieu demander
Se me veez en camp recreant et mater,
Que me voielliés secoure, aidier, et conforter".
"Hardré", ce dist Jehan, "de ce n'estuet douter;
Vollentiers", dist le duc, "se Dieus me puist sauver". 5645

---

⁵⁶⁴⁵ dist le] MS *repeats.*

"Sire", ce dist Hardré qui estoit plain d'amer,
"Je m'en revoy en l'ost, que Dieus me puist sauver".
Adont se vot partir que plus ne vot parler;
De la ville se part et en l'ost vot entrer.
Sy trés pr[i]veement alla l'ost trespasser   5650
Que nul homme vivant ne le pot raviser.
Droit ou tref Gennelon s'en alla reposer
Et ly dist qu'il venoit du duc Jehan parler,
Et que le duc Jehan le venra conforter.
"Ch'est bien!" dist Gennelon, dont le laissent ester   5655
Desyques au matin que le jour paru cler.]

CXL

Challes va oïr messe et li autres barnés,   [A56r]
Et aprés le service, quant il fu definés,
C'est li rois Challemaines hautement escriés:
"Ou sont li chanpion? Car les nos amenés!"   5660
Et il i sont venu quant il l'ot comandé.   [A56v]
Berars li fiz Tierri fu mont bien atornez,
Et Hardrés a son oncle le traïte prové.
"Emperere", dist il, "envers moi entendez:
Et moi et mon linaige avés forment grevé,   5665
Et que demandés voz a mon neveu Hardré?"
Et Challes respondi qui mont est aïrés:
"Guenes, il m'eüst mor c'il eüst poesté;
Le seignor de Lanson a sor moi amené:
Il me cuida trover et soul et esgaré".   5670
"Sire", ce dist Berars, "vos dites verité;
Por mon droit a monstrer suis trestous aprestés".
Et Hardrés li respont: "Vos dites faucetél
Par la foi que je doi au roi de majesté,
Ancui vos trancherai le baulevre ou le nes!"   5675
"Or n'i ait", dist li rois, "que dou champ aprester.
Ce Hardrés est vaincus, il sera traïnés".

---

⁵⁶⁵³ qu'il] quy. — ⁵⁶⁵⁵ dist] *MS repeats.*

Et Guenes li respont: "Dou menacier pensés!
De cest estor garder me soit congiés donez".
"Par saint Denis", dist Challes, "a cui me suis donés, 5680
Ja de ceste bataille vos ne vos mellerés,
Ains les gardera bien et Rollans et Ogiers!"
Lors sont li seirement tot mai[n]tenant juré.
Berars jura premiers quant il fu apelés.
"Seignor", ce dist Berars, "oiés et entendés: 5685
Si m'aident tuit li saint qui sont ci aporté,
Et nostre sire Diex li rois de majesté,
Que Hardré encontrai et m'ot dist et conté
Qu'il venoit de Lanson s'ot a Jehan conté
Que Challe troveroit es vaus de Ballegués: 5690
Iluec le porroit penre et lui et ces privez".
Et Hardrés li respont: "Tu t'iés tot parjurés!"

CXLI

Quant Berars ot juré, Hardrés s'agenoilla.
Ou que il vit les sainz, ces mains i atoucha 5694
Et palla hautement, chacuns entendu l'a: [A57r]
"Si m'aïst Diex", dist il, "et li saint qui sont la,
Et nostre sires Diex qui le mont estora,
Que Berars ne me vit ne il ne m'encontra,
N'onques encor ma boche a Jehan ne palla!"
Quant il ot ainsis dist, maintenant s'abaissa 5700
Et vot ba[i]sier les sainz, mais il n'i atoucha.
"Seignor", ce dist Bazins, "Hardrés parjuré s'a!
Par le mien esciant, je cuit vaincus sera!"

---

⁵⁶⁸⁰ Par saint Denis, dist C.] Par mon chief, ce dist C. (*cf.* 4564 Par saint Denis de France cui mes chiés est donés *and* 3229 Par seint Denis de France a cui je sui bailliez). — ⁵⁶⁹⁴ sainz] saint.

CXLII

Or ont tantost juré puis si s'en vont armer.
Guenes fait a Hardré un hauberc endosser, 5705
Et son destrier li fait maintenant amener;
Quant fu aparelliés, ou champ s'en va ester.
Berart voudra ocirre, c'il puet, ains l'avesprer,
Mais Diex nel voudra pas, li rois de majesté.

CXLIII

Aprés Hardré s'arma li bons vasaus Berars. 5710
Tierris li a vestu .i. hauberc jazerant;
Quant il fu bien armés trestot a son talent,
L'an li a amené le bon destrier corant;
Berars i est montés tot et isnellement.

CXLIV

Cil de Lanson monterent as murs et as creniaus 5715
Por veoir la bataille des chevaliers vasaus.
Et Hardrés et Berars guenchissent les chevaus;
Sor les escus ce fierent ammedui li vasauz.
Par tel vertu ce fierent andui li damoisiaus,
Contre terre chaï Hardrés li desloiaus. 5720
Berars s'en passa outre, li vaillans damoisiaus;
Ainsois qu'il passast outre, a fait Hardrés .i. saut.
En piés s'en est levez, li cuvers desloiaus,
Et a traite l'espee dont chers fu li pomiaus.
Or oés que il fist, li cuvers desloiaus: 5725
Par mi les janbes fiert le bon destrier isniau;

5720-23 These verses appear in MS in scrambled order, but the scribe has indicated the proper sequence by means of marginal letters.

CXLV

Au premier cop li a tranchié les piés.
"Vasaus", ce dist Berars, "mont par estes leniers
Quant moi avés laissié mon cheval tuez! [A57v]
De povre cuer vos vient, de verté le sachiez!" 5730
Hardrés requier Berart au branc forbi d'acier,
Et Berars requier lui a loi de chevalier.
Tant dura la bataille que l'en ce dut cochier,
Quant Jehans de Lanson monta sor son destrier
Et avec lui .x.m. qu'il fist aparellier. 5735
Jehans voudra secorre Hardré le pautonier;
Jusque il soit el champ ne ce vout atargier.
Ogiers et li dus Naimmes commencent a huchier:
"Que faites vos, Fransois, nobile chevalier!
Por coi ne secorés Berart de Mondidier!" 5740
Lors ce corent armer Fransois et Berruier;
Cil qui garde[nt] le champ li corurent aidier.
La force de Jehan a Hardré retrecié,
Et si le font monter sor .i. corant destrier,
Et en vuellent mener Berart de Mondidier, 5745
Mais rescous l'ont a force no vaillant chevalier
Et ces peres Tierris qui encor l'ot plus chier,
Et Jehans s'en retorne dedens son tref arrier.
Mont en fu Guenes liés, de verté le sachiés.
Hardrés fu a Lanson cel font deshaubergier; 5750
Grant poour a eü de la teste trenchier.

CXLVI

"Gentis dus", dist Hardrés, "a moi en entendés:
Le roi penrons a force ains trois jors ajornez".
"Voire", ce dist Jehans, "ce Diex l'a destiné".
Celle nuit fu Hardrés richement ostelez. 5755
Et nostre rois de France fu par matin levez

---

⁵⁷⁵² Hardrés] .ie. (Jehans).

Et asailli Lanson environ et en lés.
Deus mois i sist li rois aconplis et passés.
A privee mainnie s'en est li rois tornés;
Li sieges li anuie, chacier en est alés; 5760
Mais li vilain racontent et il est verités:
"Cil qui a mal voisin, il a mauvais jornel".
Guenes vit mont tresbien dou chacier l'aprester;
Guenes a dit en bas: "Challes, vos en alés, 5764
Mais par cel saint apostre c'on quier en Noiron Pré, [A58r]
Je ferai tant vers vos, jamais ne m'emmerez,
Ne ja ne reverrois trestoz les .xii. pers!"
A iceste parole c'est dans Guenes armés;
Onques ne s'aresta si vint a la cité.
Sanblant fait que il gart les murs et lez fossez, 5770
Et regarda aval si a veü Hardré,
Et Hardrés vint a lui quant il [l]'ot avisé.
Quant il fu descendus, si l'a araisoné:
"Oncles, que volés vos? Dites vostre pensé".
"Biau niés", ce a dist Guenes, "traiez sa si m'oez: 5775
Hui est venus li jors, c'il nos est destiné,
Que nos serons de Challe vengié et delivré.
Va tost! di a Jehan, garde n'i ait celé,
Que Challes l'emperere en est chacier alez.
Se Jehans vieut qu'il soit ne pris ne atrapés, 5780
Que il face sa gent garnir et conraer:
Challon avra, c'il vieut, ainz miedi passé".
A iceste parole s'en est Guenes tornez,
Et Hardrés vient au duc si l'a araisoné:
"Sire", ce dist li lerres, "or oez mon pensé: 5785
Hui est venus li jors, c'il nos est destiné,
Que nos ferons de Challe totes nos volentés".
"Comment va?" dist li dus, "garde ne me celer".
"Mes oncles", dist Hardrés, "m'a or ci envoié;
Challes n'est pas en l'ost ains est chacier alés". 5790

---

⁵⁷⁶⁶ m'emmerez] menmerez. — ⁵⁷⁷⁷ serons] seront.

CXLVII

"Sire", ce dist Hardrés, "Challes s'en va chacier,
Ne il n'a avec lui que .xxx. chevaliers,
Si est Rollans as tentes et li quens Ollivier,
Et tuit li doze per joent a l'eschiquier".
"Hé! Diex", ce dist li dus, "car me donez vengier, 5795
Car se Challe pooie ne tenir ne baillier,
Lors averoie je trestot mon desirrier!"
"Or tost!" ce dist Hardrés, "pensez de l'esploitier!"
"Volentiers!" dist li dus, "sans point de l'atargier!"
Lors est Jehans montés sor son courant destrier, 5800
Et avec lui monta .x.m. chevaliers: [A58v]
E! Diex, que Challemaines ne soit pas enginniez!
.I. porc a esmeü si commence a chacier;
Corant va par le bois por sa gent ralier.
Li dus dist a ces homes: "Oez, franc chevalier: 5805
Vos .xx. remenrez ci por le bois agaitier,
Et nos irons a Challe plus de .m. chevalier".
Et cil li respondirent: "Bien fait a otrier".
Diex! c'or ne set cel plait Rollans et Ollivier!
Ez vos Challon qui tint .i. roit espié d'acier, 5810
Et quant cil l'ont veü, prenent a fremier.
"Baron", ce dist Jehans, "bien vos veil acoi[n]tier
Que vos ne touchiez Challe ne de fer ne d'acier,
Ainsois le me rendés sain et sauf et entier;
Car se il estoit mors, je ne vos quier noier, 5815
Je n'avroie de li la monte d'un denier,
Ainsois me torneroit a mo[n]t grant enconbrier;
Mais se je le tenoie qu'il fust mes prisonier,
Dont avroie aconpli trestoz mes desirriés:
Ainsi le faites ore con vos ai acoi[n]tié". 5820
Et li baron respondent: "Bien fait a otroier!"
Et li dus point avant por Challon anoier;
Ou que il voit [Challon], cel prent a arainier:
"Emperere", dist il, "ici n'a que plaidier.
Tresbien vos conoissons, fait vos ai agaitier. 5825
Jehans suis de Lanson, je ne vos quier noier,
Mais vos et li vostre home me font grant enconbrier:

Desireter me vellent, de ma terre chacier,
De Lanson ma cité qui tant fait a prisier;
Mais or vos rendez tost, sanz point de delaier!" 5830
"Voire", ce dist Hardrés, "sans nesun atargier,
Car se il vieut fuir, ne li vaut .i. denier:
Je li metroie ou cors mon roit trenchant espié!"
"Hé! Diex", dist Challemaines, "con or puis enragier
Quant cil me contralie qui me deüst aidier! 5835
Hé! sains Denis de France, car me venés aidier! [A59r]
Diex! a cui porrai miex cest espié enploier?
Car se vois ferir le duc tot le premier,
Ce n'estroit pas bien fait, se cuit au mien cuidier;
Mais cil glouz, cil traïtes qui m'a fait espier, 5840
Il a mort deservie se je puis esploitier:
Venus estoit de France ici por moi aidier!"
Challes point vers Hardré cui Diex doi[n]t enconbrier,
Et Hardrés contre lui ne le vout esparnier.
Li gieus n'est pas partis entr'aus ne droiturierz, 5845
Que Hardrés out vestu un bon hauberc doublier,
Et Challes n'ot vestu c'un frés hermine chier.
Et si le va ferir de l'espié d'acier:
Par si tresgrant vertu l'auberc fait desmaillier;
Trés par mi le cors outre li avoit envoié. 5850
Hardrés cheï a terre delez le sablonier;
Ne por quant n'est pas mors, li cuvers renoiés,
Et quant li dus le voit, le roi cort enbracier,
Et li rois n'ot loisir de l'espee sachier:
Dou poin que il ot gros le fier .i. cop plenier 5855
Que les eus de la taste li a fait larmoier.
Li dus crie a ces homes: "Car me venés aidier!"
Lors corurent au roi plus de .c. chevalier;
La fust pris Challemaines sans point de recovrier.
Li sire de Lanson c'est mont haut escriés 5860
Et a dist a sa gent: "Gardés ne l'adesés!
Gardés que il ne soit ne ferus ne bleciés:
Ja seriés trestuit de ma part deffiez!"

---

⁵⁷⁴⁵ droiturierz] troiturierz. — ⁵⁸⁴⁸ l'espié] lespee. — ⁵⁸⁵⁴ n'ot] nos.

CXLVIII

A iceste parole sont ariere torné
Et en portent Hardré sor son escu doré; 5865
Trestout droit a Lanson se sont acheminé.
Or fu li rois laians ainsi con vos oez;
Li dus le fait garder a .c. de ses privez.

CXLIX

Li jors est trespassés si vint a l'anuitier. 5869
En l'ost demandent Challe lor seignor droiturier; [A59v]
Li baron et li prince en sont mont esmaié.
Dus Naimmes de Baviere et li Denois Ogiers
Et tuit li doze per montent sor lor destriers;
Enz ou bois s'en entrerent dolent et correcié.
Les ven[e]ours encontrent qui mont sont esmaié; 5875
Demanderent lor Challe, lor seignor droiturier,
Et cil ont respondu: "Ne vos savons noncier:
Pris l'ont cil de Lanson que il fu espiés".
"Ha las!" ce dist Rollans, "ja serai enraigiez!"
Pleure li dus Rollans et li Denois Ogiers; 5880
La poïssiés veoir dolens nos chevaliers.
"Seignor", ce dist Bazins, "or ne vos esmaiez:
Je le vos renderai ja si fort n'iert lïez".
"Bazins", ce dist Rollans, "ce vos se nos faisiez,
De .ii. bones cités croitra vostre heritiers!" 5885
Et Bazins lor respont: "Or ne vos esmaiez;
Ne faites pas sanblant que vos perdu l'aiez;

CL

[Vous averiés vo gent parmy l'ost effraé. [C199r]
Je seray encornuit dedens Lanson entrer;

5888-5914 An abridgement of A.

180   JEHAN DE LANSON

La saray de Charlon comment il est allé, 5890
Ne s'il est mors ou pris ou en cartre jetté.
Mes vela Gennelon quy chou a porcaché;
Je vous dy que par ly est chechy adreché
Dont vostre oncle li roy est ensy empechié".
"Vous y mentés!" dist Genne a Bazin le loé; 5895
"Onques ne le pensay en jour de mon aé,
Se faites maisement de m'avo[i]r lesdengé!"
Gennes a trait l'espee o poing d'or noielé;   [C199v]
Ja l'en euist feru se Rollant n'eust esté.

CLI

L'espee ly tolly duc Rollant ly prisiés. 5900
"Genne", font ly baron, "estes vous marvoiiés?
Par chely saint signeur qui fu cruchefiiés,
Se le roy poet savoir par quy vint cis meschiés,
Il en sera pendus sans estre raplegiés;
Et se Charles nous faut, tous seurs vous en soiiés, 5905
Et nostre roy soit mors et qu'il soit detrenchiés,
Pour tout l'or de che monde ne serés detrenchiés
Que ne soiiés pendus et tous vis escorchiés".
Adont fu Gennelon des barons apuigniés,
Et ens ou tref Charlon fu moult estroit loiiés. 5910
Tellement l'ordenerent ly noble chevaliers
Que Gennelon ne pot mie estre sur ses piés
Qu'il n'ait encoste luy .iii. dus et .vi. princiers:
Moult le gardent de priés qu'i[l] ne soit eslongiés.] 5914

Or oez de Bazin le gentil chevalier: [A59v]
De l'ost s'en est issus en guise de paumier;
De ci a la cité ne se vot atargier.
Encoste une posterne c'est alez apuier;
Illuec se plaint Basins et fait .i. duel si fier;

⸻

⁵⁸⁹⁸ noielé] nioele. — ⁵⁹⁰⁵ nous] vous. — faut] or saut. — ⁵⁹⁰⁶ qu'il] quy.
⁵⁹¹³ qu'il] quy.

Tant brait que la desus l'apersust li portiers, 5920
Puis si a escrié et comence a huchier:
"Amis, que avés vos, par le cors saint Richier?
Por coi vos dementés? ne me soit pas noié".
"Sire", ce dist Basins, "et ja sui je paumiers;
De Jerusalem vain si sui mont travilliés. 5925
La dehors m'ont tolu, cil felon pautonier,
Tolu m'ont m'esclavine ne m'ont laissié denier;
Mais je pri por Challon qui France a a baillier
Que lui et toz ces homes doint il mal enconbrier.
Ha las! je me morrai de froit ains l'anuitier!" 5930
Et li portiers respont: "Fil a putain lenier! [A60r]
Car en aions pitié, ne[l] laissons refroidier".
Et Bazins prent la corde que mont en ot mestier.
"Hé! Diex", ce dist li dus, "qui tot as a jugier,
Car ne me voit Rollans et li cuens Ollivier; 5935
Ja n'avroient tel duel ne si fort enconbrier
Que il ne se peüsen[t] mont forment elescier!"
Et cil le comenserent contremont a sachier.
"Par foi!" dist l'uns a l'autre, "mont poise cist paumiers;
Par un pou que nel fais a terre trebuchier!" 5940
Bazins respont en bas: "Taisiés vos, pautoniers!
Ainsois que je repaire, vos ferai si irier
Que a nul dou chatel n'avera c'aïrier!"
Tant ce tint a la corde Bazins li aversiers
Que il l'orent sachié contremont le terrier, 5945
Et quant il fu laissus, Dieu prist a mercier.

CLII

Basins ot mont grant froit si comence a tranbler.
L'uns portiers dist a l'autre: "Par le cors saint Omer!
Conpains, car li alons vostre tapis doner;
Je mesmes li ferai ma chemise endosser". 5950
"Certes", ce dist li a[u]tres, "bien fait a creanter!"
Lors li cort la chemise et le tapis doner.
Dedens une cuisine s'en est Basins entrés;
A une viés chaudiere a son doi adesé;

182 JEHAN DE LANSON

Tot en a sen visaige nerci et charboné.   5955
Uns mauvais solers trueve, ces piés i a boutés.
Comme pamier n'osa entrer en la cité,
Car Jehans het pamiers por Bazin le sené,
Ains [s]'est comme truans mont bien atapinez.
Puis entra en la ville si i a tant erré   5960
Qu'il est venus laissus ou palais principe[l].
Oez comment il est a Basin encontré,
Comme li rois de gloire l'a tresbien visité:
Jehans fist doze povres la nuit paitre por Dé;   5964
Basins en fu li uns, laissus en fu menez.   [A60v]
De l'une part dou feu li donent a soper;
De l'autre part devant fu li dus au souper,
Et Challes fu encoste, mont fu bien honorés.
Hardré font en .i. list devant aus aporter;
La li cuident mecine et la santé doner.   5970
Riche sont li mengier qu'en lor a aporté;
Trestot le premier mes ont Challon aporté.
"Dans rois", ce dist li dus, "mengiés se vos volés;
Vostre escot paierés ainsois que m'eschapés".
L'emperere mercie mais mont est adolez;   5975
Les larmes li cheoent tot contreval le neis:
Ce li rois fu dolens, ja mar en douterés.

Li doze per en sont malement adolé:
"Mors est li dus Basins; n'en porra eschaper
Ne porra Challemaine de la prison giter!"   5980
Et Guenes c'est issus tout belement dou tref;
Guenes passa les tantes, el destrier est montés.
Ollivier de Vienne l'a premiers avisé
Qui faisoit l'avant garde a .x.m. ferarmés.
Ollivier fu dehors coiement a selé;   5985
Quant il vit Guenelon, celle part est alés;
Maintenant l'apela si l'a araisoné:
"Amis, qui estes vos qui a tel hore alés?
Dites a cui vos estes, gardés n'i ait celé".

---

⁵⁹⁸¹ Appears in MS after 5978.

"Ollivier", ce dist Guenes, "sachiés de verité 5990
Que je sui Guenelons: de moi garde n'avés,
Car m'envoie Rollans de cui estes privés,
Et si me dist li dus, ja mar en douterés,
Que de moi et de soi soit l'ost environé
Que de ceus de Lanson ne soions avisé". 5995
"Guenes", dist Ollivier, "ja creüs n'en serés;
Ja deviés vos estre de Rollant bien garder".
"Ollivier", ce dist Guenes, "je vos di verité!"
"Vos en vendrés arriere, par Dieu de majesté!" [A61r]
Et Guenes li respont: "Ja n'i retorneré!" 6000
Et Ollivier a dist: "Par mon chief, si ferés!
Ou vos vueilliés ou non, arrier retornerez!"
Ollivier en a Guene arriere retorné;
Onques ne treffinerent tant qu'il vintrent au[s] trez.
La troverent Rollant qui mont est abomés, 6005
Ogier et Naimmon qui mont sont abomé,
Et en aprés trouverent trestouz les doze pers.
Queroient Guenelon qui lor ert eschapés
Quant Ollivier les ot de Vienne encontrés.
"Baron", dist Ollivier, "qu'est ce que vos querrez?" 6010
"En la moie foi, sire, tuit somes enchanté,
Car Guene avons perdu et nos est eschapés!"
"Non est!" dist Ollivier; "jou vos ai ramené!"
"Parrastres", dist Rollans, "ou estiez alés?"
"Par foi", dist Guenelons, "ja ne vos ert celé: 6015
Esbenier m'aloie la fors par mi ces prez,
Car je ne puis nul lieu ne venir ne aler
Quant entre vos m'avés ici enprisoné".
"Sire", ce dist Rollans, "par sainte charité,
Mon oncle avés dou tout traï et vergondé: 6020
Sachiés qu'il vos sera mout mal guerredoné!"

Or nos lairons de Guene ici ores ester,
Et dirons de Basin comment il a erré:

---

⁵⁹⁹² Car m'envoie Rollans] Car men voiez roll'. — ⁶⁰⁰⁴ treffinerent] treffineres. — ⁶⁰⁰⁶ Ogier] Oll'. — ⁶⁰¹⁷⁻¹⁸ Order in MS inverted. — ⁶⁰²² nos] vos.

Li dus Jehans l'ot mis a son mengier por Dé;
Challes sist delés lui et mont l'a honoré. 6025
N'ot pas mengié li rois tant par fu adolez.
Il voit mengier les povres si les a regardez.
"Hé las!", ce dist li rois, "con or suis malmenez!
Sainte Marie, dame, con m'avez oblié!"
Basins est o les povres si l'a bien escouté; 6030
Il a haucié le doi s'a Challon regardé.
Li rois ne s'en prent garde ne ne l'a avisé,
Car Basins estoit si et changiez et muez.
Challes pensa .i. pou et dist en son pensé [A61v]
Que il a son mengier devant lui desirré. 6035
Un garson a li rois maintenant apelé:
"Tien! porte a cel povre home cel paon enpevré",
Et il li a tantost le paon aporté.
"Hé! Diex", ce dist Basins, "biau rois de majesté,
Mes sire ne m'a pas, ce moi poise, avisé"; 6040
Son doi li rehausa s'a Challon regardé.
A soi meïmes dist coiement a celé:
"Diex! que me veut cist povres qui si m'a regardé?"
Quant Basins l'a veü, a poi n'est forcené;
Par mont grant mautalent li a le chief crolé; 6045
Droitement devers l'ost li a le doi torné.
Li rois c'est abaissiez si a un poi pensé,
Lors li est de Basin maintenant remembré:
"Bia[u] sire rois de gloire, peres de majesté,
Je cuit que ce est Basins, li frans dus honorez, 6050
Qui por moi delivrer est sa dedens entrés!
Mais quel [maufé] l'avroient sa dedens amené?
Les portes sont si fermes environ et en lé!
Mais ice que je di me sanble foletez;
Jamais jour ne seroit veü ne esgardé 6055
Que nuns ne[l] garderoit qui de mere soit nez.
Ce est il, par mon chief! je l'ai bien avisé!"
Lors oterent les napes quant il orent soupé;
Li dus Jehans en a Chaliemaine apelé

6024 l'ot] lost. — 6054-55 Order in MS inverted.

Et dist au roi de France par contralieté: 6060
"Je vos ai en prison, la merci Damedé;
Par maintez fois m'aves travillié et pené;
Mais or me dites voir, foi que vos me devés,
Que me donriez vos ce vos laissoie aler?"
"Que volés vos dont faire!" ce li respont Hardrés; 6065
"Il vos donra tot Rains et Paris la cité,
Normendie et Estanpes et le païs delés;
Et ce vos plus volez, trestoute France avrez, [A62r]
Si vos i coronez a cest premier esté,
Et li villars se rende que trop a il duré. 6070
Donés li une gonne et dras enchapetés,
Et une[s] botes nueves et .i. list estoré,
Si ert convers ou moinnes tout a sa volenté,
Se il vieut a Citiaus ou il vieut a Biaupré,
Car il a maint franc home ocis et afolé; 6075
Mil home sont par lui honni et vergondé:
Certes qui l'ocirroit, il avroit bien ovré!"
"Hardrés", dist Challemaines, "as tu le sens desvé?
Por moi aidier de France t'avoie amené.
Se je vif ou eschape, chier t'iert guerredoné 6080
Por la grant traïson dont tu m'as enconbré!"
"Jamais moi ne autrui, quant vos m'eschaperez,
Ne porrois nul mal faire, ne pooir ne avrez!
Se Jehans me vieut croire, ja seriés tuez
Et pendus par la goule a un de ces pilers!" 6085
Comme Challes l'entent, a pou n'est forcenés;
Il hauce le poi[n]g destre si l'a feru el nes
Si que le fist ou feu trebuchier et verser
Si que touz les sourcis avoit ars et brulés.
"Hé las!" ce dist Hardrés, "con or sui maumenez! 6090
Aï! dus de Lanson, sire, m'en vengerez!"
Lors fu li dus Jehans correciés et irés,
Et si home se sont trestuit en piés levé
As fus et as tisons ardans touz enbrasez,
Et Jehans lor escrie: "Mar i est adesés! 6095

6063 foi] for.

Se mal li feïssiez, mal vos fust encontré:
Ja seriez trestuit de ma part definé!"
Quant s'a veü Basins, s'i est en piés levez
Et saisi un baton, n'est pas espoentez;
Au maistre senechal en a tel cop doné 6100
Que au[s] piés Challemaine l'a a terre rué;
En guise de fol home a Jehan bien frapé, [A62v]
Puis a saisi par bourde Challon nostre avoé;
Tot li a son bliaut ronpu et desiré;
Le tison lait cheïr quant ot ainsi ovré. 6105
"Veez ce", dist Hardrés, "con cil est enivrés!
Trop a beü dou vin, de saiens soit boutez!"
"Gardés", ce dist li dus, "que ne soit adesés,
Car por Dieu l'ai saiens a mon mangier mandé!"
Lors rient li auquant quant ce ont esgardé; 6110
Por ce ont oblié la noise de Hardré,
Et cil prenent Basin; ja l'eüssent tué
Quant li dus lor a dist: "Laissiés cel fol prové!
Bien nous a esmeüs a cest tison ciré!
Li sergent le laissierent, Basins c'est escriés: 6115
"Jehans, n'eschaperés", s'a dist Basins, "par Dé
Que ne soiés honniz, ocis, et afolés,
Que Challes est laissus avec son grant barné
Qui jure Damedieu le roi de majesté
Que demain t'asaudra et prendra ta cité! 6120
J'oï qu'il te menace avoir le chief copé;
Or est saiens anveiï comme mauvais prové!"
Et quant il a ce dist, d'autre chose a parlé,
Et a dist a Jehan: "Por le cors saint Omer,
Cil villars qui la siet, est il moinne n'abé 6125
Qui a son gros anel a son doi naelé?
A cele blanche barbe, a cel grenon mellé,
Mieuz resanble felon que home qui soit nez.
Face beneïson, car je l'ai commandé!
Faisons le revestir si sanblera abé!" 6130
Lor rist li dus Jehans et li autres barné.
Challemaines meïmes s'en est ris et gabés

---

⁶¹²² anveiï] aíííieíí. — ⁶¹³² s'en est] sen nest.

Et dist entre ces dens: "Basins a bien ovré!
Ne vi onques mais home en tel besoi[n]g entré".   [A63r]
Lors palla bassement que ne fu escoutés: 6135
"Je[l] deservirai bien se [je] puis eschaper!"
Lors firent les liz faire si ce vont reposer.
"Baron", ce dist Jehans, "faites moi escouter:
Je voudrai enquenuit Challemaine garder,
Et vos ensanble o moi, car vos estes mi per.   6140
Apelés un garson sanz point de demourer,
Et faites vos bons brans orendroit aporter.
Grant paor ai de Challe que ne vos soit enblés.
Forment redout Basin, que Diex puit mal doner.
Je sai bien qu'il voudra en la cité entrer;   6145
Se nul a[n]gin puet querre, au roi voudra aler.
Seignor", ce dist Jehans, "encor vos veil prier
Que faisons touz ces huis femer et verroillier.
Fors nos qui saiens somes, en faites toz aler;
Et cil fous qui la est si nos fera jouer,   6150
Qu'i[l] ne nos laissera dormir ne reposer
Tant que li home Challe le voudront racheter".
Et cil ont respondu: "Si con vos commandés".
Lors corurent as huis et les ont bien fermez,
Et Basins lor a dist: "Ja mar vos en istrez: 6155
Tot vos avroit Basins souduis et enchantez!
Or esgardés, Jehans, ce vos ne me creez,
De Basin le larron que Diex puit mal doner.
Par cele fenestre est maintenant avalé;
Ains le jour vos avra honiz et enchantez";   6160
Lors rist li dus Jehans et li autres barnez.
Issi les a Basins trestouz enfantomez,
Et dist ces deablies et ces aversités.
Quant vint a mienuit que li cos dut chanter,   6164
Encor villoit Basins et li riches barnés.   [A63v]
Basins se porpensa qu'il a ces dis contés;
Tans est qu'il face huimais ce qu'il a enpensé;
Maintenant a son charme et son enchant geté;
Lors s'en dormi Jehans et trestouz ces barnez.
Et Basins vint a Challe si l'a biau salué: 6170

"Cil Damediex de gloire qui maint en Trinité
Saut et gart Challemaine et son riche barné!
Dans rois, comment vos est? Ne soiés effraez!"
"Non sui je", dist li rois; "tu m'as aseüré.
Parole liement, por sainte charité, 6175
Que de seus de saiens soiés aseürés".
"Par mon chief", dist Basins, "ja mar paor avrez:
Il ne pueent mot dire nes qu'il fussent tuez".
Basins vait a Jehan, de ces piés l'a bouté;
Devant le roi de France l'a a terre rué. 6180
Li dus Basins si a Challon un mot geté:
"Sire", ce dist Basins, "volez que soit tuez?"
"Nenil", dist Challemaines, "por sainte charité!
Comment porrons issir de cest palais li[s]té?"
"Or tost!" ce dist Basins, "par les piés le prenés, 6185
Et je[l] penrai au chief, ne soiés effraez,
Et si gardés mont bien que nus n'ait mot soné".
Adonc l'ont maintenant desor lor cos geté,
Puis issent de la sale s'avalent les degrés,
Et vienent a la porte de la bone cité. 6190
La seoit li portiers, en sa main unes clés.
Quant il les vit venir, si fu mont effraez;
Au plus tot que il pout, les a araisonez:
"Et quel gent estes vos qui a tel hore alez?"
"Par mon chief", dist Basins, "orendroit le savrez! 6195
Nos somes .ii. deable d'enfer deschaïnés [A64r]
Qui en portent Jehan que mort avons tué.
En enfer l'en portons, ja sera enbrasé,
Et toi meïmes qui as non Sormené!"
Il dist a Challemaine: "Icestui jus getez; 6200
Portons an cest portier que ci avons trové!"
Quant li portiers l'entent, en fuie en est tornés;
Les clés a jus getees, fuiant s'en est alés.
Basins uuevre la porte a ces meïmes clés;
Atout Jehan s'en sont venu as trés. 6205
Mont par fu Challemaines baisiés et acolés.
"Baron", ce dist Basins, "envers moi entendés:

Alés prendre les armes que plus n'i atendés;
Les portes sont ouvertes de la bone cité;
Nos avrons ja la vile cui qu'en doie peser!" 6210
Lors corurent as armes tout contreva[l] les prés;
De plain eslais se fierent en la bone cité,
Lors enforce la noise environ et en lé.
Plus de .iiii.m. en ont les chiés coupez;
La cité ont saisie, les murs, les fermetés; 6215
Quant la cité fu prise, si revintrent au[s] trés.
Jehan ont esvillié puis l'ont araisoné.
"Sire dus", dist li rois, "pris estes et matés
La merci Damedieu et Basin mon privé.
Estes vous en cest tref devant moi aprestez; 6220
Or ferai je de vous totes mes volentez".
Atant ez vos Rollant et toz les doze pers,
Et si fu avec lui li vassaus Ysorez.
Rollans apela Challe si l'a araisoné:
"Biaus oncles", dist Rollans, "envers moi entendés: 6225
Or me donés Lanson et toute la duché
Par itel covenant con ja dire m'orrez
Que je la donrai quite au vasal Ysoré, [A64v]
Car certes c'il ne fust, nos fussiens afolé".
"Voire", dist li dus Naimmes, "il nos a touz sauvez; 6230
Por nos laissa Marsille et trestot le regné,
Et nos li plevissimes. Bien est guerredoné:
Quant li dus de Lanson ot sa gent asanblé
Es prés sous Aquiton la ou nos ot menez,
La nos cuida ocirre, li traïtes provez; 6235
Par sa grant traïson nos i ot il convié,
O lui fu Aloris li traïtes provés;
Mais mont nos aida bien li vasaus Ysorez,
Car il nos secorut a .v.c. ferarmés.
Por ce qu'il nos aida par bone loiauté, 6240
Je li clain toute quite Lanson cele cité,
Et tote la contree et de lonc et de lé".

---

⁶²⁰⁸ prendre] prendrent. — ⁶²³⁵ nos] vos.

"Sire", dist Ysorez, ".v.c. mercis et grés!
Je vos en servirai tot a vo volenté
Chascun an de .xx.m. chevaliers adoubés!" 6245
"Oncles", ce dist Rollans, "mont dist bien Ysorez:
De ci jusques au chief le nos a bien montré".
Nostre emperere Challes n'i a plus demoré;
Il fait touz les barons de la terre mander;
N'i remest chevaliers en trestot le regné 6250
Qui ne venist a Challe de Lanson la cité,
Et si ont fait homage le vasal Ysoré,
Et cil li ont juré et foi et loiauté.
"Ysoré", dist li rois, "je vos commant a Dé!"
"Sire", dist Ysorés, "biau don m'avés doné; 6255
A Damedieu de gloire soiés vos commandé;
Qu'i[l] vos gart d'enconbrier par la soie bonté!"
Dont l'acola Rollans et li autres barné.
"Ysoré", dist li rois, "je vos doi mont amer.   [A65r]
Se nuns hons vos fait guerre qui de mere soit né, 6260
Faites le moi savoir sanz point de demorer.
Je vos vendrai aidier a mon riche barné
A .v.c. chevaliers garniz et conraez
A bons destriers corans et a hiaumes gemés,
Et si avront viande tot a lor volenté: 6265
Volentiers le ferai, foi que doi Damedé!
De la mort nos avés garantiz et tansez,
Car se vos ne fussiés, tuit fussians afolé,
Et de moi averés a vostre volenté".
"Sire", dist Ysorés, "je vos en sai bon gré!" 6270
Atant baisa Rollant et puis s'en est tornez.
Dont c'esmurent les os environ et en lé,
Et troussent armeüres et pavillons et trés;
Onques ne treffinerent ne ne finent d'errer
Se sont venu a Rome, la mirable cité: 6275
Diex! elle est si trés riche et de si grant biauté!
La ce sont herbegié et se sont ostelé.
Quant vint a l'endemain que il fu ajorné,
L'emperere se lieve et li autres barnés.
Quant la messe fu dite, s'asieent au diner. 6280
Quant il orent mengié, si ce sont apresté;

De la vile s'en issent li baron arouté;
Le droit chemin en France ce sont acheminé.
Tant ont par lor jornees esploitié et erré
Qu'i[l] vintrent a Paris, cele bone cité. 6285
La ont le duc Jehan mis et enprisoné,
En un si trés mau lieu et mis et enserré
Dont jamais n'en istra en trestot son aé
Ainsois i sera mors et a sa fin alez. [A65v]
Ici faut la chanson que je vos ai chanté. 6290
Damediex vos gart tous que m'avés escouté,
Et vos doint en cest siecle si bien avoir ovré
Qu'en paradis soiés devant Dieu coroné,
Et moi avecques vos; que n'i soie obliez.

EXPLICIT LI ROMMANS JEHAN DE LANSON

VARIANTS

NOTE.—As *A*, *B*, and *C* are distinct redactions, it would be impracticable to give the usual textual variants. We have indicated here only significant variations in content. Verse numbers refer to our text, folio numbers to the MS in question.

I. VARIANTS OF *B* (Bern, Stadtbibliothek 573)

(Note that *B* has been improperly bound. The correct order of folios is: 46r-49v, 42r-45v, 50r-52v, 1r-41v.)

1-2500. Lost from *B*; allowing for the verbosity of *C*, about 45 folios or 1950 verses.
    2501-2684. Correspond to 46r-49v of *B*.
    2685-2767. Lost from *B*; probably two folios (88 verses).
    2768-3032. Correspond to 42r-45v of *B*.
    3033-3124. Lost from *B*; probably two folios (88 verses).
    3125-3135. Correspond to 1r of *B*.
    3136-3190. This episode—that of Basin's spending the night at home with his wife—appears only in *B*. Although the editor of *A* made an attempt to hide the fact that he had excised this passage by having Basin refuse to delay his trip to Paris, he carelessly left proof of his editorial crime in verse 4319 in which Basin, who is telling the peers how he rescued his wife from Archenbaut, says: "Je n'i jui c'une nuit, bien le puis afier".
    3191-3210. Correspond to 2v of *B*.
    3211-3233. These verses, which constitute one complete laisse in *A*, are omitted from *B*. As they appear in *C* as well, they represent an abridgement of *B*—the only one we have detected.

3234-3323. Correspond to 2v-4v of B.

3324-3377. Lost from B; probably one folio (44 verses).

3378-3842. Correspond to 5r-16v of B.

3843-3873. This passage appears also in C, and obviously represents an abridgement of A.

3874-3902. Correspond to 17v-18r of B.

3903-3939. In B (18v-20v), the pilgrim that Basin met in Rome was not born in Lanson, but had passed by there eight days before on the way home from Jerusalem. Jehan had conceived such a terrible hatred of pilgrims as a result of Basin's depredations—reviewed in detail by the author—that he had seized this genuine one and imprisoned him in his tent. When the peers made their foraging sally, the pilgrim profited from the confusion by escaping from the tent and hiding in a moat. Next morning he witnessed the assault of Jehan on the palace.

After recounting his adventures, the pilgrim upbraids Basin for having failed to bring help to the peers. Basin counters by revealing his identity and rehearsing in detail the treason of Ganelon and the affair of the false pilgrims. This account is cut off by a missing folio.

Although this passage represents an abridgement by the editor of A, we have in this instance respected his editorial judgment by leaving it out of our text. Not only does the excised material contribute nothing to the forward movement of the story, but it appears in B in such a highly garbled form that its inclusion would present innumerable editorial difficulties. The author of C also abridges this passage, but in a different manner (see corresponding note under *Variants of C*).

3940-3984. One folio (44 verses) lost from B.

3985-4272. Correspond to 21r-27v of B.

4273-4315. One folio (44 verses) lost from B.

4316-4397. Correspond to 28r-29v of B.

4398-4443. This passage appears in C as well as in B, and thus represents an abridgement of A.

4444-4921. Correspond to 30v-41v of B.

4922-6294. Approximately 31 folios lost from B.

II. VARIANTS OF *C* (Paris, Bibliothèque de l'Arsenal 3145)

1-1907. Appear only in *C*.

1908-3135. Correspond to 137v-159v of *C*.

3136-3190. Only *B* contains this episode.

3191-3902. Correspond to 159v-168v of *C*.

3903-3939. In *C* (168v-170r), the pilgrim tells essentially the same story as is found in *B*, but omits the foraging sally of the peers and the account of his own escape.

3940-4090. Correspond to 170r-171v of *C*.

4091-4235. This passage is highly abridged in *C* (171v-172r). The soliloquy in which Basin engages in a moral struggle between the forces of fear and honor is omitted. He does not blacken his face with the precious herb. When he gets to Lanson, he does not macerate his body in order to arouse pity. The logical argument he used in *A* and in *B* to convince Jehan that he should return his merchandise is omitted, as is also the suspense engendered by the near discovery of his true identity. The author of *C* states simply that Basin talked so well that Jehan returned him his packtrain. The entire account of Basin's setting up shop and bargaining all day without selling anything is omitted. Instead, Basin goes immediately to the palace where he routs the guards by casting a spell which makes them think that they are about to be drowned by ocean waves.

4236-5493. Correspond to 172r-188v of *C*.

5493-5494. At this point the author of *C* presents the following account (188v-190r): Jehan returns to Lanson with his routed and battered troops. He instructs his bourgeois to close the gates and bridges and to mount the towers and crenels, for Charles is coming to attack the city with an innumerable force. The bourgeois assure him of their support and express great confidence in their ability to defend the city. They offer to go outside the city on foraging expeditions, and even promise to capture Charles and to bring him inside the walls if they can manage to isolate him from his men. Jehan then thanks them warmly for their aid.

It is this offer to capture Charles—which comes to naught and is never again even mentioned—that has caused us to decide that this passage is an interpolation by the author of *C*.

We are then taken to the main castle where the peers are lamenting the delay of Charles, for they know nothing of his arrival. They see a party of bourgeois approaching and prepare to meet another assault. The bourgeois, however, are intent on nothing more than constructing a wall between the castle and the rest of the city. This leads the peers to suspect that the bourgeois have heard that Charles is nearing the city. Roland demands that they go forth and stop the raising of the wall. Naimes tries to persuade him that such action would be useless and dangerous, but Roland insists. The peers sally forth and attack, but the builders, who are armed with crossbows, easily drive them back into the castle.

This incident seems so pointless that we have decided that it, too, is an interpolation.

5494-5599. Correspond to 190r-192r of C.

5600-5656. We believe that this passage which we have adopted from C was in the original version, for it explains the delaying of the trial-by-combat for one more day and the rescue of Hardré by Jehan.

5657-5757. Correspond to 192v-194v of C.

5757-5758. At this point the author of C gives 50 verses (194v-195v) which relate tedious details of the siege during which Charles loses more men than does Jehan, and makes no headway at all against the city.

5758-5887. Correspond to 195v-199r of C.

5888-5914. We have adopted into our text this passage from C because it explains the imprisonment of Ganelon by the peers. We have, however, omitted the last 22 verses (199v-200r) of the sequence as they contain nothing more than further details of the bickering between Ganelon and the peers.

5915-6294. C (200r-203v) varies considerably from A toward the end of the poem, presenting several abridgements.

Disguised as a pilgrim, Basin goes directly to the palace (with no explanation of how he effected entry into the city) where he ingratiates himself with Jehan by denigrating Charles. There is no Maundy Thursday feast, nor is there any mention of Hardré. When it is time to retire, Jehan decides to keep Basin with him to prevent himself and his men from going to sleep by means of his amusing talk. Basin keeps them awake until midnight, at which time he casts a spell and puts them all to sleep. He and Charles stuff Jehan into a sack and carry him to the gate where they frighten away the two porters by claiming to be devils from Hell. Arriving at the tents of the French, they are given a joyous welcome.

The account of the taking of Lanson is considerably expanded. The French attack and slaughter 50,000 of the inhabitants. Roland defeats the Duke of Venice and takes as booty his valuable horse. The exploits of each of the peers are listed.

After the battle, Basin wakes up Jehan by blowing upon him. Charles tells Jehan that he will be imprisoned for life, but, because of the decency with which Jehan had treated him when *he* had the upper hand, assures him that he will never be tied nor chained.

Lanson is awarded to Naime because of a promise made long before. Isoré is allowed to keep Marseille, which Jehan had given him, and, in addition, is given Saint Omer, Aire, Cassel, Calais, and Guines. Later on, he is to become count of Flanders and wield great power. Upon the return of the host to France, Jehan is shut up in the tower of Peviere (the celebrated donjon at Pithiviers, Loiret) where he is to stay until his death.

III. VARIANTS OF *L* (Jean d'Outremeuse, *La Gieste Johan de Lanchon*)

A. ORIGINS OF THE CAMPAIGN AGAINST LANCHON

13843-874. Charles makes a county of the area around Huy, near Liege, and gives it to his cousin, Basin. Basin is descended from Dodo the Traitor and is a cousin of Ganelon and a brother of Johan de Lanchon.

13875-921. Johan holds Lanchon, Marseille, Aliscant and Avignon from Charles, and has inherited Calabria from his uncle. He is a nephew of Ganelon and the son of Hardré whom Ogier had killed by mistake in Spain.

13922-14120. While Ogier le Danois, count of Looz and advocate of Liege, is in Asia, Basin de Huy and Ganelon plot to strip him of his holdings. Ogier has left Liege in the charge of a cousin,

Radus des Preis. The traitors invite Radus to a tournament, hoping to murder him during the jousting, but Radus defeats all his attackers and wins first prize.

14121-161. The traitors then attempt to poison Radus during the post-tournament banquet, but he is warned of the presence of the poison by a ring set with a *borax* (a chrysocolla).

14162-253. Radus then accuses Basin of attempting to murder him and demands a trial-by-combat. Basin ignores his demand, and Radus sets out for Paris to present his case to the king. While he is on his way, Ganelon bribes Charles to take the side of the traitors.

14254-599. Radus informs Charles of the affair, but it is only as a result of great pressure from the peers that the king orders Basin to come to Paris to answer the charges against him. In the ensuing duel, Basin is defeated and confesses his guilt, but the suborned sovereign declares him the winner anyhow and releases him.

14600-651. When Basin returns home to Huy, he is promptly repudiated by the Hutois, but he locks himself up in his castle with his retinue and a seven-year supply of provisions and declares war on the city.

14652-693. At this point, Brandis, the king of Africa, invades France, defeats in single combat Roland, Oliver, Naime, Richard, and Charles himself, and imprisons them in his tent. Ogier returns from Asia, defeats Brandis and converts him, and rescues the prisoners.

14694-780. On the way home to Liege, Ogier stops at Huy where he is told of the treason of Basin and responds by promptly setting siege to the castle. Basin counters by sending to Johan de Lanchon for aid.

14781-838. Johan asks Charles to help Basin against Ogier, but the king, afraid of the mighty Dane because of his great popularity, refuses. Johan declares himself to be henceforth in a state of rebellion against Charles, gathers an army of 30,000, and proceeds toward Huy.

14839-974. Roland and the peers then assemble a force of 15,000 friends of Ogier and, despite the king's threats to hang them all, set out for Huy where they join forces with Ogier.

14975-15304. When Johan arrives, a tremendous battle takes place which results in defeat for the traitors.

15305-393. After six months of siege, the Hutois offer to let Ogier return to Liege, but he refuses to quit, saying: "Je manderay Basin, mon cusin le roiiel, fil Erchembal mon oncle, qui dedens Compostel a Tolette at apris" (15368-370).

15394-439. Roland returns to Paris and accuses Charles of aiding the traitors. Charles confesses his great love for Ogier and promises to destroy all the traitors, beginning with Johan de Lanchon.

15440-800. Ogier sends for Basin de Geneve who calls up 10,000 devils and stages a phantom battle before the walls of the castle which deceives Basin de Huy into believing that Charles and the traitors have destroyed Ogier and the peers. He is then tricked into confessing his part in the bribery of the emperor, and Ogier ties him to the croup of a horse and takes him off to Paris.

15801-822. In Paris, Basin de Huy accuses Charles to his face of having accepted the bribe. Charles denies it and has Basin flayed, stretched, dipped in quicklime, dragged, burned, and his ashes scattered out the window of the palace.

15823-897. Ogier returns home, and the peers demand that Charles avenge him by destroying Johan. The king conceives the idea of sending all those who are pestering him to Lanchon to be killed. In order to create a pretext for doing this, he sends a messenger to order Johan to come to Paris, knowing full well what kind of treatment the messenger will receive.

15898-984. Meanwhile Ogier, swearing he will never return to France until the king has destroyed Johan, makes the son of Radus the new count of Huy, finds spouses for all the children of Radus and retires to a life of devotion at the hermitage of Mont Saint-Odile.

B. LA GIESTE JOHAN DE LANCHON *PROPER*

15985-997:

> "Carles fut corochiés mains ne le vuet mostreir,
> Ly diable le conselhe qui che li fait penseir,
> Dont ilh fist pres morir mains noble bacheleir,

Sicom poreis oiir. Or vuilhiés escuteir,
Car la gieste Johan de Lanchon sens fauseir,
Tout eusi [sic] com ilh fut al vraie considereir,
Vous voray vraiement jusqu'en fin deviseir.
Chis jugleours n'en font que fausement chanteir;
Mains je vous en diray l'istoire vraie et cleir,
Por le raison de che le voray raconpteir
Que ly commenchement de ly, sens controveir,
Vint par Radut des Preis c'on vout enpusonneir,
Sicom j'ay dit deseur..."

15998-16186. When the messenger returns with his eyes having been put out by Johan, the king announces that Roland is to go to Lanchon and assassinate the rebel. As each peer in turn objects to this, Charles tells him he must go with Roland. Those who must go are: Roland, Oliver, Naime, Renaud de Montauban, King Ogier (the godfather of Ogier le Danois), Basin de Geneve, Tierry l'Ardenois, Richard of Normandy, Turpin, Otinel, Amis, and Amile. Their mission is to tell Johan to come serve Charles, and if he refuses, to kill him.

16187-17804. Correspond substantially to verses 249-2881 of *Jehan de Lanson*.

17805-904. Instead of tricking the squires by natural psychological means into mounting him upon Afilart, Basin puts them under a spell and leads them mounted on Johan's horses to the market where he sells ten of the mounts for 500 besans. He then has the squires borrow 1,500 more from the bourgeois and turn the money over to him. Pocketing his profits, he puts the squires to sleep and, mounted on Afilart, makes his escape.

17905-18034. Correspond substantially to verses 2981-3343 of *Jehan de Lanson*. However, since Jean d'Outremeuse apparently locates Lanchon in southern France, and since he thinks Basin's fief is Genoa, Italy, there is of course no mention of Rome and Basin does not visit his private domain on the way to Paris.

18035-121. When Charles is told by Basin that the peers are besieged at Lanchon, he assembles his host and sends the bishop of Liege to Mont Saint-Odile (Odilïenberg) to persuade Ogier to lead the rescuing expedition. Ogier takes 10,000 men toward Paris and Charles comes humbly out to meet him. There follows a tender scene of reconciliation which we consider almost the only passage in the entire poem to possess any literary merit. Ogier then leads the host off toward Lanchon, leaving Charles in Paris.

18122-267. At this point Ganelon presents his false pilgrims with the forged letters, and Charles hastens to overtake Ogier to tell him the good news. Ogier, suspecting treachery, sends a force to Paris to imprison the imposters, sends Basin on ahead to check on their story, and advances on Lanchon with only 40,000 men, leaving the rest of the army with Charles.

18268-554. Correspond substantially to verses 3884-4794 of *Jehan de Lanson*, except that the pilgrim delivers his message first to Ogier, then to Charles, and that Hardré takes no part in the action, either here or later on.

18555-806. From this point to the end of the poem, this version differs sharply from *Jehan de Lanson*. Johan assaults the castle in which the peers have taken refuge and captures Oliver. Basin tells the peers that he saw Johan suffer a severe head wound during the battle, disguises himself as a doctor from Salerno, and sets out to rescue Oliver.

18807-947. He goes to Johan's tent and, pretending to be probing, almost kills the duke by sticking his hand into the wound and twisting it about. When those present give him a good beating, he puts them all to sleep, cuts off the beards of the other doctors, unties Oliver, loads thirty horses with supplies, and returns triumphantly to the castle.

18948-19074. The peers look out and rejoice to see Ogier approaching the city. Basin disguises himself as a pilgrim and, by pretending to be a sick relative of Johan, tricks the gullible duke into entrusting him with a fine palfrey and 200 knights whom he leads to Ogier's camp and then dismisses with permission to return to their master.

19075-327. The two opposing armies then attack simultaneously, and the result is a battle in which Ogier and his extraordinary horse Broiefort —which he captured from Brandis and which can understand human speech— perform prodigies of slaughter, Ogier with Courtain and Broiefort with his heels.

19328-634. At length Johan is defeated and forced to withdraw inside the walls of the city. Ogier sends Basin to Charles to ask for help in assaulting Lanchon, and the king sets his host in motion.

On the way, Johan sets up an ambuscade in the forest to which Ganelon sends Charles by treacherously suggesting that he go hunting. Charles is captured but is rescued by a force of Hesbignons. Arriving at Lanchon, he joins forces with Ogier and they assault the city.

19635-909. Johan counterattacks and the struggle results in the rout of his shattered army. Ogier pursues the fleeing enemy, the peers come out of their castle, and Renaud de Montauban, mounted on Bayart, captures Johan. Despite the protests of the peers, Charles postpones the execution of the traitor and brazenly seats him as though in honor right beside him in his tent.

19910-957. Ogier walks in, flies into a rage at this spectacle, and, to the great joy of Roland, draws Courtain and neatly slices off the traitor's head. Seeing that there is really no other course to take, Charles pretends to sanction this outrage and has the corpse dragged and hanged by the shoulders. He then destroys the city of Lanchon, awards Ysoré Marseille and part of Johan's territory, exiles the rebel's kinsmen, and returns to Paris.

19958-964:

> "Es cronique à Paris, qui droit là le queroit,
> Ensi ne altrement toute le troveroit.
> Dedens la vielhe gieste n'est-ilh pais si adroit:
> Unc jugleour le fist qui trestout corompoit,
> Pour leur argent gaingnier metent le chaut pour froit;
> De quoy tout le contrable recovreir ons poroit,
> Qui dedens les croniques la veriteit prendroit".

19965-985. As for Ogier, he leads his victorious Hesbignons back to Hesbaye and returns to his life of devotion at Mont Saint-Odile.

IV. VARIANTS OF *P* (Bibliothèque royale II. 3030)
NOTE.—Verse numbers refer to *L*, folio numbers to *P*.

A. ORIGINS OF THE CAMPAIGN AGAINST LANCHON

13843-14651. Correspond to 414v-420r of *P*.

14652-693. When Brandis invades France, Ogier, who is in India, is told by the archangel Michael to return home to defend the faith. On the way, he and his men come to the city of Fagolesme which is held by Carahus, the king who had given Courtain to Ogier when the Dane was just a lad. When Ogier learns that Carahus plans to burn his queen, Gloriande, for worshipping the true God, he and fifty of his men slaughter 500 of the pagans and exact a promise from Carahus to allow Gloriande complete freedom to practise her new religion (421r-422v). While not in *L*, this episode appears in much the same form in *Ly Myreur*, III, 71-73.

P (423r-429r) expands considerably the account of the single combats between Brandis and the leaders of the French, and of his defeat and conversion by Ogier. This material is found in very much the same form in *Ly Myreur*, III, 68-71, 73-77.

14694-15984. Correspond to 429r-435r of *P*.

B. JEHAN DE LANCHON *PROPER*

15985-997. Omitted by *P*.

15998-16186. As Charles is complaining to his barons of the treatment accorded his messenger by Jehan, another messenger arrives with the news that Agolant, the king of Africa, has invaded France in order to avenge the defeat and conversion of his brother Brandis by Ogier. Charles informs Ogier, and the two lead their armies to Aspremont. The author excuses himself from describing the battle, as that has already satisfactorily been done in the chronicles. He also attempts to distinguish between the three different Agolants found in the chronicles and in the *chansons de geste* (435r-437r). This material fills in the lacuna for the year 825 indicated in *Ly Myreur*, III, 79, by three blank lines.

After the defeat of Agolant, Charles returns to France but does not disperse his army. He then continues his discussion of Jehan with his barons.

16187-18267. Correpond to 437r-447r of P.

18268-19133. After Basin has fed the hungry peers with the booty captured from the robbers, he converts by magic 100 twists of straw into as many chargers equipped with riders plus a fine palfrey for himself. Changing his physiognomy and making himself, his men, and the horses invisible, he leads his band to Jehan's tent where he sells the horses to the rebel. He then leads his phantom men on foot into the forest and gives them leave to return whence they have come provided they first transport the money into the castle.

After the peers have treated themselves to a banquet in celebration of Basin's exploit, the enchanter constructs an expert on horses who goes to Jehan and tells him that if he wishes to make sure that the palfrey he has bought from Basin will be a "one-man" horse, he must make sure that he is the first one to ride him into water. The result of this suggestion is that Jehan on his palfrey and 100 of his men on the chargers all go riding into the Aquiton. The water, of course, puts an end to the spell, the horses dissolve, and the riders almost drown. When they finally make their way to the banks, they look back and see some twists of straw floating on the water (447v-449r).

None of this material appears either in the *Geste de Liége* or in *Ly Myreur*. It replaces a large section of L (vv. 18555-19074) which contains the battle between Jehan and the peers, the capture of Oliver, and the exploits of Basin disguised as doctor and as pilgrim-kinsman of Jehan.

It is only now that P tells us of the delivery of Basin's letter to Ogier and to Charles, and of the execution of the false pilgrims. When Ogier gets to Lanchon, Basin joins him and tells him of the condition of the peers and of the size and disposition of Jehan's forces. Both sides attack, and the battle is on (449r-450r).

19134-957. Correspond to 450r-454r of P.

19958-964. Omitted by P.

19965-985. Correspond to 454r-454v of P.

NOTES

¹⁻¹²⁴ Cf. the beginning of *Les Quatre Fils Aymon* (ed. Castets, vv. 1-198). Charles is holding court at Paris when he suddenly mounts a faldestuel, reviews his conquests, and announces his intention of forcing Bueve d'Aigremont to become his vassal. When Aymon objects to this and defends his brother, Charles becomes very angry and tells him to leave his court. The king then asks Naime for advice. Naime counsels him to send a messenger to Bueve to demand that he come serve him on pain of having his land laid waste. Charles then chooses ten of his barons to take the message. The city of Aigremont is described in much the same terms as is Lanson except for the bridge and the three rivers of the latter.

⁶⁷ This is a reference to the battles that took place between Charles and the Saracens at Morimonde in *Fierabras* (*APF*, pp. 2 and 47-53). The author could justify this verse by explaining that Jehan de Lanson had fought against Charles as an ally or as a vassal of Balant who had conquered Italy. Morimonde must have been located near the mouth of the Tiber, for on page 32 of *Fierabras* we find the statement that Oliver, after capturing the casks of sacred balm from Balant's son, "Près fu du far de Rome, ses a dedens jetés". Cf. also "Les .II. barius qu'a Rome prist, Si les gieta enmi le Toivre" (*Chron. rimée de Phil. Mouskes*, I, vv. 4678-4711, cited in *Fierabras*, p. xv).

Perhaps it was by this verse that Jean d'Outremeuse was inspired to develop the background of the struggle between Ogier and the rebel Johan de Lanchon and to link it with his homeland by substituting the battle of Huy for that of Morimon.

¹¹⁴⁻²¹⁵ Cf. *Fierabras*, pp. 69-71. Charles informs each peer who objects to his sending Roland with a message to the emir of Spain that he must go with him.

²¹⁷ The peers who must go to Lanson are: Roland, Oliver, Ogier, Naime, Richard of Normandy, Basin, Angiller de Gascongne, Ottez, Thierri l'Ardenois, Estous, and Berart de Mondidier. The twelfth peer, Richier, receives his only mention in v. 613.

²⁷⁰ Gallant is the same personage as Vualandus, Walander, Wêland, Wieland, and Weyland the Smith (see Rajna, *Le Origini*, p. 445 and *Romania*, XXIX, 259-262; ref. given by Langlois, p. 247). The method he used in forging the sword of Thideüs in the *Roman de Thebes* is described in MS *C*, v. 1579 ff.:

> "Galanz (*B* Gales) le fevre la forja,
> Et Volcanus la tresgita;

NOTES 205

>.III. deesses ot au tremper,
>Et .III. fees ot au faer.
>Faee estoit en tel maniere
>Que ja rien vivant qu'il en fiere,
>Pour que sanc en face voler,
>Qu'il ne muire sanz afoler" (ref. furnished by Dana Ripley who
is preparing a new edition of the *Thebes* at the Univ. of N. C.)

³¹⁵ Cf. *Gaufrey, APF,* vv. 284-286:

>".III. mille Sarrasin ont la porte gardée,
>Qui fu fete de coste de baleine quarrée;
>Empirier ne la pevent une pomme parée".

³⁹¹ Perhaps can be paraphrased: "I say to you truly that we do not have such wonderful things at home".

⁴⁰¹⁻⁴³⁶ Cf. *Fierabras,* pp. 76-78. When the peers approach the great bridge of Mautribles, Naime is asked by a guard to pay the entry fee. Naime is handling the situation very smoothly when Roland intervenes and causes trouble by throwing a Saracen into the river. The result is that the French must fight their way into the city just as they must fight their way into the tower on the bridge in *Jehan de Lanson*.

⁵⁴⁷ Cf. *Fierabras,* p. 1: "A Saint Denis en France fu li raules trouvés; Plus de cent cinquante ans a yl esté celez".

⁵⁵⁰⁻⁵² Cf. *Fierabras,* p. 6: "Karles trait son gant destre, qui fu a or parés, Fiert le comte Rollant en travers sur le nés; Aprés le caup en est li clers sans avalés". Originally, this incident occurred after the slaying of Fouré, Saracen king of Nobles, by Roland and Oliver in defiance of the orders of the emperor. The story appears in the *Karlamagnùs Saga,* branch I, ch. 52, and is alluded to by Ganelon in the *Roland,* vv. 1775-79 (Bedier, Paris: Piazza); cf. Paris, *Hist. poét.,* pp. 263-64.

⁵⁵⁴⁻⁵⁵ *Oliver* defeated *Fierabras,* p. 46.

⁵⁷⁵⁻⁷⁸ Cf. *La Chanson d'Aspremont, CFMA,* I, v. 2432 ff. Naime did indeed take a message from Charles to Agolant and issue the challenge, but did *not* seize the Saracen by the head.

⁵⁷⁹ Cf. *Aspremont,* I, vv. 2305-12. Naime stunned Gorhant, but did not knock him completely off his horse.

⁵⁸⁰⁻⁸² Cf. *Aspremont,* I, vv. 483-540. It was really *Naime* who put up *Balant* for the night in a *room*. They did, however, spend the night in religious discussion, and later (II, vv. 7034-57) the Saracen was baptized by Charles and the Pope.

⁶⁰⁴⁻¹⁷ In *Fierabras* (p. 91), also, the peers fight their way into a tower. The author of *Jehan de Lanson* liked this idea so well that he has the peers take possession of *three* towers, one after the other.

⁶³³⁻⁸¹⁷ Cf. *Fierabras,* pp. 78-82. Each peer in turn gives the king's message to the emir without revealing his name. *Jehan de Lanson* adds the detail of having them give pseudonyms.

⁷⁷⁸ We construe *au plus haudois* as meaning "at the highest level" (cf. *C* 141v: *haulton* for *hault ton*), but note that two syllables are missing from the hemistich.

¹⁰⁰⁵ "For it is a good thing to do good when one is on top..."

¹¹⁵⁶ "If it hadn't been for God and I who were willing to interest ourselves in your welfare..."

1809-86 Cf. *Les Quatre fils Aymon,* vv. 9482-9662. Maugis approaches Charlemagne's tent disguised as a pilgrim:

> "De l'un pié va clocant, de l'autre del talon.
> A .II. mains s'apoia Maugis à son bordon,
> Et tenoit .I. oeil clos et l'autre contremont" (vv. 9502-04).

After greeting Charles in the usual manner—"Cil Dame Dex de glore", etc.—he receives the reply: "Ja n'amerai paumier por Maugis le larron". Maugis, however, gains Charles's confidence by telling of his voyage from the Holy Land which had ended in his being beached near Montauban by the power of pagan devils, and of his having been robbed and stripped naked by Amaugis. After enjoying a good meal, Maugis stares so fixedly at Charles that the king asks him why. Maugis replies: "Ainc mais .I. si biau prince ne vi en tot le mont..." (v. 9626).

1840-41 "And ten pounds in it which I had with great difficulty saved up while begging for my livelihood."

1880-84 Basin probably means that after seeing the sights at Jerusalem, he went up to Antioch where he visited the Kalat Sem'an, the church of Saint Simeon Stylites the Elder, then descended the Orontes twenty miles to Seleucia of Pieria *(Suedia)* where he took ship back to Italy. After being pardoned by the Pope, he crossed the Alps at the Great Saint Bernard Pass and ascended the Rhine to Cologne where he saw the Shrine of the Magi in the cathedral. He then turned west and passed through the Ardenne forest until he came to Laon (Aisne).

1976-77 Cf. *Maugis d'Aigremont,* MS. of Montpellier:

> "Oriande ot .I. frère qui avoit nom Baudris,
> Esté ot a Touleite .VII. ans et .XV. dis;
> Plus sot d'encantemens que nus homs qui fust vis.
> Quant Maugis fu d'aage, qu'il ot auques avis,
> A lui aprendre fu nuit et jour ententis.
> Et Maugis n'iert d'aprendre, parecheus n'alentis"

(cited by Couraye du Parc, p. 343, after Castets, *Recherches sur les rapports des chansons de geste et l'épopée chevaleresque italienne,* p. 60. Cf. also *Maugis d'Aigremont* (ed. Castets, RLR, 1892), vv. 9019-20: ... "Bien ait Baudri, mon bon mestre sachant, qui cest art me mostra a Toleite la grant."

G. Paris thought that the name of "Baudris" was probably present in a lost version of *Basin* (see *Introduction,* III).

2009-12 In *Les Quatre fils Aymon* (vv. 11610-630). Maugis puts Charles and the peers to sleep by magic and steals their swords. Couraye du Parc (p. 339) pointed out that the author of our poem liked this motif so well that he used it twice (see vv. 2420-23 in which Malaquin repeats the exploit of Allori). In reality the motif of the lost and recovered swords appears yet a third time (v. 925 ff.), but in this instance the swords are voluntarily relinquished instead of being stolen. Cf. also *Wistasse le Moine,* vv. 286-90:

> "Car Amaugis par ingremanche
> Embla la couronne de France,
> Joiouse et Corte et Hauteclere
> Et Durendal, qui moult fu clere"

(cited by G. Paris, *Romania,* XXIV [1895], 318).

NOTES 207

²⁰⁵⁴ We justify reading *mon...lon* as *mouflon* because of the scribe's frequent rendering of *u* as *n* (e. g. 2153 *conchié* for *couchié* and 2165 *cruanté* for *cruauté*) and attach the word to *moufle*, mitten. Perhaps the peers cut Allori's mailed glove or mitten from his hauberk sleeve and tied it or its lining about his eyes.

²¹²⁷⁻²²¹⁸ "Dudo riferisce che Hastings deve essersi servito di una simile astuzia per la conquista di Luna, e Saxo narra la stessa cosa del re Frode; del resto questo stratagemma, 'la finta sepoltura', è narrato in molte altre guerre del medio evo. Una imitazione certamente immediata della narrazione di Jehan de Lanson si trova nel poema sul padre di Uggeri il Danese, *Gaufrey* ⟨v. 2251-2325⟩, in cui Robastre col cavallo darsi per morto conquista una città sui Saraceni" (C. Nyrop, *Storia dell'epopea francese*, p. 111).

²³⁴⁸⁻²⁴³⁴ In *Fierabras* (pp. 92-93), a magician-thief named Maubrun d'Agremolée enters the palace at midnight, opens the doors to the sleeping-quarters by magic, finds the peers asleep, and attempts to steal the magic belt of Floripas.

²⁴²⁹⁻³¹ The motif of "la barbe coupée" appears also in *Fierabras*, v. 2882 ff., in *Maugis*, p. 161, and in many other epics (see Couraye du Parc, p. 340 and Nyrop, pp. 68-69).

²⁵³⁶⁻³⁸, ²⁵⁶⁰⁻⁶³ Cf. Roland's soliloquy to Durendal in the *Roland* (Bédier, Paris: Piazza, v. 2304 ff.).

²⁵⁸⁰⁻²⁷¹⁴ In *Maugis d'Aigremont* (vv. 7903-8233) a similar duel with magic spells and swords as weapons takes place between Maugis and Noiron. In fact, the same two hallucinations—those of being burned and of being drowned—induced by the enchanters in our poem appear also, among many others, in *Maugis*. Several duels of this nature, according to Dr. U. T. Holmes, Jr., take place in the *Enfances Renier*.

²⁶⁸⁴⁻⁸⁵ See *Note* 1976-77.

²⁷¹⁷ *quant li a amené:* "when he has brought them to it."

²⁷⁵⁷⁻⁵⁸ "For since they all ask him to, he would not fail for the wealth of Macon to grant their request."

²⁷⁶² "Nor shall I fail to summon [the] old man born in days of old (i. e. Charles)."

²⁷⁷⁴ "These Basin will soon leave behind as a ranson (i. e. when he is attacked and robbed by the squires)."

²⁷⁸⁷ The jongleur probably broke off his recital at this halfway point for a rest. Dr. U. T. Holmes, Jr., has estimated that it would have required about three and a half hourse to recite this many lines (*Daily Living*, p. 315, n. 74).

²⁷⁹⁸ n'est] nen: as it cannot be a question of either Jehan or Charles not recognizing the other, and as the scribe sometimes uses *en* for *est*, we read the hemistich "no longer is it at all known" in line with v. 2792: "Jogleor ne la chantent car il ne la sevent mie."

²⁹⁸⁷ An allusion to the former hostility between Charles and Basin, most fully developed in the *Caerl ende Elegast*, the Dutch version of the lost *Chanson de Basin*. "Hélas! pour une petite faute, j'ai chassé de mon royaume Elegast, qui tant de fois maintenant engage ses jours pour obtenir le peu qui le fait vivre. ...il cherche son existence dans les brigandages et il est obliger de se cacher toujours... Mais, je le jure, je ne les laisserai pas en paix, je découvrirai leur retraite, je les dépouillerai de tout ce qu'ils possèdent (*L'Histoire du roi Charles et d'Elegast*, trans. Jules de Saint-Genois, *Messager des sciences et des arts* [Gand, 1836], p. 207).

Jean d'Outremeuse, starting perhaps from this very verse in *Jehan de Lanson*, expanded this hostility into a full-scale war, ending in a great battle which Charles, not having the aid of Ogier, naturally lost: "Sour l'an de Incarnation VIII^c et LX emuet grant guere entre le roy Charlon et le duc Basin de Geneve. Si alat li rois assegier Geneve..." Basin, who is short of effectives, calls up 100,000 devils who apparently slaughter 80,000 of the king's men. On the third day, Basin captures Charles and all his barons, ressuscitates the "dead", and receives awards and promises of peace from the king (*Ly myreur*, III, 342).

3145 This is a reference to the hero of *Simon de Pouille*, a 13th century epic analyzed by Gautier in Vol. III, pp. 346-52. There are a number of striking similarities between this epic and *Jehan de Lanson*:

Charles sends the peers, headed by the old man Simon, into pagan territory to take a message to Jonas, the emir of Persia. They are soon besieged in a tower in which they have taken refuge. They run out of food, but, the river on which their tower is located being navigable, they manage to capture a ship loaded with food. Simon disguises himself as a pilgrim, goes to Jonas, and, just as Basin did, wins his host's confidence by slandering himself. The central problem of the poem is to secure union of the peers with friendly troops before they can be starved out by the enemy—the same problem that motivates *Jehan de Lanson*. Notable differences are the love interest in *Simon de Pouille* and the fact—judging by Gautier's analysis—that Simon lacks magical powers.

Couraye du Parc (p. 341) believed that this epic is "une copie maladroite et sans valeur de *Jehan de Lanson*".

Four MSS of *Les Quatre fils Aymon* relate an episode in which Maugis and Renaud, on the way back from the Holy Land, stop by Sicily to aid Simon, the king of Palermo, against the Saracens who have invaded the island (*Maugis d'Aigremont*, p. 333, n. 1939).

3164 "Never back one day will I see them again alive."

3174-77 "When he had dressed, he put on the pilgrim's cloak; as soon as he has put his gourd and his alms purse about his neck, as well as the staff which was thick and of ash, they bring him his horse and he leaps on."

3239 This is a violation of the tradition, beginning with the *Roland*, of having the olive tree symbolize the pagans and the pine tree the French.

3250-52 If our identification of Lanson with Lanciano is correct, Basin means that his ship was trying to reach Brindisi or Bari, favorite ports of embarcation for pilgrims going to the Holy Land, when a northerly wind pushed it off course to San Vito Chietino at the mouth of the Feltrino (the "Aquiton").

3344-3491 The gathering of the host is told in much the same terms in *Aspremont*, I, vv. 884-1002.

3361-63 "Let him pay out all his gold and silver to them (i. e. his soldiers), but the duke will not prevent me, if God grants it and if I can seize him, from hanging him..."

3381, 3414 The author has forgot that Tierri l'Ardenois and Richard of Normandy are at Lanson!

3432 *Sa* is equivalent to *lor* in some dialects.

3531 Either "For he has been hating Roland bitterly for a long time..." or "For he has spent many days in hating Roland bitterly..."

3578 The author has forgot that Berart de Mondidier is at Lanson!

3857 "Let one give all he wants to, he (i. e. the recipient) never has all he wants."

4037 aversié] aversier: we have not found the word *aversié* (possessed by demons, insane) in any dictionary, but Ducange gives *adversatus* with this meaning.

4180 Ogier le Danois] Ogier l'Ardenois: we have made the correction as though this were a scribal error, but note the same confusion in *La Chevalerie de Ogier de Danemarche*, 1335, "Ogier li Ardenois" (R. W. Linker, unpub. diss. UNC, Chapel Hill, 1933). The appearance of this variant in *Jehan de Lanson* strengthens the theory of Barrois that "li Danois" originated in a popular corruption of "l'Ardenois" (cf. *HLF,* XX, 691).

4425-34 Cf. *Les Quatre fils Aymon,* vv. 10961-980. Charles offers reconciliation to Renaud provided he deliver up Maugis to him, but Renaud refuses.

4569 Ne remet pas en aus: "It is not their fault..."

4615 The author has forgot that Estous is at Lanson!

4728 "To anyone from whom they take anything to deliver to Charles..."

4891-94 This passage is so corrupt (as it also is in *B*) that we have decided to leave it untouched. By linking *oblier* to *obligare* instead of to *oblitare* and *oster* to *hostem* instead of to *obstare*, we have, however, managed to make out the following paraphrase: "For since it will amount to taking service at arms, we will need horses and weapons for making war. Now, since no one would even look at us nor consider us for the position if they should see the pitiful remnant (*B* devant de r.) of equipment which we have left..."

5019-20 Berart is the son of Tierri.

5056 ces avra aterrés: "before he has destroyed them (i. e. Charles *and* his men)."

5216-18 "Therefore will you take (i. e. I suggest you take) Charles to the church and advise him to ride in the vanguard in order to make certain that he is killed?"

5238-41 Cf. *Aspremont,* I, vv. 4193-94: "Il vest l'oberc qui fu roi Macabré, Que il conquist sos Tortelose, el pré", and the MS of *Aspremont* quoted in *HLF,* XXII, 310: "Puis li lacierent un vert elme gemmé... Que Karlemaines conquist a Duresté..."

5244-45 Cf. *Aspremont,* I, vv. 4205-06: "Li poins est d'or, s'i ot on saielé De saint Denis et de saint Onoré..." and another MS of the same epic quoted by G. Paris: "D'or est li pons, si est bien seelé; De saint Denis et de saint Honoré Reliques sunt..."
Originally, as related in the *Karlamagnùs Saga* and in the *Roland,* the relic enclosed in the pommel of Joyeuse was a bit of the True Lance (*Histoire poétique*, p. 373).

5290-91 Perhaps can be read: "For he will hear Charles loudly calling upon Berart to come to his aid with 60,000 men..."

5327-29 Cf. *Les Quatre fils Aymon,* vv. 9157-60:

"Quant Rollans l'a veü, à poi n'est forcenés.
Il resailli en piés et trait le branc letré
[Et] vint à son cheval, le chief li vost coper.
Malvais roncin coart a son destrier clamé."

5355 a Challe: "by Charles..."

5396 que vos gardés: "that you save yourselves..."

5399 estoient apresté: refers to Berart *and* his men; cf. v. 5056.

5402 tant fust ces privés: "even though he might be his close friend."

5702 The search for a rime has led the author to use *avoir* with a reflexive.

5964 It is Maundy Thursday, and Jehan is feeding twelve poor men in lieu of washing their feet according to the original practice.

5992-95 "For Roland, whose friend you are, has sent me out, and the duke told me—you will doubt it to your sorrow—that the host is to be inspected by me and by him in order to insure that we are not perceived by the men of Lanson."

6055-56 The subject of *seroit* is *jour*, not "Basin": "Never would a day be seen nor looked upon that anyone born of a mother could keep him (i. e. locked up)." Charles suddenly recalls Basin's ability to open locks by magic.

6082-83 "Never by your escaping will you have the power to do harm to me or to anyone else!"

6164-6205 Cf. *Les Quatre fils Aymon*, vv. 12546-559. Maugis puts Charles and his men to sleep, loads the king on Bayart, and carries him off to Renaud.

6285-89 This passage is perhaps reminiscent of the fate of Ferrand, the rebellious count of Flanders who, after the battle of Bouvines in 1214, was chained by Louis VIII to the wall in a lower dungeon of the new tower of the Louvre for thirteen years.

TABLE OF PROPER NAMES

NOTE.—We have usually not indicated in this table more than two occurrences of each form of a proper name.

Abel (du tamps) 300; Abel.
Afilart 2839, 2930; Afilarz 2893; Jehan's horse, stolen by Basin (*afilé*, fast).
Agoullant 577; Saracen king in *Aspremont;* see *Note* 576-78.
Agraïn 4140; vassal of Jehan.
Agravain 5068; vassal of Jehan.
Aïmer 2283, 5070; vassal of Jehan, brother of Robert de Torcovaine.
Alanson, Alenson, see Jehan, Lanson.
Aliaume 3757; relative of Ganelon, one of the false pilgrims.
Alixandre 554, see Fierabras.
Allemant 88; the South Germans.
Allorion (boz d') 1037; forest on the Aquiton.
Alloris 503, 514; Allory 513, 519; Alori 2050, 2062; Aloris 2041; Aloriz 1987, 2015; Alorris 502; cousin or nephew of Jehan, hanged by the peers.
Alori 4655; Aloris 4650, 4658; cousin of Ganelon, false pilgrim.
Amandon 346; A. de Pavie 107; brother of Jehan, had been killed by Roland.
Amarie (li or d') 4441; Almeria, in Spain.
Amaugons 5303; vassal of Jehan.
Amaury le Breton 1550; vassal of Jehan, killed by Thierry.
Amicars 4150; vassal of Jehan.
Amienois 781 (false birthplace assumed by Thierry at Lanson); region around Amiens.
Angiller de Gascongne 184; Angillier de G. 372; one of the twelve peers.
Antiame d'Avallon 1551; vassal of Jehan, killed by Berart.
Antiaume 2975; vassal of Jehan, killed by Basin.
Apremont 576; scene of *Aspremont*.
Aquitainne 319 (its merchants come to Lanson); Aquitaine.
Aquiton 296, 2210; Aquitton 2388; one of the three rivers at Lanson; bos d'A. 1228; same as forest of Allorion.
Aragon (l'avoir qui est ou roiaume) 1236; Aragon.
Aras 3407; Arras.
Archanbaut, see Erchanbaut.
Ardane, Ardene, Ardenne, see Tierri.
Ardenne (l') 1884; the forest or region of the Ardenne.
Ardenois, see Tierri.
Artaige (besans d'or d') 2773; a variant of Arcaige, a faraway land.
Artu (la contree) 4651; Arthur.
Aschanbauz, see Erchanbaut.
Asencion 17, 850; feast of the Ascension.
Auberis li Bergoins 4622; Aubry le Bourguinon 29; duke of Burgundy and vassal of Charles. In the epic

of this name, he was the son of Basin.

Aubuin 771; cousin of Jehan.

Augibier filz Garin 863; relative of Jehan.

Aumont de Pavie 2321; vassal of Jehan, killed by Roland.

Autefeille, see Grifon (the Palais de Hautefeuille, a massive Roman building outside Paris on the Orleans road, was thought to be the family home of Ganelon.

Avallon, see Antiame, Clarenbaut; Avalon, see Serveins.

Averé 2114; Jehan's provost, drowned in the Aquiton.

B

Baleguez 4825; Ballegués 5177; pui de B. 4825; plains de B. 4924; vaus de B. 4957, 5079; destrois B. 5177; scene of the ambush, between Ipolice and Lanson; derived from Balaguer in Spain (*Roland*, Balagué).

Ballins 580; the Balant of the *Aspremont;* see *Note* 580-82.

Basin 23, 1908; Basins 1914, 1916; Bassin 169, 749; Bazin 5895, 5915; Bazins 3903, 3974; B. de Ganes 2917; B. de Jennez 613; B. de Genevois 2956, 3309; Basins Nenebarbe 2528 (Roland's epithet for the beardless Basin); hero of the poem; see *Introduction*, IV.

Baudris 1976, 2684; taught Basin magic at Toledo; see *Note* 1976-77.

Bauduins 4706; infant son of Ganelon.

Baiivier, Baivier, Baiviere, Bavier, Bayviere, see Naime.

Baiviere 3475; l'avoir de B. 1641; Bavaria.

Bel'Aude 74, 562; sister of Oliver, sweetheart of Roland.

Belliant (le roy de) 398; Bethlehem.

Berangier 3109; son of Basin, brother of Renier.

Berars 4655; Berart 3578; B. li fiz Tierri 5662; B. de Mondidier 4609, 4653; vassal of Charles who brings his host to Paris; a duplication of the peer who is at Lanson.

Berars 3773; relative of Ganelon, one of the false pilgrims.

Berart 26, 211; Berarz 2507; B. de Mondidier 26, 211; B. de Mondidiés 371; B. de Mont Didier 2409; one of the twelve peers; a duplication of the vassal who brings his host to Paris.

Berart 755; pseudonym used by Basin at Lanson.

Berengier 3578, 3755; Berengiers 3801; relative of Ganelon, one of the false pilgrims.

Bergoingne 2787; Bergoinne 4453; Burgundy.

Bergoins, see Auberis.

Bernart (le jour de saint) 741; Bernard de Menthon, June 15; Bernard de Clairvaux, Aug. 20.

Berruier 5741; Berrichons.

Bertran 3475, 4609; Bertrans 3480; B. li fiex Naimmon 4600; holds Bavaria, brings his host to Paris.

Bertran 2283; vassal of Jehan.

Besenson (l'or de) 675; Besançon.

Besenson, see Gautier.

Beubon 642; pseudonym used by Naime at Lanson.

Biaupré 6074; one of three Cistercian abbeys: N.-D. de Beaupré, Achy (Oise); Beaupré, diocese of Saint - Omer; N. - D. de Beaupré - sur-Meurthe, Moncellès-Lunéville (Meurthe-et-Moselle).

Biauvoisin 769; Biauvoisins 1824; Beauvaisis.

Boloingne la grasse 3369; Boloinne la crasse 4464; Bologna.

Bonevant 3367; Benevento.

Borgoigne, see Guiz.

Borgueignons 5341; Bourguignon 667; Burgundians.

Bourgongne, see Sansez.

Bourguinon, see Aubry.

Brandy (tout l'avoir de) 732; Brindisi.

TABLE OF PROPER NAMES

Brebant 3422; Brabant.
Bretaigne, Bretaingne, Breteigne, see Salemon.
Bretainne 4651 (the country of Arthur); Britain.
Breton, see Amaury.
Bretons 5510; Bretonz 5340; Bretons.

C

Calabre 9, 162; Calabria.
Calvaire (le mont de) 1881; Calvary.
Chanpainne 4453; Champagne.
Charle 60, 106; Charlez 18, 31; Challe 4346, 4361; Challes 3389, 3414; Charlon 7, 15; Challon 3560, 3585; Charlemaine 324, 3870; Charlemeine 2204, 2786; Charlemeines 2149, 2225; Challemaine 3413, 3771; Challemaines 3499, 3673; Charlemagne.
Citiaus 6074; Cîteaux (Côte-d'Or), where the Cistercian order was founded by Robert de Molesme in 1098.
Clarambaut de Luque 2324; vassal of Jehan, killed by Roland.
Clarenbaut d'Avallon 1578; vassal of Jehan, killed by Roland.
Conpiaigne 3407; Compiegne.
Constantin (l'or 760; l'or de C. 1337; Constentin 755 (false birthplace assumed by Basin at Lanson); Costantin (el regne) 2866; Constantinople.
Cornuaille 5071, see Doon.
Cortein 2010, 2421; Courtain 268; Ogier's sword, forged by Gallant.

D

Damedieu, etc., see Dieu.
Damiette 320 (its merchants bring spices to Lanson); Damietta, in Egypt.
Danemarce 137; Denmark.
Danemarche, see Ogier.
Danemon 1919; vassal of Jehan, killed by Basin.

Danemon 1546; vassal of Jehan, killed by Ogier.
Danois, Denois, see Ogier.
Denis (saint) 190, 898 (invoked); either Saint Denis apostle to the Gauls and first bishop of Paris, d. 286, or Saint Dionysius the Areopagite whose body was sent to Saint-Denis by Innocent III.
Dieu 153, 304; Dieus 5645, 5647; Dieux 148, 159; Diex 2131, 2786; Dex 2947; Deu 3162, 3168; Dé 6254; Dix 3634; Damedieu 1753, 2032; Damedieux 1100; Damediex 4265, 4494; Damedex 1928, 2000; Damedé 6061, 6266; Dammedieu 1710; Demmedieu 3390, 3410; the Deity.
Doon de Cornuaille 5071; vassal of Jehan and cousin of Guimer.
Durandart 2001, 2010; Durendal 267, 282; Roland's sword, forged by Gallant, formerly belonged to king Licanort.
Duresté 2697; place of origin of Honbauz; appears in *Aspremont* (see *Note* 5238-41) and as Durestant (a place in Spain) in the *Roland*.

E

Elie (sainte) 1794 (invoked); Mas Latrie lists a Saint Héliade *(Helias)*, abbess of Trève; appears also in *L.*
Elie 1849; Elye 1844; Jehan's chamberlain.
Enbaut, see Henbaut.
Engevins 5510; inhabitants of Anjou.
Engletere 28; England.
Erchanbaut 3107; Erchanbaus 3148; Erchenbaut 3133; Archanbaut 3113; Archanbauz 3134; Aschanbauz 3121; lord of Poitiers (*B* Pavie, *C* Pesier), killed by Basin.
Erquenbaut de Luquez 1579; vassal of Jehan, killed by Roland.
Espaigne (destriers d') 1980, le terre d'E. 5561; Spain.

Ession (mont) 1913; Mount Sion in Jerusalem.
Estanpes 6067; Etampes (Seine-et-Oise).
Estous 474; Estout 611; Estouz 205; Estoulz 829; one of the twelve peers, son of Eudon (Oton); a duplication of the following entry.
Estous 4615, 4622; vassal of Charles, son of Oton; a duplication of the peer who is at Lanson.
Eudon 24, 209; Oton 205; Otton 23; vassal or vassals of Charles, father or fathers of the two Estous and of Ottez; the Odon de Lengres of the *Roland*.

F

Fierabras d'Alixandre 554; had been defeated by Oliver; see *Note* 554-55.
Flamans 3410, 5340; Flammans 3405; the Flemish.
Flandres (conte de) 3401; brings his host to Paris.
Florentin 5247, 5372, Florentins 5259; Charles's horse.
Florie 3398; sister of Ganelon and mother of Jehan.
Floron 1579; brother of Erquenbaut de Luquez, killed by Roland.
Forque de Melie 2324; vassal of Jehan, killed by Roland; since Jehan held Morocco, may be connected with Mlila, now Melilla.
Forré 5069; Fourré 5305; vassal of Jehan.
Forrez 5239; Fourré 5241; former owner of Charles's hauberk and helmet; see *Notes* 550-52 and 5238-41.
Fouchiers 5106, 5115; Jehan's sergeant who unwittingly reveals the plan of the ambush to the king.
Foucon 1903; cousin of Pinars, had been slain by Basin when he and Pinars were fellow robbers.
Fourré, see Forré, Forrez.
Franc 2271; the French.
France 348, 358; France.

François 1952, 1983; Fransois 3427, 3647; Franchois 59, 66; the French.
Frison 88; the Frisians.
Fromon (le filz) 861; relative of Jehan, had committed treason.

G

Galerant (le conte) 2952; nephew of Jehan, slain by Basin; held land from Pleisance to Seint Ament. Since Jehan held part of the Midi, possibly from Plaisance (Gers) to Saint-Amans-Soult (Tarn), but more likely from Piacenza to an unidentified place in Italy.
Galerant (le segnor) 3370; vassal of Jehan, lord of Luque (Lucca); le fiuz G. 2242; vassal of Jehan.
Galien de Luques 2284; vassal of Jehan.
Gallant 270; smith who forged Durendal, Courtain, and Hauteclere; see *Note* 270.
Ganes 3044; Gannes 3106; Jennez 613; city held by Basin; see *Introduction*, V.
Ganes, see Basin.
Gannes 3226, 3232; Genne 5895; Gennes 5559; Guene 3523, 4600; Guenes 3395, 3428; Gennelon 4951, 5467; Guenelon 3278, 3590; Guenelons 2800, 3216; Guenellon 26; Guennelon 3563, 3571; Guennellon 771; traitor, cousin or uncle of Jehan and step-father of Roland.
Garin, see Augibier.
Gascoigne, see Yon.
Gascongne 45, 490; Gascony.
Gascongne, see Angiller.
Gautier de Besenson 1595; vassal of Jehan, carries message to the bourgeois of Lanson.
Genevois, see Basin.
Genevois (le) 3105; G. 3130 (Basin's battle cry); region around Gennes, the city held by Basin.
Genne, Gennelon, see Gannes.
Gennez, see Renier.

TABLE OF PROPER NAMES

Giramme 1575; vassal of Jehan, killed by Roland.
Giriaume 3756; relative of Ganelon, one of the false pilgrims.
Gondret 2323; vassal of Jehan, killed by Roland.
Gontié 5305; vassal of Jehan.
Grifon d'Autefeille 4804; father of Ganelon and relative of Jehan.
Grohant 579; Turk who had been struck down by Naime at Apremont; see *Note* 579.
Guenelon, etc., see Gannes.
Guichart de Valpree 3756; relative of Ganelon, one of the false pilgrims; Valpree appears in the *Enfances Ogier* as a place in Lombardy.
Guilliaumes 5305; vassal of Jehan.
Guimars 5305; vassal of Jehan, perhaps the same as the following entry.
Guimer 5071; vassal of Jehan and cousin of Doon de Cornuaille.
Guion 2975; vassal of Jehan, killed by Basin.
Guion 4134, 5069; G. de Pallerne 5304; vassal and friend of Jehan.
Guiz de Borgoigne 4630, 4639; vassal of Charles.

H

Hardré 26, 771; Hardrés 3627, 4768; traitor, nephew of Ganelon; identified by U. T. Holmes, Jr., as Ardradus, assistant bishop to archbishop Wanilo (Ganelon) of Sens. Both Wanilo and Ardradus traitorously sided with Louis the German against Charles the Bald.
Hauteclere 269, 564; Oliver's sword, forged by Gallant.
Helie 2323; vassal of Jehan, killed by Roland.
Henbaut 991, 1000; Enbaut 1120; Honbaut 3322; duke and vassal of Charles, had been assassinated by Ysoré.
Hermant 3656; relative of Ganelon, probably one of the false pilgrims.

Hernaut 2323; vassal of Jehan, killed by Roland.
Hernaut 4134; vassal of Jehan.
Hertaut 5068; H. d'Outremer 2284; vassal of Jehan.
Honbaut, see Henbaut.
Honbauz 2697; a Turk from Duresté who taught magic to Malaquin.
Hongre (ly) 319 (they come to the market at Lanson); Hungarians.
Honguerie 172; Hungary.
Honoré (saint) 5245 (a relic of enclosed in the pommel of Charles's sword); either S. Honoratus bishop of Amiens, d. 660, or S. Honoratus bishop of Arles, d. ca. 430; see *Note* 5244-45.
Honoré 5304; vassal of Jehan.
Houdré 5068; vassal of Jehan.
Huon de Mans 3212; vassal of Charles.
Huon (le fiuz) 2076; vassal of Jehan.

I

Inde majour 575; India.
Ipolice (vaus sous) 4944; place of Charles's encampment one day's journey out of Rome towards Lanson; there is a town called Popoli about halfway between Rome and Lanciano, and P. Paris has suggested Poli near Palestrina.
Isoré 1190, 1511; I. de Marsoile 2074; Isorez 1468, 1936; Issoré 1522, 1666; Ysoré 986, 6254; Ysorés 6256; former vassal of Charles, befriends the peers.

J

Jasque (pelerins sui seint) 2819; Saint James.
Jehan 8, 100; Jehans 194, 4415; Jehanz 1956, 2070; Jan 950, 1545; J. de Lanson 922, *Explicit;* J. d'Alenson 6, 557; duke of Lanson.

Jehruzalem 3700; Jerusalem 5925; Jherusalem 1879, 3250; Jerusalem.

Jehu (por amor de) 2874; the Biblical Jehu.

Jennez, see Basin.

Jesus 2793, 2811; Jhesus 4530; Jhesuz 265, 1486; Jesus Crist 1690; Jhesu Christ 2297; Jhesu Crist 43, 671; Jesus Christ.

Judas le traytre 1013; Judas Iscariot.

Julin Cesar 3326; Julius Caesar.

L

Lanson 99, 290; Lansson 3158; Lançon 1910, 1946; Alanson 415, 446; Alenson 6, 557; Lanson, city held by Jehan. For identification of Lanson and discussion of the form Alenson, see *Introduction*, VI and VIII.

Lanson 1411; Lançon 2935; Jehan's battle cry.

Lansonois 5417; inhabitants of Lanson.

Laon 644; Loon 3622; Monlaon (roy de) 1142, 1245; Laon (Aisne).

Lardon 1529; cousin of Jehan, killed by Roland.

Licanort (roi) 2155; former owner of Durendal; Langlois gives Liganors as a variant of Estorgus, Saracen killed by Oliver in the *Roland*.

Liege 1120; Liegez (dou) 3322; Liege, birthplace of the Henbaut killed by Ysoré.

Lombardie (pour l'or de) 98; Lonbardie 3195, 4463; Lombardy.

Lonbars 490, 5180; the Lombards.

Loon, see Laon.

Lorant (saint) 5245 (a relic of enclosed in the pommel of Charles's sword) Saint Laurentius; see *Note* 5244-45.

Luc 3370 (held by Jehan); since Jehan holds part of the Midi, possibly Luc-en-Diois, *Lucus Augusti* (Drôme), but more likely Le Luc (Var). The Monte Lucos of Italy seem entirely too insignificant.

Luque 3370 (held from Jehan by Galerant), 3195; Lucca, in Tuscany.

Luque, see Clarenbaut.

Luques, see Galien.

Luquez, see Erquenbaut.

Lymosin 1326; Limousin.

Lyon (brun paille point a) 285; Lyon.

M

Malaquin del pui de Nubion 2349; enchanter from Nubia, studied magic under Hombaut, killed by Basin.

Malegrape 3657; relative of Ganelon, probably one of the false pilgrims.

Mancés 5510; inhabitants of Maine.

Mans, see Huon.

Marie (le verge) 139, dame sainte M. 1786 (invoked); the Virgin Mary.

Maroc 166 (held by Jehan), 318 (its merchants come to Lanson); Morocco.

Marsaille 11, 994; Marsille 6231; Mairsaille 1181; Marseille.

Marsilion 920; Marsille (roy) 5562; Saracen king of Spain to whom Ganelon will one day betray the peers.

Marsoile, see Isoré.

Martin (saint) 764, 1331 (invoked); Saint Martin, bishop of Tours in the fourth century, who divided his cloak with a sword and shared it with a beggar.

Mascon (pour l'anor de) 2757; Mâcon (Saône-et-Loire).

Maucuidant 3757, 3658; nephew of Ganelon, one of the false pilgrims.

Mausion 3659; relative of Ganelon, probably one of the false pilgrims.

Mauvoisi 3657; relative of Ganelon, probably one of the false pilgrims.
Melant 3368; Milano.
Melie, see Forque.
Menasier (le franc duc) 1153; vassal of Charles who had been poisoned by Allori.
Mondidier, Mondidiés, Mont Didier, see Berars, Berart.
Mongieu 3553; Monjeu 3888, mons de M. 4886; the Great Saint Bernard Pass.
Monlaon, see Laon.
Monpellier (tot l'or qui soit en) 5170; Monpeellier 2820; Montpellier.
Monsurjon (le pas par dever) 1232; mountain pass which would have furnished an escape route to the peers from the forest of Allorion; possibly a connection with Monte Sirente (2349 ft.) between Lanciano and Rome, but more likely a fanciful name, in origin Mont Surie (cf. Nubion for Nubie).
Moran 2954; brother of Jehan and father of Galerant lord of Pleisance.
Morant 3681; relative of Ganelon, probably one of the false pilgrims.
Moriene (val de) 4732; the Maurienne or valley of the Arc in Savoy; leads to the Col de Mont Cenis, a lower pass than that of Saint Bernard.
Morimon (sous) 67; where Jehan had fought against Charles and the peers; see *Note 67*.

N

Naime 138, 612; Naimmes 5738, 6230; Naimez 139, 147; Nayme 573, Naymez 828; Neimes 3023; Naimon 22, 634; Naimnon 4180, 4600; Naymon 666, 669; Neimon 2753; N. de Baiivier 573; N. de Baivier 473, 3838; N. de Bavier 612; N. de Baviere 5093, 5872; one of the twelve peers, counsellor of Charles, father of Bertran.
Nativité (la) 3250; feast of the Nativity.
Navarre 4884 (false birthplace given by Bertran to Hardré); Navarre.
Nivart 417, 424; Nyvars 402; Nyvart 406, 411; brother of Jehan, killed by Roland.
Nobles 5239; place where Charles had got his hauberk and helmet from the slain king Fourré (see *Notes* 550-52 and 5238-41); perhaps Noblejas near Toledo (Langlois).
Noirmendie, see Richart.
Noiron Pré 3030, 5765; N. Prés 3866; Pré N. 1911; Prez N. 44; gardens of Nero *(pratum neronis)*, site of the Vatican.
Normandie 2787; Normandy
Normans, Noirmant, see Richars.
Normant (le) 4462 (term of opprobrium applied to Basin by Ganelon); Normant 3385; Noirmant 780; Norman(s).
Nubion (pui de) 2349 (homeland of Malaquin; Nubia, in the Soudan.

O

Odon de Poitiers 3212; vassal of Charles.
Ogier 135, 530; Ogiers 2126, 2227; O. de Danemarche 25; O. le Danois 594; O. li Denois 5093, 5872; one of the twelve peers; the main figure in the versions of Jean d'Outremeuse.
Olivier 27, 125; Ollivier 593, 5983; Olyvier 559; O. de Viane 555; O. de Vianne 2408; O. de Vienne 5983; one of the twelve peers.
Omer (saint) 5948, 6124 (invoked); Saint Omer, d. ca. 670, bishop of Terouenne, converted the Morini of Belgic Gaul.
Orliens 3220, 3906; Orleans.
Orsaire (duc) 3449; vassal of Charles, brings his host to Paris; ap-

pears in the *Roland* as a Saracen king.
Oton, Otton, see Eudon.
Oton 643; fake name of his father given by Naime to Jehan.
Otré 5303; vassal of Jehan.
Ottez 24, 191; Othez 531; one of the twelve peers, son of Eudon (Oton).
Outremer, see Hertaut.

P

Paris 18, 228; Paris.
Pavie 1836, 3368, hiaume de P. 4416, l'elme qui fu fet en P. 1506; Pavia.
Pavie, see Amandon, Aumont.
Pepin (Charlez le fil) 756; Pépin le Bref.
Pinars 1906; Burgundian, former companion in robbery of Basin, cousin of Foucon.
Plaisance 296; one of the three rivers that surround Lanson; for identification, see *Introduction*, VI.
Plaisance 3939 (where Ganelon is from); Plaisence 3195; Piacenza.
Pleisance, see Galerant (le conte).
Poitier 3107; Poitiers.
Poitiers, see Odon.
Pol (par saint) 1875; Saint Paul.
Portingal (qui vault bien) 1204; Portugal.
Poulaine 317 (its merchants come to Lanson); Poland.
Pré Noiron, Prez N., see Noiron Pré.
Puille 9, 162 (held by Jehan), 317 (its merchants come to Lanson); Apulia.
Puillois 5180, 5282; Apulians.

Q

Quanbrezis 3423; region around Cambrai (Nord).
Quintienois (le) 3422; region around Saint-Quentin (Aisne).

Quintin (saint) 775 (invoked); Saint Quintinus, missionary from Rome who was martyred at Saint-Quentin, 3rd century.

R

Raincevaulz 545 (where Roland felt no fear in the great battle); Roncevaux.
Rains 377, 893, 3622; Reims.
Renier 3109; son of Basin, brother of Berangier.
Renier de Gennez 729 (mentioned); father of Oliver.
[Re]surexion (le sepulcre de le) 1880; the Holy Sepulchre in Jerusalem.
Richars 3392; Richarz 3381; duke of Normandy summoned by Charles to bring his host to Paris, a duplication of the peer who is at Lanson; historically, Richard I, son of Guillaume Longue-Epée and grandson of Rollo.
Richars li Normans 5516; Richart le Noirmant 595; Richart de Noirmendie 29, 476; one of the twelve peers, a duplication of the above entry.
Richart 28; king of England and vassal of Charles; historically, Richard I (Coeur-de-Lion) of England.
Richier (le vassal) 613; one of the twelve peers.
Richier (saint) 195, 2853 (invoked); Saint Richarius who founded the abbey of Centule at Ponthieu, d. ca. 645.
Rin 763; the Rhine.
Roart 3657; Rouart 3756; relative of Ganelon, one of the false pilgrims.
Robert de Torcovaine 5070; vassal of Jehan and brother of Aïmer; Torcovaine is the land of the Turks, appears in *Orson de Beauvais* as Turquaigne.
Roie 3407; Roye (Somme).

TABLE OF PROPER NAMES

Rolan 1953, 2003; Rolans 2087; Rolant 27, 76; Rolanz 2045, 2107; Rollans 2569, 3727; Rollant 71, 91; one of the twelve peers, nephew of Charles, stepson of Ganelon.

Rome 3368, 2823; Romme 1882, 3793; Rome.

Rommené (l'or de) 463; Romenie 4442; Rommenie 163; the Romagna.

Roussie 10; Russia.

S

Sains Esperis (ly benois) 1299; the Holy Spirit.

Saint Angely 989, 1119; fief held from Charles by Ysoré before he slew Henbaut; Saint-Jehan d'Angély (Charente-Inférieure).

Saint Bernart 4451; hospice of the Great Saint Bernard Pass.

Saint Denis (a l'autel) 32, par dedens S. D. en la lybrarie d'onnour) 547 (where one can read the chronicles of Roncevaux and Fierabras); Seint D. (del role) 2790 (where the story of Jehan de Lanson lay unheard for a long time), Charlon de S. D. 2404; Sain Denise 3161; the church of Saint-Denis.

Saint Denis 5311; Charles's battle cry.

Saint Jaque 1768; S. Jasque 2769; Santiago de Compostela.

Saint Pol (palais) 4743; Saint Paul's in Rome.

Saint Simion 1881; the Kalat Sem'an, the church of Saint Simeon Stylites the Elder near Antioch on the Orontes.

Salemon (tout l'avoir) 354, des le tans S. 2350, temple S. 1879; King Solomon.

Salemon 1549; vassal of Jehan, killed by Naime.

Salemon de Bretaigne 3213; S. de Bretaingne 3345; Salemons de Breteingne 3359; Sallemon de Bretaigne 22; vassal of Charles, brings his host to Paris.

Sansez de Bourgongne 24; vassal of Charles.

Sanson (le rice duc) 844; father of Jehan; cf. li riche duc Sansun, *Roland*, v. 1574.

Sanson 2989, 3008; a brother of Servein of Avalon, had been slain by Basin when he and Servein were fellow thieves.

Sarazins 5563; Sarradin 2864; Saracens.

Savonnie 163; the area around Savona on the gulf of Genoa.

Seine 3355; Sainne 3387, 3424; the Seine.

Seint Ament 2953, see Galerant (le conte).

Servein 3009, 3029; Serveins 2983; thief from Avalon, former companion of Basin and killed by him.

Simion (saint) 3633 (invoked); probably the Saint Simeon who held the infant Jesus in his arms, one of which was a relic at Saint-Denis.

Simon 3145; a friend of Basin's wife to whom her sons had fled when ousted by Erchanbaut, lives in Apulia; see *Note*.

Simon (saint) 63, 878 (invoked); probably the apostle Simon the Zealot.

Simon de Viane 1548; vassal of Jehan, slain by Ogier.

Sinagon de Vaucaire 5069; vassal of Jehan.

Sire 3431; Surie (bliaut de) 1760, paumier de S. 1762; Syria.

Soissons 5339; Soissons (Aisne).

Sormené 6199; gatekeeper at Lanson (*surmené*, tired out).

T

Tiebaut Torteschinnee 3757; kinsman of Ganelon, one of the false pilgrims (*torteschinnee*, humpback).

Tierri 3296; Tierris 2408, 5019; Teris 1308; Tery 23, 196; Thery (le duc) 711; T. d'Ardane 612; T. d'Ardene 5019; T. d'Ardenne 196, 371; T. l'Ardenois 23; l'Ardenois T. 1308; one of the twelve peers, father of Berart; a duplication of the next entry.

Tierri l'Ardenois 3414; vassal of Charles, brings his host to Paris; a duplication of the above entry.

Tolete 1977, 2675; Toledo, where Basin studied magic under Baudris.

Torcovaine, see Robert.

Tour au Gaiiant 1701; Tor au Jaiant 2092; Tor as Jaianz 2229; tower built by giants at the junction of the Aquiton and the Valance rivers.

Trinité 4265, 4281; Trenité 1100; the Trinity.

Trois Rois 1883; shrine of the Magi in the cathedral of Cologne.

Turc 579, see Grohant; Turs 2697, see Honbauz.

Tyois (le terre a) 791; the North Germans.

V

Valance 2052; Vaillance 296; one of the three rivers at Lanson; for identification, see *Introduction*, VI.

Valpree, see Guichart.
Vaucaire, see Sinagon.
Venisse 10, 162; Venice.
Verone 4450; Verona.
Viane 74; Vienne (Isère).
Viane, Vianne, Vienne, see Olivier.
Viane, see Simon.
Vienois 3423; area around Vienne (Isère), out of place here as a stage on the route from Brabant to Paris; probably an error for Vermandois (Aisne and Somme).

Y

Ylaire (saint) 3456 (invoked); either S. Hilary of Poitiers, d. 368, or S. H. of Arles, 401-449.

Yon (le roy) 25; Yon de Gascoigne 3462; vassal of Charles, brings his host to Paris.

Ysoré, see Isoré.

Yzoart 3656; kinsman of Ganelon, probably one of the false pilgrims.

GLOSSARY

NOTE.—While not complete, this glossary should render recourse to dictionaries unnecessary for those acquainted with the fundamentals of Old French. For coins, measures, arms, and clothing, we have drawn heavily on Holmes, *Daily Living in the Twelfth Century*.

aaige (né d') 2762, born in days of old.
aastir 260, to be angry.
abomés 6005, dejected; *abosmé* 2178, overwhelmed.
abrivé 4872, fast.
acemé 500, equipped.
acherin 1325, weapon of steel.
acointier 699, to inform; 3208, to learn; 4873, to undertake; 4418, to relate.
acoreement 3708, cordially.
acreanter 812, to pledge.
adeser 2005, to touch.
adouber (s') 2159, to equip oneself.
adroiz 3308, personal information; 3311, articles of equipment and dress (we have found this word nowhere else with these meanings).
aduré 1370, terrible.
afaitement 4166, arrangement.
affolliier 199, to behave foolishly.
afichiement 3709, firmly.
afichier 2093, to declare; 5258, to fix.
afilant 2943, fast.
afiner 1661, to finish off.
afoler 2112, to kill.
agensis 1295, adorned.
agremiz 2003, afflicted.
ahaitier 373, to cheer up.
aherdre 1569, to seize.

aigrier 1491, to spur.
aillie 1822, clove of garlic.
ajoster 4545, to gather.
alemelle 1338, blade.
alenee 1411, voice.
alie 1964, sorb-apple.
allomment 1624, let's go.
aloser 1076, to praise.
amarront 4128, fut. amener, to bring.
amender 423, to pay for; 4478, to profit.
amenrir 1485, to reduce.
amistez 381, tenderness.
anbrunchier 3303, to lower the head sadly.
anchaucier 2948, to pursue.
anchisorie 1480, ancestry.
angarde 5217, vanguard.
anloquinez 3282, eloquent.
anniés 3860, lambs.
anor 2757, wealth.
anpannez 3018, feathered.
anparlez 2530, talkative.
anteser 3055, to brandish.
antrabatre (s') 2672, to exchange blows.
antrepris 1994, embarrassed, caught.
anveür 6122, to invade, penetrate.
apressé 4354, hard-pressed; 4718, up close.
aprochier 1189, to accuse.

222 GLOSSARY

apuignier 5909, to seize.
aquiaut (pres. ind. acoillir) *son santier* 2831, goes on his way.
araine 313, concrete.
aramie 132, oath; 1516, violence.
arement 3701, ink.
arestez 380, standing.
argu 2444, artifice.
ariver 3712, to run aground.
arme 674, soul.
arouter 4329, to assemble.
artimaige 2271, magic.
asaichier 2085, to assault.
asazé 4291, satisfied; asazez 2882, rich.
aseurer 897, to swear; 4616, to delay.
assener 432, to strike.
asseoir 2736, to besiege.
atapiner (s') 5959, to disguise oneself.
aterminer 5461, to set a date.
atorner 4228, to deliver (a speech).
atour 539, retinue.
atourner (s') 337, to submit.
aucubes 5567, tents.
auferrant 2956, grey horse.
aumachour 577, emir.
aumoniere 2826, purse (carried on the belt).
auquetons 3597, usually means a garment of quilted cotton worn under the hauberk; here apparently equivalent to the *chainse*.
autretel 4608, the same.
avantrollier (s') 2705, to lie prone.
aventure (en) 533, in danger.
aversié 4037, possessed by demons (see *Note*).
aversités 6163, incantations.
avizer 430, to recognize.
avoé 2613, advocate, protector.
awarder 3094, to await.
ayrier 1185, to become angry.

B

baaglier 2603, to give.
bacellerie 116, fighting youth.
baille 2393, palissade.
baillier 924, to give; 5796, to seize; 5928, to protect.
baillis 365, bailiff (officer in charge of a fortified place).
baisier 4021, to yield.
bal 1207, rejoicing.
baloier 5497, to flutter.
barginier 4166, to haggle.
batailles 2295, crenels.
baudour 943, joy.
baudré 1113, baldric (shoulderbelt).
baulevre 5675, both lips.
baulliier 690, to flutter.
behours 4, battles with lances.
berser 1319, to hunt with the bow.
besan 268, gold coin from Byzantium, worth about five dollars.
besoingnier 1197, to work.
beubance 1342; beubant 255, arrogance.
biés 2209, mill-leets.
blavee 3775, flour.
bliaut 1760, sort of tunic, the principal outer garment.
bohorder 2899, to joust.
boidie 1487, treachery.
boisier 2648, to betray.
bondie 2554, noise; trestote lo bondie 4434, completely.
bordon 2857, pilgrim's staff.
bouli 5507, molten.
bourde 6103, edge of clothes.
boyseour 411, trickster, liar.
bret 1737 pres. ind. braire, to bray.
breteches 5485, defense works.
bricon 663, crazy; faire que bricon 1256, to do a foolish thing.
bris 2663, coward.
brisier 1162, to prevent.
brochier 4028, to spur.
brongne 1505, a type of cuirass.
brueil 5202, thicket.
buer 4375, in a good hour.
buies 1931, chains.
bulleté 447, of sifted flour.
bus 1415, trunk.
businez 1606, long, crooked trumpet with turned-up end, the Roman *buccina*.

C

canielle 321, canella (a spice).
capiel 1778, little hat.

GLOSSARY

carnin 1771, charm.
cartiers 2670, the heraldric sections of a shield.
chaple 2092; *chapleison* 2091, sword-play.
charnel 3008, related by blood.
chazement 3722, buildings.
chier (avoir) 3346, to hold dear.
chis 1370, him.
choisir 4876, to see.
chuz 1088, he.
clamer 1201, to call; *quite clamer* 4434, to declare quit.
clavein 2385, piece of mail for neck and shoulders.
clavine 2852, robe of coarse cloth, same as esclavine.
clugnier 1810, to blink.
cohorde 3175, gourd (used as a canteen by pilgrims and worn slung about the neck by a thong).
cointe 4045, valiant.
combrer 1698, to seize.
commin 321, cummin (a spice).
comparer 465, to pay for.
conoissance 3207, identifying token worn by knight in battle.
conplie (ains l'heure de) 3440, here means simply "before nightfall", as compline could be said immediately after vespers.
conquerre 3664, to find; 5218, to seek.
conreer 2371, to prepare; 2828, to feed.
conrois 3415, retinue.
consant (estre) 5438, to confess.
conseü 2722 p. p. consivre, to catch up with.
consiurre 1918, to strike.
contenir (se) 5416, to be.
contralieson 4620; *contralieté* 6060, enmity.
contreallier 96, to contradict.
contrester 251, to prevent.
converser 2983, to dwell.
cor 842, now.
c'or 775, if only... now.
coraige 809, thought; 997, heart.
corans 5378, swift.
couller 435, to plunge.
couvent (avoir en) 1193, to promise.

coysir 710, to recognize; 1664, to perceive.
crasse 4464, fat.
cristiel 304, crenel.
croissir 2797, to break.
croler 5497, to quiver; 6045, to shake; *se croler* 1937, to rise again.
crosler 2748, to wag.
crut 1215 perf. croistre, to result.
cuirie 2385, leather garment.
cuvert 931, coward, traitor.

D

darree 4167, a denier's worth.
deablé 4870, deviltry; *deablies* 6163, magic words.
dedecha (par) 891, on this side.
deduit 390, pleasure.
demainement 535, tumult.
dementer 276, to lament.
denree 3506, a denier's worth.
deputaire 3458, shameful.
derrois 3416, trouble.
dervé 1089, enraged; 1730, insane; *derverie* 138, folly.
des le tans 2391, in days of old.
desbareter 5274, to rout.
descorchier 704, to flay.
deserter 1086, to crush.
deservir 4482, to serve badly; 6136, to reward.
deseure 586, on.
desfaez 3009, treacherous.
desirer 6104, to tear.
desistez 581 perf. desestre, to argue.
desloer 4328, to dissuade.
desmesuré 498, arrogant.
desmobler 4885, to rob.
despaner 422, to tear.
despechier 701, to smash.
desrainier 1183, to speak one's mind.
desrangier 5282, to move out of the ranks.
desreez 4242, unruly.
desroier 2842, to rear up.
desrubanz 2247, ravines.
dessartir 1974, to shatter.
destin 1327, purpose; *destiner* 754, to announce.
destorner 89, to prevent.

GLOSSARY

destourbier 91, trouble.
destraver 2292, to break camp.
destrois 318, straits; 792, pain.
desver 2281, to go mad.
detrenchier 364, to cut to pieces.
detriance 1347; detrie 168, delay; detrier 253, to delay.
devis 3182, freely; a devis 1294, according to one's desire; faire devis 2011, to mention.
devision 13, will, desire.
devizer (se) 339, to chat.
disette 240, lack.
dissiplin 762, torture.
dois 778, level, platform (see *Note*).
donter 3206, to conquer.
doubletin 1322, with a double layer of mail.
doutance 5131, doubt; doutte 1125, fear; doutter 277, to fear.
dragon 5503, standard.
drechier 1154, to hang.
dubiainne (?) 320, a spice (?).

E

effondrer 1895, to distribute.
effort 2729, troops.
effronder 3853, to spend.
elescier 5937, to rejoice.
embatre 3097, to plunge.
empire 1634, army.
enamer 1123, to develop affection for.
enbrunquier 112, to darken.
enbuchier 4053, to enter.
enchacier 4044, to chase.
enchapeter 6071, to make into a cape.
encombrier 4009, baggage.
encornuit 5889, tonight.
encouper 5639, to accuse.
encroer 464, to hang.
encuser 5390, to betray.
encuy 1560, today.
enerber 1153, to poison.
enermie 1768, wild, lonely.
enfantomer 6162, to enchant.
enforchier 204, to reinforce.
enonbrer 5364, to hide, protect.
enorter 1010, to exhort.

enpevrés 4288, prseerved in spices.
enplaidiez 3834, quarrelsome.
enpor 5557, for.
enquenuit 6139, tonight.
enqui 464, now.
enrardie 145, violence, folly.
ensus de 1733, far from.
enterchier 1151, to identify.
entrepris 4131, embarrassed.
envaye 1500, attack.
environer 5994, to inspect.
errament 1776, quickly; 4841, immediately.
errement 1761, ink.
ers 1966, air, wind.
esbatre (s') 5164, to amuse oneself.
esbenoier 5125, to amuse oneself.
escarboucle 293, carbuncle (a garnet with a luminous foil painted on the underside).
escart 744, mockery.
eschac 4013, booty.
eschargaitier 2102, to be on guard.
eschargnir 4567; eschernir 2523, to poke fun at.
escharpe 3175, alms purse.
escheriemant 3348, stingily, with a small retinue.
eschiever 5585, to finish.
esclavine 1769, robe of coarse cloth.
esconser 1037, to hide.
esconter 2176, to relate.
escorchier 5908, to flay.
escourchier 1760, to tuck up.
escremie 1510, battle.
esforcement 3715, effort; esforciement 524, with all one's strength.
esgardemant 3350, regard; esgarder 6157, to take care.
esgaré 3039, all alone.
esgratiner 4110; esgreter 2181, to scratch.
eslaissier (s') 2319, to throw oneself.
eslongier 5914, to go away.
esmaiier 1199, to be dismayed.
esmovoir 5803, to raise game; 6114, to stir up.
espesez 322, spices.
espiez 4747, light lances hurled at arms length.
esploitier 1004, to succeed, act skilfully.

GLOSSARY

espoenter 278, to frighten.
espoir 3831, perhaps.
espris 591 p. p. esprisier, to esteem; 2678 p. p. esprendre, to catch fire.
esprivier 449, hawk.
esquerpe 1769, alms purse.
esquillie (d') 1784, rapidly.
esquinee 1418, spine.
esragier 622, to become enraged.
esranier 632, to address.
esrer 1803, to travel.
essaucier 4708, to exalt.
essillier 704, to torture.
essoine 3453, excuse.
establie 2497, guard post; establison 1893, troop.
estaige 2265, building.
estal 1206, stall; rendre estal 610, to return to the charge.
estant 2041, pond.
estordre 1408, to escape.
estorer 1680, to create; 6072, to repair.
estourmir 1790, to wake up.
estoutie 2496, bold deed; estoutiier 210, to overwhelm.
estris 5565, strife; estrivé 453, trouble-makers.
estrumanz 2161, 2627, pilot.

F

fachon 832, description; en fachon 357, face to face.
faillis 4100, coward; 4102, cowardly.
fairé 3176, iron-tipped.
faitierement 3741, in such a way.
fallis 1315, cowardly.
fauser 3046, to break into.
faussart 735, sickle fastened on a pole; 737, treacherous.
fellez 49, perverse; fellon 4, terrible.
fenon 3207, pennon.
ferarmez 227, armored warriors. a denier.
ferlin 765, coin worth one-fourth of a denier.
ferré (chemin) 1381, paved road; ferrés 3703, iron-tipped.
ferté 4209, fortress.
fervestir 5008, to put on armor.

fet 809, nature; 1156, affair.
fiere 42, important.
fierour 331, fierce pride.
fiever 377, to endow.
figuree 3526, well-disposed.
fine 1014, great.
fis 4086, certain.
flori 4142, white.
forer 2496, to penetrate.
forvier 4772, to return; 5111, to go astray.
fourlignier 865, to get out of line.
fourquez 690, gibbet.
foursener 622, to go mad; foursenerie 160, insane act.
frainin 2857; fraisis 3176, of ash wood.
frapier 2829, to leave.
frarin 1317, wretched.
fremeillon 2573, shining.
fremer 312, to fortify.
fremier 5812, to tremble.
freour 558, hesitation; 591, noise; 922, fear.
freté 1716, proud.
frier 2778, to rub.
froer 5296, to break.
frychon (en) 1614, terrified.
fuer 4819, price.
furny 714, husky.
fus 6094, sticks; fuz 2965, shaft.

G

gaite 2495, spy; gaitier 2605, to wait.
garder 382, to look; 6056, to keep (locked up).
garir 1182, to save; 3393, to escape danger; garisson 1233, safety.
gaveloz 3017, javelins.
genice 3850, heifer.
gentilz 161, noble, valiant.
graine 314, cochineal.
gramment 473, many.
grant 808, stature.
gravier 1181, beach.
grenment 4165, for a long time.
grever 859, to harm.
griffardin 767, little griffin (?) or cruel person (cf. grifaigne, cruel).
gringnour 406, big; 572, more.

guenchir 5717, to turn loose.
guerir 3185, to protect.
guerpir 2510, to abandon.
guinche 2780, harness for sword or shield.

H

haitiés 5165, joyous.
hanepier 4030, cranium.
hardement 1090, boldness.
harlé 1762, sunburned.
hart 747, rope.
hasquie 119, pain, torment.
haubregier 361, to clothe with a hauberk; *haubregon* 1504, light hauberk.
hautainne 311, proud.
herbejaige 2258, habitation.
heritiers 5885, inheritance.
hermine 5847, ermine robe.
hidour 537, frightful noise.
hie 2319, mass, effort.
hueses 3971, high-top shoes.

I

ingremance 171, magic.
irascu 4643, angry.
isniau 5726, fast.

J

jarris 2677, holly tree.
jazerant 5711, made of mail.
jornel 5762, day.

L

laichent (pres. subj. lachier, to "end up"); *ne laichent racusé* 1108, lest they be identified.
laide 1792, disagreeable; *laidure* 4169, insults.
lancier 3809, to announce.
lanier 3095, coward.
larris 4105, waste land.

layray, ne l. ne vous die 692, I shall not fail to tell you.
leison 1920, cot.
leniers 5728, cowardly.
lesdengier 5897, to insult.
lie 1685, glad.
liement 6175, softly.
listez 379, ornamented.
loer 1029, to advise; 4584, to hire.
loier 5087, reward.
longues 3467, far off; *longuez* 4764, for a long time; *longuie* 4428, noble.
losengerie 1837, deception; *losengier* 955, to flatter.
luitier 2671, struggle.
luminaires 4307, lights.

M

machonner 303, to fashion.
machue 305, club.
maignie (a petit de) 1825, with a small retinue.
maille, avoir le m. a son denier 1195, to share equally with someone.
maine 325, property.
mains 5024, less; 4019, but.
maintenant 4947, constantly.
maisement 5897, wickedly.
majour 402, great, powerful; 580, big.
malars 4074, wild ducks.
malbaillir 1983, to mistreat.
maldehé 1663, misfortune.
mallart 748, leper.
malmener 488, to mistreat.
malotrus 4646, born under an evil star.
maltaillie 140, poorly prepared.
malveziez 3226, tricky.
mananz 2882, rich.
marrés 5024; *marrons* 4828 fut. mesage.
maniere 1640, situation.
marir 709, to afflict.
marison 69, sorrow.
marrés 5024; *marrons* 4828 fut. mener, to lead.
marvoiiés 5901, insane.

matir 2563, to master.
maufé 4171, demons.
maussenés 4711, evil ones.
mautalent 112, spite, anger.
mefferre 849, to do harm to.
meheinnier 4036, to wound.
menandie 3388, wealth; *menantie* 1946, goods.
mendie 1958, beggarly.
menee 3767, attack.
merler 4318, to fight.
mervilleuz 768, arrogant.
mesaige 100, messenger.
meschin 761, young men.
mescoysir 1494, to fail to recognize.
mescreüs 4640, infidel.
meserrer 2149, to err.
mesestance 2058, mishap.
mesprison 638, guilty deed.
mesquerrez 3316 fut. mescroire, to disbelieve.
mesquief 1729, misfortune.
mestier, avoir m. a 689, to be of help to; *avoir m. de* 150, to need.
mestrie (par) 135, imperiously; *mestriier* 626, to govern.
mez 1374, messenger.
mezeree 3507, crime.
mire 1144 pres. subj. merir, to recompense.
misaudour 407, valuable (worth 1000 gold sous).
misericordes 3017, daggers.
molu 2876, minted.
moluz 2018, sharp.
mon 1916, affirmative particle.
mont (en ung) 436, at the same time.
mouflon (?) 2054, large mitten (?); see Note.
moulon 2086, stones.
mui 4566, about two gallons.
musaige 2267, foolish; *querre le musaige* 2252, to waste one's time.
musars 4102, foolish.

N

naelé 6126; neelé; noielé; noellé, inlaid with black enamel.
nagier 2627; naigier 2161, to navigate.
noer 2682, to swim.
noïent (de) 185, in vain.
nonchier 342, to announce.
nostré 1386, excellent.
noveller 4146, to tell news.

O

oblier 4891, to take service.
oiant (en) 3691, before witnesses.
on 3949 (en le).
onnour 3536, domain.
ordonner 944, to prepare.
ore (ne garde l') 2112, expects at any moment.
oriflanbe 5503, banner of Saint Denis.
or primes 5499, right now.
ors 3470, gold.
ostaige 1290, ransom.
oster 4892, to make war; oster de ceste guerre 2354, to take part in this war.
oultrer 909, to finish, utter.
outrageus 3220, bold.
outrecuidiés 5166, presumptuous.

P

paille 285, fine striped cloth originally from Alexandria.
paitre 5964, to feed.
pan 3600, part.
parfurnir 393, to accomplish, finish.
partis 5845, equal, fair.
pascour 3548, spring.
pautonier 2860, scoundrel.
perceü 2546, caught.
perir 1965, to destroy.
piex 2094, stakes.
pilez 3019, darts.
pinchon 449, birds.
plaice (en) 480, on the spot.
plais 4631, assembly; plait 3678, speech; 5171, agreement.
plance 1345, wooden bridge.
plegier 3840, to be responsible for, to "handle".
plevir 3900, to pledge.
plonquier 619, to sink.
poigneour 327, warrior.

228 GLOSSARY

poindre 285, to embroider.
poitraus 2895, harness (specifically, the breast-strap).
pomelee 5249, dappled.
pomiel 307, summit.
ponee 1402, arrogance.
porchacier 3848, to suggest.
pormener 3541, to bring.
porquerre 3652, to seek.
porre 2291, dust.
poucins 4074, pullets.
pouizon 3573, power.
poupre 1405, fur-trimmed garment.
pourcachier 1730, to bring upon.
pourfendre 281, to split through.
pouriere 1637, dust.
preu 5584, advantage.
princheour 408, prince; *princier* 3839, upper nobility.
prison 2103, prisoner; 4624, imprisonment.
prist 4428 perf. prendre, to choose.
privé (a) 1051, in private; *privés* 5402, friend.
pui 3701, pitch; 4825, hill.
pur (en) 1321, in nothing but.
put 1335, filthy, wicked.

Q

quarel 2086, cross-bow arrow.
quasser 2310, to destroy.
questron 421, castrated.
quite 6228, free; *quitier* 1132, to pardon.

R

racusé (ne laichent) 1108, lest they be identified.
radottez 670, doting.
radour 579, violence.
ramentevoir 4754, to recall.
rampronner 433, to insult.
randonnee (de) 1436, violently.
ranponer 2531, to mock.
ranse 1354, strong-scented.
raplegier 5904, to bail out.
rasotté 1397, feeble-minded.
ravizer 1104, to recognize.

reclamer 1690, to call upon.
recois (en) 3428, in secret.
recoper 1723, to cut off.
recorder 649, to report.
recostoier 4411, to recover (Godefroy, to accompany).
recovrier 5859, help.
recreans 4733, exhausted.
recroire 3554, to fall exhausted.
regort 2152, bay.
remés 4463 p. p. remaindre, to remain.
remetre 3312, to remain; 4569, to depend upon.
remuer 4863, to change.
renoiez 2203, renegade.
reongnier 2446, to clip off.
repairier 1076, to return; 5205, assembly.
requerre 5136, to implore; 5731, to attack.
resongnier 368, to fear.
respitier 1134, to save.
retraytier 223, to relate.
retrecier 5743, to surround.
revercher 2854, to search.
role 2790, library.
romesin 2869, coin of small value first minted at Rouen.
ruste 4938, loud.

S

sablonniere 1656, sandy ground.
safree 3510, yellow-lacquered.
saichier 1951, to pull.
saignier 3410, to bless.
samiz 1998, silk, velvet.
sancier 1341, to quell.
sauvegin 1319, wild beasts.
savour 944, seasoning.
seel 4446, sealed letter.
sejorné 5292, rested.
senefiance 3994, sign.
senee 1433; *senés* 4855, wise.
serie 1758, clear; 2390, calm; 2393, bright; *serit* 2466, calm.
serre 2355, prison.
sevrer (se) 1293, to go away.
siewie 1761, soot.
sigle 2161, sail.

GLOSSARY   229

signorir 3139, to honor.
sime 2154, a type of cloth; we have found this word nowhere else.
singlaton 825, apparently a long cloak of fine material, exact nature unknown.
songnier 1156, to occupy oneself with.
sont 3767 pres. subj. soner, to sound.
sorlez 1775, shoes.
soudees 5275, pay.
soudoyant 802, traitorous; souduire 6156, to betray; souduizement 3716, stratagem.
soutainne 3403, unique.
soutivement 3733, skilfully.
surquidiés 363, presumptuous.

T

tancier 5171, to discuss.
tapin 2860, knave.
tapir (se) 3922, to hide.
tapis 5949, perhaps a piece of coarse wool cloth worn like a serape; we have found the word used nowhere else with this meaning.
te 743, Picard for *tu*.
tenant (en ung) 1537, in succession.
tenchier 1170, to seek a quarrel; tenchon 647, battle.
tenemant 3346, power.
tensement 3720, aid; tenser 1667, to protect.
tensier 1362, to fight.
teree 1416, ground.
terrier 5945, embankment.
tirant 1541, butcher.
torz 2454, turns (of a windlass).
tou 657, contraction of *te le*, the equivalent of *tu le* in Picard.
tour (aultre) 542, in another wave (?).
tournois 789, denier struck at Tours or one modeled after same.
traire 5775, to make one's way.
traïsement 3730, betrayal.
trait 849, launching of projectiles.
traitier 1165, to lead, drag.

travillier 62, to load with work; travilliés 5925, exhausted.
tremescissiés 3845 imp. subj. tremetre, to send.
trenchant 282, edge.
trespassant 2985, wayfarers.
trespasser 3899, to suffer.
tressués 5259, covered with sweat.
trestorner 3101, to turn back; 5449, to delay.
treü 415, tax.
tronchon 1566, stubs; tronçoner 2965, to cut to pieces.
truant 3977, beggar.

V

variier 692, to hesitate.
veneours 5875, hunters.
venir (en) 3166, to leave.
vertir 1296, to go.
vestis 4070, invested with a duty.
viés 4236, old.
vités 5376, worthy of scorn.
vivier 2837, fish-pond.
voiant 2359, in the presence of.
voier 99, to travel.
vollee (a le) 1426, with a rain of blows.
voller 1320, to shoot birds on the wing.
voltiz 2669, arched.
voray 888 fut.; voriez 201 cond.; vosise 216 imp. subj. voloir, to wish.

W

widier 615, to empty; 3094, to leave.
wy 572, today.

Y

yauwez 295, bodies of water.
ycheuz 1905, this.
yretal 1210, yreté 989; yretier 217, heritage, domain.
ytant (pour) 63, because of that.

LIST OF WORKS CITED

BALAU, S., ed. *Chroniques liégeoises, Textes français.* 2 vols. Bruxelles, 1913-1931.
BÉDIER, JOSEPH. *Les légendes épiques.* 2nd ed. 4 vols. Paris, 1914-21.
———, ed. *La chanson de Roland.* Paris: Piazza, n. d.
BORMANS, STANISLAS. *Chronique et Geste de Jean des Preis dit d'Outremeuse, Introduction et table des matières.* Bruxelles, 1887.
BRANDIN, LOUIS, ed. *La chanson d'Aspremont, CFMA.* 2 vols. Paris, 1919-21.
CASTETS, F., ed. *La chanson des Quatre fils Aymon.* Montpellier, 1909.
———, ed. *Maugis d'Aigremont* and *La mort de Maugis, RLR* 36:5-416, 1892.
Catalogue des manuscrits français, Bibliothèque impériale, I. Paris, 1868.
Compte rendu des séances de la Commission royale d'histoire. 2nd series, VIII. Bruxelles, 1856.
COURAYE DU PARC, JOSEPH. "Recherches sur la chanson de "Jehan de Lanson"", *Mélanges Julien Havet* (Paris, 1895), 325-354.
GAIMAR, GEFFREI. *Lestorie des Engles,* trans. Hardy and Martin, *Rolls series,* II. London, 1889.
GAUTIER, LÉON. *Les épopées françaises.* 2nd ed. 4 vols. Paris, 1878-92.
GUESSARD, F. and CHABAILLE, P., ed. *Gaufrey, APF.* Paris, 1859.
HAGEN. *Catalogus codicum bernensium.* Bern, 1875.
HODGE, A. S., ed. "Hue Capet." Unpublished dissertation UNC. Chapel Hill, 1949.
HOLMES, U. T., Jr. *Daily Living in the Twelfth Century.* Madison, Wisconsin, 1952.
———. *History of Old French Literature.* Chapel Hill, 1937.
JEAN D'OUTREMEUSE. *Ly myreur des histors, Chronique de Jean des Preis dit d'Outremeuse,* ed. S. Bormans and A. Borgnet. 7 vols. Bruxelles, 1864-80.
KELLER, A. VON, ed. *Karl Meinet. Bibliotek des Litterarischen Vereins,* XLV, Stuttgart, 1858.
KROEBER, A. and SERVOIS, G., ed. *Fierabras, APF.* Paris, 1860.
LINKER, R. W., ed. "La chevalerie de Ogier de Danemarche (lines 1-6000)." Unpublished dissertation, UNC. Chapel Hill, 1933.
MARCIANI, CORRADO. *La chiesa di S. Francesco di Lanciano* (Estratto dalla "Rivista Abruzzese" A. VII 1954 N. 2). Lanciano, 1954.
MICHEL, LOUIS. *Les légendes épiques Carolingiennes dans l'oeuvre de Jean d'Outremeuse,* Académie royale de langue et de littérature françaises de Belgique, *Mémoires,* X. Liège, 1935.
MISTRAL, F. *Lou Tresor dóu Felibrige ou Dictionnaire provençal-français.* 2 vols. Aix-en-Provence, 1879-87.

Mousket, Philippe. *Chronique rimée de Philippe Mouskes*, ed. le baron F. de Reiffenberg. 2 vols. Bruxelles, 1836.
Nyrop, C. *Storia dell'epopea francese*, trans. E. Gorra. Torino, 1888.
Paris, Gaston. *Histoire poétique de Charlemagne*. Paris, 1865. Reprinted Paris, 1905.
Rajna, Pio. *Le origini dell'epopea francese*. Firenze, 1884.
Rutebeuf. *Oeuvres complètes de Rutebeuf*, ed. A. Jubinal. 3 vols. Paris, 1874-75.
Saint-Genois, J. de, trans. *Charles et Elegast, Messager des sciences et des arts de la Belgique*, IV (Gand, 1836), 199-229.
Unger, C. R., ed. *Karlamagnùs saga ok Kappa Hans*. Christiania, 1860.

www.ingramcontent.com/pod-product-compliance
Lightning Source LLC
Chambersburg PA
CBHW030339240426
43661CB00052B/1680